Shirley Smith
Wege in die Freiheit

Shirley Smith PhD
mit Shelley Neller

Wege in die Freiheit

Durchbrechen Sie den Teufelskreis von
Co-Abhängigkeit und Sucht

Deutsch von Gudrun Markowsky
und Mona Bögner-Kaufmann

Verlag
Mona Bögner-Kaufmann 1994

Über die Autorin
Dr. Shirley Smith ist eine amerikanische Psychotherapeutin, die jetzt in Australien lebt. Ihr Spezialgebiet ist die Behandlung von Co-Abhängigkeit und zwanghaftem Suchtverhalten.
Seit über vierzehn Jahren verbindet sie erfolgreich die Rollen der Managerin, Mutter, Großmutter, Suchtberaterin und Therapeutin für Co-Abhängigkeit sowie der Lehrerin und Referentin.
Sie hält Vorträge und Seminare in Australien und anderen Ländern und gründete das erste ambulante Behandlungszentrum für Co-Abhängigkeit in Australien.

CIP-Titelaufnahme der Deutschen Bibliothek

Smith, Shirley:
Wege in die Freiheit: durchbrechen Sie den Teufelskreis von Co-Abhängigkeit und Sucht/Shirley Smith. Dt. von Gudrun Markowsky und Mona Bögner-Kaufmann. - Berlin: Bögner-Kaufmann, 1994
  Einheitssacht.: Set yourself free <dt.>

Die australische Originalausgabe erschien unter dem Titel
"Set Yourself Free, Live your Life in balance by breaking the cycle of co-dependency and compulsive addictive behaviour"
bei Transworld Publishers (Aust) Pty Limited
15-25 Helles Avenue, Moorebank, NSW 2170
© Shirley Smith 1990
© 1994 Verlag Mona Bögner-Kaufmann
Berlin

Druck und Bindung: Steinmeier, Nördlingen
Printed in Germany

Widmung

In Liebe und mit tiefem Respekt widme ich dieses
Buch meiner Tochter Julie, meinem Sohn Brian und
mir selbst, Shirley -
uns dreien

INHALT

Danksagungen 11

Einführung 13

Kapitel 1: Sind Sie wirklich frei? 21
Was ist Freiheit?
Das Aufgeben Ihrer Begrenzungen kann schwierig sein
Freiheit hat ihren Preis
Wo fängt man an?

Kapitel 2: Wissen Sie, wer Sie wirklich sind? 29
Co-Abhängigkeit - eine weit verbreitete und häufig übersehene Krankheit
Wo alles anfängt - gestörte Familiensysteme
Anpassung beginnt früh
Anpassung durch Übernahme von Rollen
Wie man Kindesmißbrauch erkennt
Vom Opfer zum Sieger
Eigenschaften von Co-Abhängigen
Ein Leiden der Unreife

Kapitel 3: Sind Sie in einer verzerrten Wirklichkeit gefangen? 49
Intellektuelle Wirklichkeit
Gefühlswirklichkeit
Wie fühlen Sie sich?
Spirituelle Wirklichkeit
Spiritueller Bankrott
Scham oder Schuld
Demut und Demütigung
Definition von Abhängigkeit
Die gute Nachricht
Süchte loslassen
Halten Sie durch

Kapitel 4: Liebesabhängige Beziehungen 77
Was ist Liebe?
Seien Sie ehrlich - Sie sind süchtig nach Liebe
Verstrickung
Flucht vor der Intimität
Sind Sie Teil eines Rituals oder haben Sie eine Beziehung?
Das Erkennen von abhängigen Beziehungen
Werden Sie sich Ihrer "Pay-Offs" bewußt
Die Wurzeln der Abhängigkeit
Trauer, der Schlüssel zur Heilung Ihrer Verlassenheit

Holen Sie tief Luft und durch! 106

Kapitel 5: Schlüssel zu Selbsterkenntnis und Selbstheilung 109
Finden Sie Ihre eigenen Farben
Bedürfnisse, Wünsche und Sehnsüchte
Sich nach innen wenden - Genesung beginnt mit Entdeckung
Die Eigenschaften Ihrer inneren Familie
Entwicklung von Zusammenarbeit und Gleichgewicht
Ein Ziel zu haben wirkt Wunder

Kapitel 6: Sie müssen kein Jongleur sein, um Ihr Leben ins Gleichgewicht zu bringen 131
Das Gleichgewicht finden
Visionen, die Brücke zu einer besseren Zukunft
Die Geschenke unserer Gefühle
Nehmen Sie Ihre Angst an
Bewegen Sie sich
Schönheit verhilft zu Gleichgewicht
Das Wiederentdecken von Spiritualität
Entdecken Sie Ihre Höhere Macht
Natürliche Kreativität
Tage des Weines und der Rosen
Bringen Sie Ihre Wirklichkeit ins Gleichgewicht
Meditation statt Medikamente

Kapitel 7: Nicht aufgeben - sich ergeben 167
Sich ergeben ist nicht einfach
Das Karussell von Kontrolle und Freisetzung
Die Vorteile der Ergebung
Wie ich das Zwölf-Schritt-Programm fand
Was ist das Zwölf-Schritte-Programm?
Die Zwölf Schritte zur Freiheit
Ein Wort zu Therapie

Kapitel 8: Gesunde Beziehungen aufbauen 187
Um eine neue Tür zu öffnen, muß man eine alte schließen
Die Behandlung der Liebesabhängigkeit
Grenzen, der Schlüssel zum Selbstschutz
Schlüssel zu Gegenseitigkeit
Sieben Schritte zum Aufbau gesunder Beziehungen
Eine Mahlzeit, auf die Sie gut verzichten können
Familienversammlungen - ein Weg zur Zusammenarbeit
Richtlinien für gesunde Familien
Regeln für faires Streiten
Eine Tasse Tee und ein Nickerchen

Kapitel 9: Der Weg der Vergebung - die ausgeglichene Anwendung der Liebe 219
Auf dem Weg zur Genesung - was erwartet mich?
Betrauern Sie Ihre Verluste
Stadien der Genesung
Was ist Vergebung?

Nachwort 233

Bibliographie 239

Danksagungen

Als ich das Material zu diesem Buch sichtete - gesammelte Informationen, Lernerfahrungen und Erinnerungen - merkte ich, wie vielen Menschen ich zu danken habe. Menschen, die nicht nur für dieses Buch wichtig waren, sondern auch für mein Leben Bedeutung hatten.

Als erstes möchte ich allen Klienten, Kollegen und Freunden danken, die auf dem Genesungsweg sind und so offen über ihr Leben und ihre Erfahrungen im Genesungsprozeß berichteten. Besonders danken möchte ich Sharon Huffman, die mich ermutigte, ein Buch zu schreiben; Terry Cole-Whittaker, die erste Stimme der Wahrheit, die ich wahrnahm; Chuck und Geri Little, durch die ich so vieles über Gleichgewicht und Liebe lernte und Fran Lemay, die mich den Zugang zu meiner rechten Hirnhälfte lehrte. Becky Jackson danke ich für ihre Pionierarbeit über Eßstörungen; John Bradshaw, für seine leicht verständliche Darlegung zu Scham und der Systemtheorie gestörter Familiensysteme und Familien mit Suchtproblematik. Anne Wilson Schaefs bahnbrechende Arbeit über Romantik- und Beziehungssucht zeigte mir den gesellschaftlichen Aspekt der Sucht. Besonderer Dank gebührt Pia Mellody, die mir ein klares, einfaches und vollständiges Verständnis von Co-Abhängigkeit und Beziehungssucht vermittelte und Behandlungsmethoden aufzeigte. Ich schulde ihr Dank für ihre Pionierarbeit auf dem Gebiet der fünf primären Symptome der Co-Abhängigkeit und dem Material zu Kindesmißbrauch, Grenzen, Gefühlen und den Stadien der Genesung.

Ich möchte auch meiner Verlegerin Judy Curr danken. Sie hat an dieses Buch geglaubt und mich davon überzeugt, daß ich eine besondere Fähigkeit habe, Informationen über Co-Abhängigkeit zu vermitteln. Mein Dank geht auch an Collette Mericle, Aura Lee Booth, Rita Eichelberger, Maddie Townley und David Heikkila, die mir in der ersten Zeit meiner Genesung so selbstlos ihre Zeit, Liebe und Unterstützung gaben. Ich möchte besonders meine Freundin Eileen Ensign erwähnen. Sie und ich wuchsen gemeinsam in unserem Genesungsprozeß auf. Durch sie lernte ich intime Freundschaft und bedingungslose Liebe kennen.

Anne Allanson teilte mit mir die Vision von Genesungsmöglichkeiten in Australien. Sie war ungeheuer großzügig, liebevoll und unterstützend in der Zeit meiner Einwanderung und Eingewöhnung in ein neues Land. Sie bleibt eine geschätzte und hilfsbereite Freundin.

Ich schätze die große Liebe und Unterstützung, die mir von meinen Eltern, John und Laura Smith und meiner Schwester, Sharon Johnson entgegengebracht werden, auch wenn sie mich oft nicht verstehen oder nicht meiner Meinung sind. Mein Schwiegersohn, Peter Ward, inspirierte mich durch seinen Wunsch, Genesungsmöglichkeiten von Co-Abhängigkeit in Australien zu schaffen. Er gab mir Liebe, Ermutigung und viele Einsichten in die Kultur meines neuen Heimatlandes.

Mein Partner und bester Freund, Christopher Burrell liebte und unterstützte mich in so vielfältiger Weise, daß ich nicht alles aufzählen kann. Seine Geduld, Sanftheit und Freundlichkeit förderten meine Kreativität.

Meine beiden Kinder, Julie Ward und Brian Gunnarson waren die stärksten Katalysatoren in meinem Lernprozeß. Indem sie mich liebten und mir vertrauten, gaben sie mir oftmals die Kraft, einen weiteren Schritt zu tun, auch wenn ich schon dachte, ich könne nicht mehr, das Schreiben dieses Buches miteingeschlossen. Meinen Enkel, Justin Ward liebe ich dafür, daß er mir immer wieder zeigt, daß ich noch einen langen Weg vor mir habe.

Ein besonders herzlicher Dank geht an Shelley Neller für ihre Begabung im Umgang mit Sprache. Sie lehrte mich viele australische Ausdrücke und lachte mit mir, wenn wir zu müde oder zu ernsthaft wurden. Shelley und ich arbeiteten nächtelang zusammen, um einen Termin einzuhalten. Ohne ihren Beitrag wäre dieses Buch nicht zustande gekommen.

Endlich möchte ich mich mit tiefer Liebe bei meiner Höheren Macht, die ich Gott nenne, bedanken. Durch Gottes Führung und liebevolle Anleitung (besonders, wenn es mir gelang, mich selbst zurückzunehmen) entstand dieses Buch.

Einführung

Auf das Konzept der persönlichen Freiheit stieß ich zum ersten Mal zu einer Zeit, als ich, nach außen hin, diese Freiheit im Überfluß zu erleben schien.

Es war Ende der siebziger Jahre. Ich war verheiratet und hatte zwei Kinder, die gute Schulen besuchten. Ich war erfolgreich im Beruf und besaß ein schönes Haus in einer guten Wohngegend in Kalifornien. Ich hatte also alles, was in der amerikanischen Mittelklasse als Erfolg gilt. Ich war jung (27) und mein Leben erschien vielversprechend. Trotzdem fühlte ich mich leer und unfrei, konnte aber den Grund für meine Unzufriedenheit nicht herausfinden.

Eines Morgens, mein Mann war zur Arbeit gegangen und die Kinder waren in der Schule, saß ich auf dem Sofa in meinem neu eingerichteten Wohnzimmer. Ich trank meine vierte Tasse Kaffee, rauchte die vierte Zigarette und war unfähig, mich zur Arbeit aufzuraffen.

"Was ist nur los mit Dir, Shirley", fragte ich mich. "Du hast doch eigentlich alles, was Dich glücklich und frei machen sollte". Aber ich kam mir vor, als ob ich in der Falle säße. Es gab keine offensichtliche Erklärung für meinen Zustand, was alles nur schlimmer machte. Wenn ich Depressionen oder Schulden gehabt hätte, wenn mein Mann fremdgegangen wäre oder die Kinder schwierig gewesen wären, ja, dann wäre es leicht gewesen, das "Problem" zu erkennen.

Nein, ich hatte kein offensichtliches Problem. Alles schien unter Kontrolle zu sein. Trotzdem spürte ich, daß tief in meinem Inneren etwas ganz und gar nicht stimmte.

Im Laufe der Zeit zeigten sich allerdings einige Probleme deutlicher, die dann auch eskalierten. Ich wurde arbeitsbesessen, süchtig nach ständiger Betriebsamkeit. Ich wurde abhängig von Kaffee und Zigaretten zum Aufputschen und anderen Drogen zum Entspannen und Schlafen. Ich war im Weinhandel tätig und begann, regelmäßig zu trinken. Ich versuchte mir einzureden, dies sei Teil meiner Arbeit und, um meine steigende Verzweiflung abzuwehren, sagte ich mir, daß ich, wenn ich schon trinken müsse, dann doch wenigstens erstklassige Weine genießen konnte.

Mittlerweile hatte das Trinken meines Mannes ein für uns beide unerträgliches Ausmaß angenommen. Wir beschlossen, uns in Behandlung zu begeben. Während der Beratung erkannte ich nach und nach, daß die Ursache meiner Schmerzen und meiner emotionalen Verstrickung als "Co-Abhängigkeit" bekannt war.

Die Merkmale und Ursachen von Co-Abhängigkeit werden im Kapitel "Weißt Du, wer Du wirklich bist"? genau beschrieben. Hier möchte ich den Begriff nur kurz definieren:
" Co-Abhängigkeit" ist ein Leiden, das dann entsteht, wenn man sein eigentliches Selbst aufgibt, um innerhalb eines gestörten Familiensystems überleben zu können. Co-Abhängige sind so auf das Verhalten anderer bezogen und durch dieses bestimmt, daß sie keinerlei Beziehung mehr zu sich selbst haben. Co-Abhängige kennen also ihr wirkliches Selbst nicht. Sie haben gelernt, es so unter Verschluß zu halten, daß die Gefühle für ihren Eigenwert, ihren Selbstwert und die Verbindung zu anderen gestört sind.

Wenn Co-Abhängigkeit fortschreitet, entstehen Stress, Leiden, gestörte Beziehungen und körperliche Krankheiten. Sie ist auch die tiefere Ursache für Süchte wie Alkoholismus, Drogenabhängigkeit, Eßstörungen, Arbeitssucht, Spiel- und Kaufsucht und Sex- und Beziehungssucht.

Als die Therapeuten nun Diagramme von gestörten Familien an die Tafel zeichneten, erlebte ich einen Schock: Sie trafen nämlich nicht nur auf meine jetzige Familie (meinen Mann, meine Kinder und mich) zu, sondern auch auch auf die Familie, in der ich aufgewachsen war. Anfangs fiel es mir schwer, eine Verbindung herzustellen, denn meine Eltern waren keine Trinker. Ihre Ehe schien "gut". Mein Vater war ein guter "Versorger", meine Mutter eine aufopfernde Hausfrau, und ich hatte eine Schwester, die ich bewunderte. Wir wohnten in einer guten Gegend, besuchten hervorragende Schulen, trugen schicke Kleidung, besaßen ein schönes Haus, einen Hund und einen

Vogel und fuhren jedes Jahr gemeinsam in Urlaub. Kurz, wir repräsentierten das Bild einer glücklichen Familie.

Als ich jedoch meine Familie und die dazugehörigen Personen mit ihren Beziehungen zueinander näher beschrieb, wurde klar, daß die Dynamik diegleiche war wie in Familien mit auffälligeren Problemen. Obwohl es in meiner Familie keinen Alkoholismus gab, begann ich zu sehen, daß das von mir so hochgehaltene Bild unseres "glücklichen Familienlebens" eine Verzerrung war, und daß ich ebenfalls aus einer gestörten Familie stammte.

Durch diese neue Erkenntnis wurde mir auch deutlich, daß viele Entscheidungen, die ich in meinem Leben getroffen hatte - der Typ Mann, zu dem ich mich hingezogen fühlte, meine Karriere, mein Lebensstil - gar keine echten Entscheidungen sondern unbewußte Reaktionen gewesen waren. Allmählich begriff ich, daß ich mir mein eigenes Gefängnis geschaffen hatte und mein eigener Wärter war.

Als ich die Diagramme an der Tafel sah, wurde ich zunächst einmal wütend. Warum hatte mir das niemand früher gezeigt? Warum hatte man mir das nicht in der Schule beigebracht? Wie hatte ich es geschafft, erwachsen zu werden und zwei Kinder zu bekommen ohne zu wissen, wie eine gesunde Familie funktioniert oder wie Erwachsene ohne Feindseligkeit miteinander verhandeln können?

Nach diesen ersten Einsichten ging ich durch eine Phase der Verzweiflung. Ich mußte einsehen, daß die Situation, in der ich mich gefangen fühlte, selbsterzeugt war. Ich hatte mir mein Bett selbst gemacht und glaubte, nun auch darin liegen zu müssen. Ich sah keine Lösung, keine Begnadigung, keinen Ausweg. Am liebsten wäre ich davongelaufen. Doch ich liebte meine Kinder und konnte mir ein Leben ohne sie nicht vorstellen. Außerdem wollte ich alles tun, um meine Ehe zu retten.

Zum Glück konnten mich die Berater davon überzeugen, daß es Licht am Ende des Tunnels gab. Aber sie machten uns auch klar, daß mein Mann und ich einiges an Arbeit vor uns hatten, und daß der Weg aus der Dunkelheit ans Licht sich eine Weile hinziehen würde. Sie schlugen uns weitere Beratungen und die

Beteiligung an Zwölf-Schritte-Programmen vor (für meinen Mann die Anonymen Alkoholiker und für mich Al Anon).

Die Zwölf-Schritte wurden ursprünglich von Bill W., einem Mitbegründer der Anonymen Alkoholiker 1938, formuliert. Sie wurden erstmals 1939 in "Alcoholics Anonymous" veröffentlicht. Heute gibt es viele verschiedene Zwölf-Schritte-Gruppen, die sich regelmäßig treffen und sich mit spezifischen Problem befassen: wie z.B. Eßsucht, Co-Abhängigkeit, Spielsucht, Drogensucht, Sex- und Beziehungssucht, usw. Die einzige Voraussetzung für die Mitgliedschaft ist die Bereitschaft, das süchtige Verhalten aufgeben zu wollen.

Die Teilnahme an diesem Programm brachte neue Einsichten, und meine Verleugnung wurde kleiner. Ich erkannte, daß der Alkoholismus meines Mannes nicht unser einziges Problem war. Auch ich hatte eine Reihe von Schwierigkeiten. Ich dachte: "Mein Gott, ich bin ja auch ziemlich krank. Du liebe Zeit, habe ich an mir zu arbeiten!" Von allen Erkenntnissen jener Zeit überwältigte mich diese letztere besonders. In meinem Kopf rasten Gedanken wie: "Es ist zu schwer. Ich schaffe es nicht. Ich werde Jahre brauchen, um mich zu erholen. Es geschieht mir nur recht, ich habe mir alles selbst eingebröckt" usw.

Doch mit all den neuen Informationen und Einsichten ausgestattet gab es keinen Weg mehr zurück. Es gab nur einen Weg für mich, und der führte vorwärts. Als ich dies akzeptiert hatte, fühlte ich mich erleichtert. Ich war sehr dankbar für die Hilfe, die mir zuteil geworden war. Jetzt war es an mir, den Vorschlägen zu folgen und meine Schritte zu tun - einen nach dem anderen - auf dem Weg zur Genesung.

Seit damals arbeiten viele gute Therapeuten auf dem Gebiet der Suchtkrankheiten, Familientherapie und Co-Abhängigkeit. Eine ihrer wichtigsten Erkenntnisse ist die Tatsache, daß in unserer westlichen Gesellschaft mehr als 96% aller Menschen in einem Familienklima aufwachsen, das wenig unterstützend und in unterschiedlichem Maß gestört ist. Dieses Problem wird außerdem von Generation zu Generation weitergegeben. Dies bedeutet nun nicht, daß wir die Schuld an den Problemen unseres Erwachsenenlebens bei unseren Eltern suchen können. Sie sind ebenfalls in gestörten Familien aufgewachsen. Ebensowenig sollten wir uns nun für die Fehler verurteilen, die wir in der Erziehung unserer eigenen Kinder gemacht haben. Wir machen alle Fehler. Ein geistiger Lehrer sagte einmal zu mir: "Fehler sind das Neue in der Schöpfung". Wir machen Fehler, damit wir aus ihnen lernen können.

Am Anfang des Weges zur Befreiung von Co-Abhängigkeit steht Information. Dies ist eines der Anliegen dieses Buches. Nur durch die Informationen, die ich vor mehr als zehn Jahren in dem Therapiezentrum erhielt, wurde ich fähig, mir der Probleme in meiner Herkunftsfamilie bewußt zu werden. Mit diesem Wissen und mit Hilfe von Therapie und den Zwölf-Schritte-Programmen machte ich mich auf den Genesungsweg, - hin zu immer größerer persönlicher Freiheit.

Mit dem Schreiben dieses Buches möchte ich auch bei meiner Tochter Julie und meinem Sohn Brian etwas wiedergutmachen. Ich hoffe dadurch, Ihnen eher die Möglichkeiten von Genesung und gesundem Verhaltens zeigen zu können und nicht nur das kränkende und zerstörerische der Vergangenheit.

Ich behaupte nicht, daß der Genesungsprozeß immer einfach gewesen oder für mich schon zu Ende sei. Wenn ich jedoch den persönlichen Gewinn bedenke, die Entfaltung meines Lebens und die Entscheidungsfreiheit, die ich heute habe, könnte ich niemals wieder zurückgehen. Ich würde mit Freuden alles noch einmal durchmachen.

Die Absicht dieses Buches ist es, Ihnen dabei zu helfen, sich selbst zu befreien. Ich glaube, daß der Schlüssel zu persönlicher Freiheit darin liegt, unser Leben im Gleichgewicht zu halten. Auf dem Weg dorthin warten viele Abenteuer, Herausforderungen und Selbsterkenntnisse. Wie Helen Keller einmal sagte: "Leben ist gewagtes Abenteuer oder es ist nichts".

Ich habe gelernt, daß der einzige Weg nach draußen der Weg durch die Tiefen ist. Seien Sie darauf vorbereitet, daß, sobald Sie die äußeren Ablenkungen abstellen, die Gefühle, die Sie bisher unterdrückt haben, in Ihnen aufsteigen werden. Lassen Sie alle zu, fühlen Sie sie alle. Erlauben Sie sich besonders die Trauer über den Schmerz Ihrer verlorenen Kindheit. Wenn Sie durch diesen Schmerz hindurchgehen, werden Sie zunehmend innere Freiheit und Freude erleben.

Im ersten Teil dieses Buches gebe ich eine Menge Informationen. Sie liegen zum größten Teil auf der Gefühlsebene. Sie sollen Ihnen zeigen, wie wir alle irgendwann "in die Falle gehen" und wie wir uns am Erlebnis der Freiheit hindern.

Zu den behandelten Themen gehören: gestörte Familiensysteme, Arten des Kindesmißbrauchs, Co-Abhängigkeit, Beziehungssucht und andere Suchtkrankheiten.

Falls Sie sich von persönlicher Betroffenheit überwältigt fühlen, verzweifeln Sie nicht. Es gibt Hoffnung und Hilfen für Co-Abhängige. Genesung ist möglich. Wenn Sie jedoch Selbsthilfe im Schnellverfahren erwarten, suchen Sie lieber anderswo. Genesung ist ein Prozeß und kein Ereignis.

Als "eine, die auf dem Weg ist", schätze ich den Wert praktischer Hinweise. Daher habe ich im zweiten Teil des Buches einige "Schlüssel zur Freiheit" eingefügt. Diese sind Anleitungen, Übungen und schriftliche Aufgaben, die Ihnen helfen können, destruktive Gedanken-, Gefühls- und Verhaltensmuster loszulassen. Sie können Ihnen helfen, Ihre eigene Wirklichkeit zu erkennen und auszudrücken und dadurch herauszufinden, wer Sie wirklich sind.

Sobald Sie anfangen, ein Gespür für Ihr Selbst zu entwickeln, kann der Prozeß der Gleichgewichtsfindung und der Selbstliebe beginnen. Durch die Erfahrung von mehr innerem Gleichgewicht und mehr Selbstliebe werden Zuversicht, Sicherheit und Gelassenheit in Ihnen wachsen. Mit Hilfe dieser Eigenschaften können Sie sich erlauben, in Ihrem Leben das zu tun, was Sie wirklich wollen. Ist dies nicht die wahre Freiheit?

Viele Menschen im Genesungsprozeß haben gesagt, daß wir lernen müßten, eher "egoistisch" als "selbstlos" zu sein. Ich glaube, daß diese Auffassung daherkommt, daß Co-Abhängige kein Gespür für ihr Selbst haben und klassische "Es allen recht Macher" sind. Als genesende Erwachsene müssen wir lernen "selbst-bewußt" zu werden. Wenn wir uns unseres Selbsts bewußt sind, können wir für uns selbst sorgen und müssen andere dabei nicht ausschließen. Wir können dankbar ein Kompliment annehmen in dem Wissen, daß es gesund ist, sich nach Anerkennung zu sehnen.

Ich bin Therapeutin, und ein großer Teil der Information in diesem Buch stammt aus meiner Ausbildung und meiner Arbeit. Gleichzeitig bin ich aber auch selbst auf dem Weg zur Genesung. Deshalb habe ich einige sehr persönliche Erlebnisse miteinbezogen.

Einige der wertvollsten und anregendsten Informationen, die ich auf meinem Weg bekommen habe, stammten von Lehrern, die offen und von Herzen sprachen. Ich hoffe, daß mein Buch in ähnlicher Weise zu Ihnen spricht.

Damit Sie sich selbst befreien können, müssen Sie zunächst die Entscheidung treffen, dies auch wirklich zu wollen. Sie müssen bereit sein, alles zu tun, was dazu erforderlich ist. Sie müssen Ihren eigenen Weg gehen, doch brauchen Sie dies nicht alleine tun. Sie werden vielleicht überrascht, aber auch beruhigt sein zu erfahren, daß Hunderttausende von Abhängigen und Süchtigen auf der ganzen Welt auf dem Genesungsweg sind.

Einen Tag nach dem anderen - gemeinsam können wir es schaffen.

Kapitel 1
Sind Sie wirklich frei?

Was ist Freiheit?

Vor Jahren erkannte ich, daß man nur "frei von etwas" sein kann, wenn man fähig ist, "darin frei zu sein".

Freiheit wird oft mißverstanden. Wir glauben, daß wir auf der Suche nach Freiheit sind, wollen im Grunde aber eher ausweichen oder davonlaufen: "Wenn ich nur eine andere Arbeit hätte". "Wenn bloß die Kinder nicht wären". "Wenn ich umziehen könnte". "Wenn ich einen anderen Partner hätte". "Wenn ich nur Urlaub machen könnte".

Wie oft haben Sie schon eine andere Stellung angenommen oder eine neue Beziehung angefangen - und sind den gleichen Problemen wiederbegegnet? Früher wechselte ich jedes Jahr meine Arbeitsstelle auf der illusorischen Suche nach Freiheit. Doch schon nach wenigen Monaten, als der Neuheitswert von Kollegen und Umgebung gesunken war, fühlte ich mich genauso festgefahren und gelangweilt wie zuvor. Später erkannte ich, daß ich von Anfang an den falschen Beruf für mich gewählt hatte. Ich erzeugte ein Mosaik aus Fluchtversuchen, die mich jedoch nirgendwohin führten.

Oft höre ich Leute überlegen, wie sie mehr Urlaub machen könnten. Sie sagen: "Wäre es nicht herrlich, öfter Urlaub machen zu können"? Ferien sind schön, doch sie sind kein Allheilmittel. Ich glaube, daß die Versessenheit auf Urlaub und Freizeit ein tieferliegendes Bedürfnis verdeckt: Menschen wollen eigentlich Freiheit erleben. Sie wollen das Gefühl haben können, in ihrer derzeitigen Situation frei zu sein.

Ich möchte das an einigen Beispielen verdeutlichen:
1. Joan wollte ihren Ehemann Tom verlassen, denn sie war in ihrer Ehe sehr unglücklich. Tom verbrachte wenig Zeit mit ihr und schien seine Wirtshausfreunde und die Sportsendungen viel wichtiger zu nehmen als sie. Joan hatte das jahrelang hingenommen, doch eines Tages hatte sie genug. Sie kam sich wie eine Sklavin vor, gefangen in Küche und Haus. Sie fühlte sich mit

dem Versuch überfordert, den Kindern sowohl Mutter als auch Vater zu sein. Sie sehnte sich nach Freiheit. So nahm sie allen Mut zusammen und verließ Tom. Zwei Jahre später heiratete sie Jeffrey. Aber nach einigen Jahren Ehe stand sie vor sehr ähnlichen Problemen. Warum? Sie hatte nicht gelernt, in einer Beziehung frei zu sein. Sie wagte nicht, von Jeffrey etwas zu verlangen und hatte nie gelernt, um Unterstützung zu bitten. Sie war inzwischen so verbittert und voller Groll, daß sie auch nicht mehr wahrnehmen konnte, was sie tatsächlich bekam. Für eine Frau wie Joan wird es keine wahre Freiheit geben, solange sie aus einer Situation flieht, anstatt an ihrer Eigenständigkeit zu arbeiten.

2. Peter war mit Jennifer verheiratet. Sie hatten zwei Kinder, ein Haus und ein gesichertes Einkommen. Er fühlte sich jedoch einsam und ungeliebt. Es wurde von ihm erwartet, daß er stark, furchtlos und der Versorger und Beschützer seiner Familie sei. Wenn er lockerließe, würden alle anderen leiden. Der Druck dieser Verantwortung wurde zu groß für ihn. Er fühlte sich gefangen und sehnte sich nach Freiheit. Gleichzeitig hinderten ihn Schuldgefühle und Angst daran, die Familie zu verlassen. Er träumte von einem ungebundenen Leben voller Abenteuer, von einer Reise um die Welt, auf einer eleganten weißen Yacht. Der Druck wurde immer stärker. Um ihn etwas zu lindern, ging er öfter auf Geschäftsreisen und begann eine Affäre mit einer jüngeren Frau. Anne schien ihn zu schätzen und zu begehren, ohne Forderungen zu stellen. Nach einiger Zeit verließ er Jennifer und heiratete Anne, einige Jahre später. Sie bekamen zwei Kinder. Nach fünf Jahren befand sich Peter im gleichen Boot, jedoch nicht in dem, das die Welt umsegelte! Peter mußte lernen, seine Bedürfnisse wahr- und wichtig zu nehmen. Er brauchte nicht immer stark zu sein. Er konnte seine Partnerin um Unterstützung bitten. Hätte er die Stärke und Intelligenz seiner Frau anerkannt, wäre in ihrer Beziehung mehr Freiheit möglich gewesen. Dann hätte er nicht den Eindruck gehabt, alles allein tragen zu müssen.

"Frei von etwas" zu sein ist erst die eine Hälfte auf dem Weg zur wirklichen Freiheit. Die andere besteht darin, "frei zu etwas" zu werden, uns selbst die Erlaubnis geben zu können, das zu tun, was wir in unserem Innersten tun wollen. In anderen Worten: die Freiheit der Wahl. Die meisten Menschen kehren diesen Prozeß um und scheitern dabei. Sie glauben, daß sie wählen, wenn sie in Wirklichkeit unbewußt auf eine Situation oder Person reagieren.

Als Teenager beobachtete ich die Machtverteilung in der Beziehung meiner Eltern. Es kam mir so vor, als sei mein Vater der Herr und meine Mutter die Sklavin. Deshalb beschloß ich, weder Hausfrau noch Mutter zu werden. Einige Jahre später, ich war 22 Jahre alt, wachte ich auf, hatte einen Mann und zwei Kinder und fragte mich: "Wie in aller Welt bin ich bloß hierhergekommen?" Ich verstand damals nicht, daß ich meinen Weg nicht wirklich gewählt hatte. Ich hatte vielmehr nur entschieden, was ich nicht wollte, und dies war dabei herausgekommen. Um in Freiheit das tun zu können, was man wirklich will, muß man erst einmal herausfinden, was das eigentlich ist. Es ist erstaunlich, wie wenig Menschen das wirklich wissen.

Wenn Klienten neu zu mir in Therapie kommen, stehen sie im allgemeinen unter starkem Druck. Sie sind meistens durch emotionales Leiden und Unbehagen motiviert und erwarten, daß ich die Antworten habe, die sie auf den Weg der Freiheit führen können. Wenn ich dann frage: "Warum kommen Sie zu mir, und was erwarten Sie sich von der Therapie?" - wissen die meisten nichts zu antworten. Sie wissen nur, daß ihr Leben nicht so ist, wie sie es sich wünschen.

Dann bitte ich sie, zum Beispiel folgende Fragen zu beantworten:
Fühlen Sie sich frei...
- jemandem, der Ihnen nahesteht zu sagen, was Sie wirklich tun möchten, auch wenn Sie wissen, daß er es nicht gutheißen wird?
- eine längere Zeit mit Ihren Eltern oder einem Elternteil zu verbringen, ohne ärgerlich oder gereizt zu werden?
- Sex abzulehnen ohne Angst zu haben, Ihren Partner oder Ihre Partnerin zu verlieren?
- Weihnachten anderswo als in Ihrer Herkunftsfamilie zu feiern, ohne sich schuldig zu fühlen?

- Ihren Körper anzunehmen und sich mit ihm wohlzufühlen, ohne fanatisch Diäten oder Gymnastik betreiben zu müssen?
- Urlaub vom Haushalt oder Arbeitsplatz zu machen, ohne ständig in Sorge zu sein, was während Ihrer Abwesenheit geschieht?

Nur wenige Klienten können diese Fragen mit Ja beantworten. Sie *reagieren* in den meisten Situationen, anstatt eine *bewußte Wahl zu treffen*. Um Freiheit zu erreichen, müssen drei Schritte in einer bestimmten Ordnung getan werden:

1. Frei werden von...   Finden Sie heraus wovon oder von wem.
2. Frei werden in ...   Finden Sie heraus, wie Sie bekommen können, was Sie brauchen, ohne aus der Situation zu fliehen.
3. Frei werden zu...   Entscheiden, nicht reagieren.

Das Aufgeben Ihrer Begrenzungen kann schwierig sein.

Wir werden alle frei geboren, geraten jedoch schon früh in Gefangenschaft. Aufgrund gestörter Familiensysteme und Kindesmißhandlung (letztere wird ausführlich im 2. Kap. beschrieben) beginnen wir schon im Kleinkindalter, uns unbewußt an diese Umgebung anzupassen, damit unsere Bedürfnisse erfüllt werden.

Wir versehen uns mit bestimmten Begrenzungen und legen damit den Grundstein zu lebenslanger Tyrannei. Als Erwachsene glauben wir dann, diese Begrenzungen um jeden Preis aufrechterhalten zu müssen.

Viele Menschen wissen nicht, daß sie in diesen unbewußt gesetzten Begrenzungen leben und in einem Suchtverhalten gefangen sind, das sie immer stärker in den Strudel der Verleugnung zieht. Sie trinken entweder zu viel oder nehmen Medikamente zum Entspannen und Betäuben des emotionalen Schmerzes. Sie rauchen, essen übermäßig, hungern, überarbeiten sich, betreiben fanatisch Sport, verschulden sich oder sind sexbesessen. Damit vermeiden sie zwanghaft die Ruhe, die es ermöglichen würde, den Schmerz ihrer Wirklichkeit zu erleben oder seine Ursache zu ergründen.

In dieser Lage befand ich mich, als ich damals auf dem Sofa saß. Ich war gefangen und wußte es nicht einmal. Gefangen in meinen eigenen Begrenzungen. Ich war "die gute Tochter", die "liebevolle und verführerische Ehefrau", die "hingebungsvolle Mutter", die "erfolgreiche Karrierefrau", "liebende Schwester" und das "Unterhaltungskomitee" für Mann und Kinder.

Ich betrachtete alle diese Selbstbilder und mir kam plötzlich zu Bewußtsein, daß ich gar nicht wußte, wer ich wirklich war. Ich hatte Angst, diese Begrenzungen aufzugeben, denn vielleicht war ja gar nichts dahinter. Ich erlebte mit Schrecken, daß sich meine Identität aufzulösen drohte. Ich mußte mich also unter Kontrolle behalten, damit meine Selbstbilder mich weiterhin zusammenhielten.

Da Veränderung die einzige Konstante ist, sind Sie nur dann frei, wenn jeder Aspekt in Ihrem Leben in Bewegung ist. Wenn Sie sich fürchten, Ihre Begrenzungen loszulassen oder zu verändern, stecken Sie vermutlich fest.

Der Klebstoff, der diese Bilder an ihrem Platz hält, besteht aus "müssen" und "sollen". Viele Menschen richten ihr Leben jahrzehntelang an den Erwartungen anderer aus (Eltern, Ehepartner, Freunde, Kollegen).

Diese Erwartungen entstehen in unseren Herkunftsfamilien und setzen sich in der ganzen Gesellschaft fort. Als Kinder hören wir: "Tu das!" "Tu das nicht!" "Du solltest... brav, ruhig sein, stillhalten, dich mehr anstrengen!" "Hör auf zu weinen!" usw. So haben sich die Stimmen dieser Autoritäten in unserem Kopf festgesetzt, und wir erlauben ihnen, uns jahrelang zu beherrschen und einzuengen. Auch als Erwachsene sind wir davon nicht frei. Frei zu sein, bedeutet, die eigene, innere Stimme zu erkennen und ihr zu folgen und die Stimme der Autoritäten abzulehnen.

Freiheit hat ihren Preis

Ein Chef, den ich vor Jahren hatte, sagte oft zu mir: "Shirley, im Leben gibt es nichts umsonst!" Dieser Spruch ging mir ziemlich auf die Nerven, doch mit der Zeit erkannte ich, daß er recht hatte. Das Erlangen der inneren Freiheit hat seinen Preis. Um zu bekommen, was ich mir wünschte, mußte ich aufgeben, was dem im Weg stand. Es war wie ein persönlicher Frühjahrsputz - man wirft Altes hinaus und macht so Platz für das Neue. Ich benutze oft folgendes Bild, um diesen Prozeß zu beschreiben: Stellen Sie sich vor, Sie seien ein Eimer. Auf dem Boden ist Schlamm, der Rest ist mit klarem Wasser gefüllt. Der Schlamm steht für die ungelösten Schmerzen, die Scham, die Schuldgefühle und die Verwirrungen Ihrer Kindheit und die negativen Bilder, die Sie von sich entwickelt haben. Das Wasser repräsentiert Ihr wirkliches Selbst.

Wenn Sie nun die Suche nach persönlicher Freiheit beginnen, nehmen Sie neue Wahrheiten in sich auf, so als ob Sie neues Wasser in den Eimer füllen. Was geschieht? Der Schlamm wird aufgewühlt und Ihr Leben scheint zunächst noch verwirrender zu werden. Dies geschieht z.B. wenn Sie auf Ihre Kindheitserlebnisse blicken. Wenn Sie in dieser Phase aufhören, Wasser in den Eimer zu schütten, kann sich der Schlamm in Treibsand verwandeln. Sie können das Gefühl bekommen, eingesaugt zu werden. Das muß aber nicht so sein. Das schlammige Wasser klärt sich schneller als Sie denken, wenn Sie nur nicht aufgeben. Diesen Prozeß nenne ich "Das Ausleeren des Eimers". Damit wir sein, tun und haben können, was wir wirklich wollen, müssen wir unseren Eimer immer wieder von Neuem ausleeren.

Wo fängt man an?

Freiheit ist zwar eine persönliche, innere Erfahrung, aber Sie können sie nicht alleine entdecken. Der Zugang zu Ihrer persönlichen Freiheit liegt in Ihrer Beziehung zu einer Höheren Macht, so wie Sie sie verstehen. Indem Sie ein Gefühl der Verbindung mit Ihrer eigenen Höheren Macht entwickeln, können Sie innere Stärke und das Gefühl, in sich selbst zu ruhen, erreichen. Dies gibt Ihnen die Kraft, die Entscheidungen zu treffen und die Veränderungen vorzunehmen, die Ihr Leben verbessern werden.

Ihre Höhere Macht wird Ihnen die nötigen Anstöße geben. Darauf können Sie sich verlassen - mehr als auf die Menschen, deren Anerkennung Sie suchen.

Viele der Menschen, die zu mir kommen, glauben, es gäbe eine Geheimformel, die ihr Leben wieder in Ordnung bringen könne, und ich wüßte sie. Ich mache ihnen sehr schnell klar, daß ich nicht Gott bin.

"Sie müssen begreifen, daß Sie sich selbst gefangenhalten. Nur Sie selbst, mit Hilfe Ihrer Höheren Macht, können sich befreien." Nur wenn Sie für sich ein Verständnis Ihrer Höheren Macht entwickeln, können Sie die Verbindung zu Ihrer inneren Informationsquelle aufnehmen. Wenn Sie diese Verbindung nicht herstellen können, werden Sie immer die Antworten bei anderen suchen. Schließlich sage ich meinen Klienten noch, daß Sie etwas ganz Einfaches tun können. Wenn es aber aus dem Herzen kommt, hat es große Auswirkungen: Richten Sie Ihre feste Absicht auf das, was Sie erreichen wollen. Seien Sie bereit, es auch wirklich anzunehmen - und dann überlassen Sie die Art und den Zeitpunkt der Verwirklichung Ihrer Höheren Macht. Wenn Sie aufrichtig sind, reicht Ihre Absicht aus. Damit beginnt der Prozeß von Veränderung und Wachstum. Ich kann Ihnen nicht genau erklären, wie das vor sich geht, aber ich weiß, daß es funktioniert. Ich habe es vielfach selbst ausprobiert.

Sehr deutlich zeigte sich dieser Vorgang, als ich zum zigsten Male versuchte, das Rauchen aufzugeben. Ich hatte es schon einmal für zwei Jahre geschafft, doch dann wieder angefangen. Dann lernte ich den Satz kennen: Nicht aufgeben, sondern übergeben. Ich formulierte die feste Absicht, Nichtraucherin zu sein. Ich hatte schon jede mir bekannte Technik ausprobiert und dabei Tausende von Dollar ausgegeben. Mir waren die Ideen ausgegangen. Ich brauchte Hilfe. Ich bat also meine Höhere Macht, das für mich zu tun, was ich nicht selber tun konnte. Und nach einer Reihe von plötzlichen, unerwarteten Ereignissen und zu einem völlig überraschenden Zeitpunkt, gaben die Zigaretten mich auf.

Ich fand Unterstützung in einer Selbsthilfegruppe "Anonyme Raucher", die mir die Erfahrungen, die Stärke und die Hoffnung vermittelte, weiterhin Nichtraucherin bleiben zu können, jeden Tag aufs Neue.

Durch meine aktive Bereitschaft und die Hilfe meiner Höheren Macht wurde ich von dieser starken Abhängigkeit befreit. Dieses Erlebnis war für mich ein bedeutender Schritt auf dem Weg zur Freiheit.

Es klingt vielleicht zu schön, um wahr zu sein, aber ich habe erlebt, wie dieses Prinzip Wunder im Leben vieler Menschen gewirkt hat. Ich möchte Sie ermutigen, es auch zu versuchen.

Kapitel 2
Wissen Sie, wer Sie wirklich sind?

Co-Abhängigkeit eine weit verbreitete und häufig übersehene Krankheit

Eine der größten Blockaden auf dem Weg zur Freiheit, die mir und auch meinen Klienten begegnet sind, ist die Krankheit der Co-Abhängigkeit. Ich möchte nicht mit einer Lehrbuchdefinition von Co-Abhängigkeit beginnen. Sie würden sie vermutlich als für Sie nicht zutreffend erleben. Statt dessen werde ich Ihnen zunächst erläutern, wie Co-Abhängigkeit erkannt und beschrieben wurde. Dann werde ich die Ursachen und Merkmale der Krankheit nennen und Behandlungsmöglichkeiten aufzeigen.

Co-Abhängigkeit gab es vermutlich schon immer, aber sie wurde zum ersten Mal vor zehn Jahren in Amerika "entdeckt". Ärzte, Therapeuten und Berater, die Alkoholismus und Drogenabhängigkeit behandelten, stellten fest, daß sich diese Krankheiten auf alle Familienmitglieder auswirkten. Als dann Angehörige an der Therapie teilnahmen, erkannte man, daß die ganze Familie "krank" (co-abhängig) war und ebensoviele Verhaltensstörungen aufwies wie der ursprüngliche Patient. In jedem Fall hatte die Familiendynamik die Sucht des Patienten deutlich mitermöglicht.

Co-Abhängigkeit als Krankheit ist jedoch nicht auf Extremfälle von Alkoholismus und Drogenabhängigkeit beschränkt. Bei ihren Bemühungen Co-Abhängigkeit zu verstehen und zu definieren, stellten Therapeuten und Ärzte fest, daß dieser Zustand der Ursprung vieler anderer Süchte war. Darunter fallen Arbeitssucht, Eßstörungen wie Anorexie, Bulimie (hungern und dann wieder übermäßig essen), Spiel- und Kaufsucht, Beziehungs- und Sexsucht. Co-Abhängigkeit ist in allen Gesellschaftsschichten zu finden, und rund 96% der Bevölkerung wächst in Familien auf, die zu einem gewissen Grad gestört sind. Diese Krankheit erstreckt sich außerdem über alle Generationen.

Unglücklicherweise leugnet die Gesellschaft im allgemeinen die zwei Ursachen, die Co-Abhängigkeit erzeugen: dysfunktionale Familien und Kindesmißbrauch.

Wo alles anfängt - gestörte Familienbeziehungen

Wenn Sie selbst Kinder haben, möchte ich Sie bitten, die folgenden Informationen im Hinblick auf Ihre eigene Kindheit und die entsprechenden Bezugspersonen zu lesen. Lesen Sie sie nicht im Hinblick auf Ihre eigene Rolle als Mutter oder Vater. Wenn Sie sich nämlich eher in der Rolle der Eltern statt der des Kindes sehen, können Sie nicht klar erkennen, wie Sie als Kind mißbraucht worden sind. Dies wird Ihre Genesung erschweren.

Ich bin selbst Mutter und Großmutter. Meine Genesung von Co-Abhängigkeit begann, als meine Kinder 7 und 10 Jahre alt waren. Ein Jahr später, nach der Trennung von meinem Mann, fand ich mich als alleinerziehende Mutter wieder. Wie alle Eltern, liebte ich meine Kinder sehr, und ich gab mir die größte Mühe, eine gute Mutter zu sein. Es war unvermeidlich, daß ich während der nächsten Jahre viele Fehler machte. Auf dem Weg zur Genesung habe ich mich entwickelt und verändert. So konnte ich vieles von meinem früheren gestörten Verhalten an meinen Kindern wiedergutmachen. Ich konnte ihnen mit der Zeit ein ausgeglicheneres und reiferes Verhalten vorleben. Ich wollte eine solche Atmosphäre für sie von Anfang an, mußte aber erst lernen, diese Verhaltensweisen zu verwirklichen. Man kann nicht geben, was man selbst nicht hat! Also eines nach dem anderen. Konzentrieren Sie sich zunächst auf sich selbst!

Um die Dynamik einer Familie zu verstehen, stellen Sie sich das Ganze am besten als System vor. Ein System besteht aus verschiedenen Elementen, die zueinander in Beziehung stehen. Ein Grundsatz aller Systeme ist, daß das Ganze mehr ist als die Summe seiner Teile.

Um das zu verdeutlichen, möchte ich ein Bild benutzen, das von der verstorbenen Familientherapeutin Virginia Satir stammt. Stellen Sie sich ein Mobile vor: Die einzelnen Teile sind miteinander im Gleichgewicht, auch wenn jedes seine eigene Größe und Form, seinen eigenen Klang, seine Schönheit und Funktion hat (wie auch die einzelnen Familienmitglieder). Jedes Teil scheint eine Einheit für sich zu sein, ist aber mit den anderen durch Fäden verbunden. Wenn eines vom Wind bewegt wird, wirkt sich dies auf alle anderen aus, wenn auch manchmal nur unmerklich. Hört dann die Bewegung auf, kehren alle zu ihrem Ausgangspunkt zurück.

Ein Mobile ist, wie auch ein Familiensystem, durch die Interaktion seiner Elemente definiert und nicht durch deren Summe. Auf eine Familie bezogen können wir sagen: Ich bin sowohl Individuum als auch Teil einer Gruppe. Jedes Mitglied des Familiensystem spielt mehrere Rollen.

Der wichtigste Bestandteil des Familiensystems ist die Beziehung zwischen Mutter und Vater. Diese wiederum wird bestimmt durch die Beziehung, die jeder Partner zu sich selber hat. Wenn die Beziehungen gesund sind, wird auch das ganze Familiensystem gesund sein.

Wenn Mutter und Vater ein hohes Selbstwertgefühl haben, sich mit sich selbst wohlfühlen und wissen, wie sie ihre Bedürfnisse befriedigen können, werden sie sich als zwei vollständige, ausgeglichene Menschen begegnen. Sie sind bereit und fähig, weiter zu wachsen und können dadurch ihren Kindern viel geben. Dies macht ein gesundes Familiensystem aus.

In vielen Beziehungen fühlen sich Mutter und Vater allerdings nur als eine "Hälfte". Sie fühlten sich voneinander angezogen, weil jeder hoffte, daß der andere das ausgleichen würde, was ihm selbst fehlt. Unsere Gesellschaft hat sogar einen Ausdruck dafür: "die bessere Hälfte". In einer solchen Konstellation versuchen die Eltern immer noch, ihre eigenen unerfüllt gebliebenen Kindheitsbedürfnisse durch den Partner zu befriedigen. Wenn das nicht geht, versuchen sie es durch die Kinder.

Psychologisch gesehen vermindert die emotionale Dynamik zwischen zwei "halben" Partnern deren Fähigkeiten, als gesunde Eltern zu funktionieren noch mehr. Arithmetisch ausgedrückt: $1/2 \times 1/2 = 1/4$.

Anpassung beginnt früh

In einer gestörten Familie, in der die Beziehung der Eltern nicht im Gleichgewicht ist, versuchen die Kinder die Lücken zu füllen und damit das System auszubalancieren. Sie beginnen unbewußt das auszuleben, was von den Eltern unterdrückt oder nicht gelebt wird. Sie übernehmen dafür die verschiedenen Rollen und Etiketten.

Aber es gibt in Familien keine wirklichen Geheimnisse. Auch wenn über Probleme, Streitigkeiten, Spannungen und andere Unstimmigkeiten nicht gesprochen wird, spüren Kinder das und versuchen, durch ihr Verhalten das Gleichgewicht wieder herzustellen. Deshalb sind Geschwister oft so extrem verschieden. Jeder übernimmt unbewußt eine andere Rolle, in der Hoffnung, damit die Familie im Gleichgewicht zu halten.

Wenn z.B. ein Vater seine starke Angst unterdrückt und sich nach außen furchtlos gibt, kann eines der Kinder vielleicht Paranoia (Verfolgungswahn), Angstzustände oder Asthma entwickeln und damit stellvertretend die unterdrückten Gefühle ausleben. Andererseits wird vielleicht die Tochter eines stark kontrollierenden Vaters magersüchtig, weil dies die einzige Möglichkeit zu sein scheint, selbst Kontrolle übernehmen zu können. Wenn die sexuelle Beziehung der Eltern unterdrückt oder gestört ist, entwickelt häufig eines der Kinder das andere Extrem, Promiskuität. Ein anderes übernimmt möglicherweise die Scham, die die Eltern über ihre Sexualität empfinden. Dieses Kind wird vielleicht übergewichtig und eßsüchtig, um sexuellen Kontakt zu vermeiden.

Ein kleines Kind, das häufige Wutanfälle entwickelt oder agressiv ist, lebt unter Umständen die unterdrückte Wut eines oder beider Elternteile aus. Dieses Kind wird dann zum "Problem" und zum Ventil für die Frustration der Familie.

Anpassung durch die Übernahme von Rollen

In einem gestörten Familiensystem spielt jedes Familienmitglied unbewußt verschiedene Rollen und gibt dadurch sein eigenes, wirkliches Selbst auf. Dabei müssen wir uns immer vor Augen halten, daß das gesamte Familiensystem gestört ist. Jedes Familienmitglied spielt seine Rolle, um die Familie im Gleichgewicht und zusammenzuhalten.

Sharon Wegscheider-Cruse beschrieb die Familienrollen in ihrer Arbeit mit Kindern aus Alkoholikerfamilien.[1] Einige der typischen Rollen, die man in dysfunktionalen Familien beobachten kann sind:

Der Held

Dieses Kind hat sehr gute Noten in der Schule, ist hervorragend im Sport, macht der Familie Ehre und heimst viele Auszeichnungen und Anerkennung für die eigene Leistung ein. Als Erwachsener ist der Held oft extrem erfolgreich. Er wird aber heimlich von Schuldgefühlen geplagt, weil sein Bruder z.B. arbeitslos ist und seine Schwester mit vier Kindern und einer unglücklichen Ehe zu kämpfen hat. Der Preis, den Helden zahlen, ist gewöhnlich hoch. Sie sind meistens angespannt, arbeitssüchtig, perfektionistisch und unglaublich einsam. Mit fortschreitender Krankheit fühlen sie sich mehr und mehr unzulänglich. Sie versuchen dies durch verstärkten Rückzug zu verdecken und werden dadurch noch einsamer.

Das stille Kind

Von diesem Kind sagen die Eltern wahrscheinlich: "Betty ist so ein liebes Mädchen. Sie macht uns nie Schwierigkeiten. Sie ist so still und beschäftigt sich stundenlang allein in ihrem Zimmer. Sie belästigt nie jemanden." Kein Wunder. Dieses Kind ist besonders empfänglich für die emotionalen Spannungen in der Familie. Es fühlt sich sehr einsam und entflieht in eine private Fantasiewelt.

---

[1] Sharon Wegscheider: Es gibt doch eine Chance, Wildberg, 1988

Wo der Held der Familie Ehre einbringt, erfüllt das stille Kind das Bedürfnis des Systems nach Abgrenzung und Autonomie. Dieses Kind verbringt viel Zeit allein, aber es ist kein gesundes Alleinsein.

Der Zuhelfer
Die Zuhelfer übernehmen die Aufgabe, die Familie um jeden Preis zusammenzuhalten. Ihr oberstes Ziel ist das Vermeiden von Konflikten. Sie wollen Frieden um jeden Preis. Sie fürchten sich davor, verlassen zu werden und glauben nicht, daß andere Familienmitglieder für sich selber sorgen können. Sie haben ein übergroßes Bedürfnis, gebraucht zu werden und beziehen daraus ihren Selbstwert.

Der Clown
Dieses Kind ist der Komiker, der Familienunterhalter, der jeden zum Lachen bringt und damit ein spielerisches Element in das System bringt. Gefangen hinter der Clownsmaske ist es jedoch unfähig, seine wahren Gefühle von Schmerz und Isolation auszudrücken. Diese Unfähigkeit behindert später seine Beziehungen im Erwachsenenalter.

Das schwarze Schaf
Das schwarze Schaf übernimmt die Schuld der Familie, indem es unterdrückte Konflikte auslebt. Diese Kinder werden häufig beim Stehlen, Raufen oder anderen Auffälligkeiten erwischt. Sie werden vielleicht drogenabhängig oder gehen durch eine Reihe von Krankheiten. Wenn es in einer Familie unterdrückten Ärger oder Schmerz gibt, wird das schwarze Schaf das Überdruckventil sein. Der Preis, den es dafür zahlt, ist offensichtlich.

Kinder können zwei oder drei dieser Rollen übernehmen, wobei die Rollen in verschiedenen Lebensphasen zum Tragen kommen können.
Wenn z.B. ein älteres Kind den Haushalt verläßt, gerät das System aus dem Gleichgewicht. Um es wieder herzustellen, übernimmt ein anderes Familienmitglied die verwaiste Rolle. Dies war bei mir so. Meine sechs Jahre ältere Schwester hatte

die Heldenrolle und die des stillen Kindes. Ich war der Zuhelfer und das schwarze Schaf. Mit sieben Jahren entwickelte ich regelmäßige Migräneanfälle, Ausschläge und Allergien. Ich war öfter in Schwierigkeiten und wurde öfter bestraft als meine Schwester. Als ich zwölf Jahre alt war, heiratete meine Schwester und verließ den Haushalt. Plötzlich entwickelte ich mich zu einer fleißigen Schülerin, nahm eine Teilzeitarbeit an und bemühte mich, erfolgreich zu sein, damit meine Eltern stolz auf mich sein konnten. Ich hatte den Heldenmantel meiner Schwester umgelegt.

In einem gesunden Familiensystem sorgen die Eltern für die Erfüllung der Bedürfnisse ihrer Kinder. In einem gestörten Familiensystem haben die Kinder die Aufgabe, die Bedürfnisse der Eltern zu befriedigen. Sie verlassen ihr eigentliches Selbst in unterschiedlicher Weise, um das System im Gleichgewicht zu halten und die Eltern zu entlasten. Die Eltern haben in ihrer Kindheit nicht erlebt, daß ihre Bedürfnisse berücksichtigt wurden. Daher stellen sie unbewußt die gleiche Situation in ihrer eigenen Familie wieder her. So werden gestörte Verhaltensmuster über Generationen weitergegeben. Dies ist eine ernste Form des Kindesmißbrauchs, den unsere Gesellschaft aber nicht als solchen anerkennt.

Wie man Kindesmißbrauch erkennt

Es herrscht weitgehend Unverständnis und Verleugnung über Ausmaß und Charakter des Kindesmißbrauchs in unserer Gesellschaft. Ich schließe mich Pia Mellody an, die Kindesmißbrauch folgendermaßen definiert: "... ist alles (Verhalten), das das Kind nicht unterstützt oder es beschämt". Unterstützung bedeutet in diesem Falle: nähren, fördern, bilden und Raum für Wachstum und Entwicklung gewähren.

Die verschiedenen Formen des Kindesmißbrauchs können entweder offen oder verdeckt auftreten. Sie können für das Kind entweder schwächend oder scheinbar stärkend wirken. Sehr oft ist Kindesmißbrauch als Disziplin maskiert.

Offener Mißbrauch ist für jeden klar erkennbar, sei er körperlich, sprachlich oder verhaltensbedingt.

Verdeckter Mißbrauch geschieht indirekt, passiv-agressiv und unterschellig manipulierend. Dazu gehören auch Vernachlässigung durch die Eltern, Liebesentzug und die Verweigerung von emotionaler Wärme. Die schädlichen Auswirkungen dieser Art von Kindesmißbrauch werden weithin unterschätzt, hauptsächlich, weil er so schwer zu erkennen ist. Hierzu einige Beispiele:

Debra hat eine einflußreiche Stellung, einen charmanten Mann und eine niedliche vierjährige Tochter, Catherine. Wenn Debra von der Arbeit nach Hause kommt, ist sie müde. Sie holt Catherine in Eile aus der Tagesstätte ab und macht dann das Abendessen für die Familie. Catherine braucht die Zuwendung der Mutter, wird jedoch stattdessen "liebevoll" vor den Fernseher gesetzt. Catherines emotionale Bedürfnisse werden vernachlässigt. Sie ist ein verdeckt mißbrauchtes Kind.

Kevin ist geschieden, wohlhabend und hat eine Tochter und einen Sohn. Die Kinder haben alles, was man für Geld kaufen kann. Wenn sie das Wochenende bei ihm sind, verbringt Kevin seine Zeit damit, die Zeitung zu lesen, das Schwimmbad zu reinigen und Sportsendungen anzuschauen. Wenn er mit den Kindern etwas unternimmt, dann nur etwas, was ihn interessiert. Sein Sohn bekommt eine extra Dosis Zuwendung und Lob, wenn er sich bei sportlichen Wettkämpfen in der Schule hervorgetan hat. Je mehr Pokale, desto mehr Bewunderung. Kevins Kinder werden von ihm vernachlässigt. Nach außen sorgt er im Überfluß für sie, aber im Gefühlsbereich läßt er sie im Stich. Das ist verdeckter Kindesmißbrauch.

Joanes Freunde und ihre Familie halten sie für eine liebevolle, fürsorgliche Mutter und Hausfrau. Sie ist freigebig mit Zuneigung, Unterstützung und Zeit für ihre Kinder - es sei denn, diese verhalten sich nicht so, wie sie es von ihnen erwartet. Wenn sie ungezogen sind, entzieht Joan ihnen ihre Liebe und Unterstützung und ignoriert sie, bis sie ihren Willen durchgesetzt hat. Joan kontrolliert ihre Kinder durch Liebesentzug. Joans Kinder werden verdeckt mißbraucht.

Mißbrauch führt dazu, daß sich ein Kind entweder unter- oder überschätzt.

Schwächender Mißbrauch beschämt das Kind. Er verursacht in ihm das Gefühl, nicht gut genug oder schlechter als andere zu sein. Er nimmt dem Kind sein Selbstwertgefühl. Es wird sich als Erwachsener unzureichend und unsicher erleben und leicht als Opfer fühlen.
Stärkender Mißbrauch vermittelt dem Kind ein falsches Gefühl von Stärke. Es fühlt sich wichtiger und besser als andere. Es wird sich später überlegen fühlen und dazu neigen, andere zu beleidigen und herunterzusetzen.

Körperlicher Mißbrauch
Wenn der Körper eines Kindes respektlos behandelt, ignoriert oder verletzt wird - ist das körperlicher Mißbrauch. Dazu gehören alle Arten von Schlägen, mit der Hand oder Gegenständen, Ohrfeigen, das Durchschütteln, an den Haaren ziehen, mit dem Kopf gegen eine harte Fläche schlagen, ein Kind festhalten und kitzeln. Er schließt Prozeduren ein wie Einläufe oder das rücksichtslose Untersuchen von Körperöffnungen ohne den angebrachten Respekt vor dem Kind. Ein Kind kann auch "körperlich" verlassen werden von einem Elternteil oder beiden durch Tod, Scheidung, Verlassen der Familie, Krankheit oder Arbeitssucht. Manche Eltern geben ihren Kindern nicht genug Körperkontakt - kuscheln, umarmen, streicheln; oder sie vernachlässigen die körperlichen Bedürfnisse des Kindes. Manche Erwachsene zeigen ihren Haustieren mehr offene Zärtlichkeit als ihren Kindern.

Sexueller Mißbrauch
Dazu gehören Geschlechtsverkehr, analer oder oraler Sex, Masturbation (wobei das Kind den Erwachsenen stimuliert oder der Erwachsene das Kind), sexuell gefärbte Berührungen oder Küsse.

Verdeckter sexueller Mißbrauch
Eine besorgniserregend häufige Form von sexuellem Mißbrauch die sehr schädliche Folgen haben kann, ist die Gewohnheit eines Elternteils, ein Kind regelmäßig bei sich schlafen zu lassen. Ein

Beispiel aus meiner Praxis soll dies verdeutlichen: Eine alleinstehende Mutter klagte, daß ihre kleine Tochter nicht die ganze Nacht in ihrem Bett bleiben würde. Mit der Ausrede, sie sei zu müde und zu erschöpft, um das Kind zu disziplinieren, erlaubte sie ihm, in ihrem Bett zu schlafen. Im Laufe der Therapie entdeckten wir, daß ihr die Wärme und Zuwendung eines Mannes in ihrem Leben fehlten und daß das Kuscheln mit ihrer Tochter einen Teil dieser Sehnsucht befriedigte. Diese Art von Bindung kann die spätere Sexualentwicklung des Kindes beeinträchtigen.

Das Fehlen einer angemessenen sexuellen Aufklärung ist ebenfalls verdeckter, sexueller Mißbrauch. Viele meiner weiblichen Klienten erinnern sich mit Schrecken an ihre erste Periode. Sie waren darüber nicht aufgeklärt worden und reagierten daher sehr erschrocken und beschämt.

Offener sexueller Mißbrauch
Voyeurismus: Eltern betrachten z.B. Sexmagazine oder schauen dem Teenager beim Anziehen zu. Das Kind kann den Mißbrauch dadurch erkennen, das der Blick ihnen ein unangenehmes Gefühl verursachte.

Exhibitionismus: Eltern kleiden sich verführerisch vor ihren Kindern an oder laufen vor ihnen nackt herum. Ob die Nacktheit sexueller Mißbrauch ist, hängt davon ab, ob der Erwachsene dadurch sexuell erregt wird.

Verbaler sexueller Mißbrauch: Mädchen als Schlampe, Hure, kleine Nutte zu bezeichnen oder ihnen zu sagen: "Du siehst billig aus". Auch Männer weinen oft in meinem Büro, wenn sie sich daran erinnern, wie ihre Mutter ihre knospende Sexualität verspottete.

Als Selbstschutz haben die meisten Männer und Frauen jegliche Erinnerung an sexuellen Mißbrauch aus ihrem Gedächtnis verdrängt. Sie suchen erst Hilfe, wenn sie Schwierigkeiten mit ihrer Sexualität oder in Beziehungen erleben. Im therapeutischen Prozeß können die vergangenen Vorfälle erinnert und bearbeitet werden. Dies macht Sie frei für gesunde sexuelle Beziehungen.

Emotionaler Mißbrauch
Dies ist der häufigste Mißbrauch und zeigt sich in verschiedenen Formen.

Verbaler Mißbrauch
findet statt, wenn ein Kind herabgesetzt, kritisiert, beschimpft, lächerlich gemacht oder angeschrien wird. Auch wenn Kinder Zeugen werden, wie jemand anderes verbal mißbraucht wird, hat dies eine ähnlich starke Wirkung. Wenn das Kind auch weiß, daß es selbst keine Schuld hat, so leidet es doch unter der Macht des Angriffs. Viele Erwachsene können nicht mit Ärger oder lautem Streit umgehen. Es erinnert sie zu stark an die Gefühle ihrer Kindheit, wenn ihre Eltern stritten.

Sozialer Mißbrauch
Freundschaften sind für die soziale Entwicklung eines Kindes außerordentlich wichtig. Wenn sich Eltern entweder direkt oder indirekt in die Freundschaften ihrer Kinder einmischen ist dies sozialer Mißbrauch. Viele Kinder und Jugendliche trauen sich nicht, Freunde mit nach Hause zu bringen, weil sie das Verhalten ihrer Eltern fürchten. Es gibt vielleicht Alkoholismus, Krankheit oder Geisteskrankheiten in der Familie oder der Vater neigt zu unvorhersehbaren Wutanfällen. Vielleicht nörgelt die Mutter auch in einer beschämenden Art und Weise am Vater herum. Vielleicht gibt es in der Familie auch ein "schreckliches" Geheimnis, das der Besucher entdecken könnte.

Meine Schulfreundin Rose hatte einen sehr jähzornigen Vater, der sie sehr oft vor ihren Freunden lächerlich machte. Ich erinnere mich, wie er sie einmal vor ihrem Freund herabsetzte. Als ihr Freund sie nach diesem beschämenden Vorfall nicht verließ, sagte sie zu mir: "Ich glaube, ich bleibe bei ihm!" Sobald sie achtzehn wurde, heiratete sie ihn, um von zu Hause fortzukommen.

Hier ist eine Aufzählung einiger emotionaler Mißbrauchsarten: kritisieren, bevormunden, Liebesentzug, täuschen, Schuldgefühle erzeugen, Ärger abladen, beschämen oder herabsetzen, betrügen, jemanden aufziehen, lächerlich machen, einschüchtern oder verletzen, verurteilen, Versprechen brechen, ungenaue Forderungen stellen, falsche Hoffnungen wecken, beschuldigen, anschreien, beleidigen, bedrohen, nicht ernst nehmen, grausam sein, launenhaft reagieren, sich über Gefühle, Bedürfnisse und Wünsche lustig machen.

Verlassen
Wenn ein Kind mißbraucht wird, ist niemand wirklich für es da. Es ist ganz allein. Dadurch *ist* Mißbrauch ein Verlassen. Wenn Eltern ihre Kinder mißbrauchen, hat dies Verhalten seine Wurzeln in ihren eigenen ungelösten Konflikten und nicht so sehr im Verhalten des Kindes.

Kinder sind für ihr Überleben von ihren Eltern abhängig. Ihre Abhängigkeitsbedürfnisse müssen von den Eltern erfüllt werden. Pia Mellody definiert diese Abhängigkeitsbedürfnisse als das Bedürfnis nach Nahrung, Kleidung, Unterkunft, medizinische Versorgung, körperliche und emotionale Zuwendung (Zeit, Aufmerksamkeit und Anleitung), sexuelle Aufklärung und Leitung und finanzielle Information und Anleitung.

Gefühlsmäßige Zuwendung ist für eine gesunde Entwicklung wichtig. Das bedeutet auch, die Kinder in den grundlegenden Lebensaufgaben anzuleiten. Wenn Kinder von ihren Eltern Zeit, Aufmerksamkeit und Anleitung erhalten, erfahren sie sich selbst in positiver Weise. Dies vermittelt ihnen ein Gefühl ihres Wertes.

Vernachlässigung tritt auf, wenn die Abhängigkeitsbedürfnisse gar nicht oder nur teilweise befriedigt werden. Kinder, die sehr jung in ein Internat gegeben werden, werden von ihren Eltern emotional verlassen, auch wenn das nicht in der Absicht der Eltern lag.

In den ersten drei Lebensjahren müssen wir bewundert, bedingungslos geliebt und ganz akzeptiert werden. Wir brauchen außerdem die physische Anwesenheit unserer Eltern und die Spiegelung dieser Liebe und Annahme durch ihr Verhalten.

Dieses "Spiegeln" muß geschehen, ob das Kind eine schmutzige Windel hat, schreit, weint, krank ist, lacht oder babbelt, ob es sauber und ruhig oder dreckig und laut ist. Dieses Bedürfnis nach Spiegelung nennt Alice Miller, Ärztin und Schriftstellerin, unseren "narzistischen Vorrat". Ein großer Teil der erwachsenen

Bevölkerung hat nicht genug davon, auch wenn ihre Eltern vielleicht unterstützend, einfühlsam und fürsorglich gewesen sind.

Ein Erwachsener muß schon emotional sehr reif sein, um einem Kind ständig dessen angeborenen Wert und seine Kostbarkeit spiegeln zu können. Die meisten Erwachsenen sind emotional unterentwickelt, weil ihre Abhängigkeitsbedürfnisse nicht befriedigt wurden als sie selbst Kinder waren. Diese Menschen sind kleine Kinder in einem großen Körper und man bezeichnet sie als "erwachsene Kinder". Unsere Gesellschaft ist voller erwachsener Kinder, die versuchen, gute Eltern zu sein.

Unreife Eltern *brauchen* die Bewunderung und Zustimmung ihrer Kinder, so daß sie endlich ihre narzistischen Bedürfnisse befriedigen können. Dieses Syndrom ist der Grund für unsere gesellschaftliche Leistungsbesessenheit. Viele talentierte, erfolgreiche Menschen, die für ihre Begabung und Erfolge bewundert und gelobt worden sind, leiden unter dieser Form der emotionalen Verlassenheit. Sie sagen z.B.: "Meine Eltern waren immer da und haben mich unterstützt. Geliebt fühlte ich mich aber nur, wenn ich bewundert und gelobt wurde." Diese Menschen sind Opfer emotionaler Vernachlässigung.

Eine meiner Freundinnen wurde sich dessen bewußt, als sie Anfang Dreißig war. Als junges Mädchen konnte sie das Interesse und die Bewunderung ihrer Eltern nur gewinnen, wenn sie gute Schulleistungen heimbrachte. Als Erwachsene war sie arbeitssüchtig, hatte ihr eigenes gutgehendes Geschäft, ein hohes Einkommen, gute gesellschaftliche Verbindungen und war finanziell unabhängig. Sie fühlte sich müde und ausgebrannt, traute sich aber nicht, die Leistungsmühle zu verlassen. Sie fürchtete, sich dann wie ein ungeliebter Niemand zu fühlen. Ihr größter Wunsch war, zu heiraten und Kinder zu haben. Weil sie auch keinen Partner wollte, der sie nur aufgrund ihrer Leistungen attraktiv fand, nahm sie allen Mut zusammen und zog sich aus dem Beruf zurück. Sie änderte ihren Lebensstil, um ruhiger zu werden und nur noch sie selbst zu sein. In den nächsten 12 Monaten konzentrierte sie sich ausschließlich darauf, sich selbst ohne die gewohnten Erfolgssymbole lieben zu lernen. Als Ergebnis fand sie ihren jetzigen Ehepartner und erwartet ihr erstes Kind.

Intellektueller Mißbrauch
Intellektueller Mißbrauch greift die Gedanken eines Kindes an oder macht sie lächerlich. In einer Familie, in der intellektueller Mißbrauch stattfindet, ist es den Kindern nicht erlaubt, eine von den Eltern abweichende Meinung zu haben. Die unausgesprochne Botschaft an das Kind lautet: "Du bist dumm und ich habe das Recht Dir zu sagen, was Du denken sollst." Für eine gesunde intellektuelle Entwicklung ist es notwendig, die Kinder zum Lösen ihrer Probleme anzuregen und anzuleiten. Ignoriert man die Probleme der Kinder oder mischt sich zu häufig ein, nimmt man ihnen die Gelegenheit, das Lösen von Problemen zu lernen.

Spiritueller Mißbrauch
In diesem Fall lautet die ausgesprochene oder unausgesprochene Botschaft der Eltern an das Kind: "Ich bin die Höhere Macht in der Familie. Ich entscheide, was richtig und falsch ist und ich habe das Recht, Dir vorzuschreiben, was Du glauben sollst." In einer gesunden Familie geben die Eltern ihren Kindern gegenüber zu, daß auch sie manchmal an ihren eigenen Ideen und Überzeugungen zweifeln. Vor vielen Jahren nahm ich einmal an einem Seminar zur Spiritualität teil. Ich bekam die Aufgabe, einen Brief an Gott zu schreiben. Ich sollte all die Situationen aufzählen, in denen ich mich traurig, wütend oder mißtrauisch Gott gegenüber gefühlt hatte. Als ich den Brief beendet hatte, wurde ich gefragt, welcher meiner Eltern die größere Autoritätsperson gewesen war. Dies war ganz eindeutig mein Vater. Dann wurde ich aufgefordert, in meinem Brief die Anrede "Lieber Gott" in "Lieber Vater" umzuwandeln. Diese Übung hatte eine tiefe Wirkung auf mich. Sie zeigte mir, daß ich mich Gott gegenüber genauso verhielt, wie früher meinem Vater gegenüber.

Jeder Mißbrauch ist im Grunde spiritueller Natur, denn im Augenblick des Mißbrauchs hat der Ausübende alle Gewalt und ist dadurch die Höhere Macht.

Andere weniger offensichtliche Formen spirituellen Mißbrauchs schließen ein:
• Wenn Eltern von ihren Kindern Perfektion verlangen, verlangen sie eigentlich Gottähnlichkeit. Menschen sind aber fehlbar und es ist normal, Fehler zu machen. Oft wollen Eltern auch ihre eigenen Fehler gegenüber den Kindern nicht zugeben und vermitteln diesen damit das Bild, sie seien perfekt.
• Wenn Eltern ihre Kinder zu stark kontrollieren, so behindert dies den natürlichen Prozeß des Lernens durch Erfahrung. Die Kinder haben dann später oft Schwierigkeiten, Entscheidungen zu treffen und verlassen sich völlig auf Ratschläge anderer.
• Wenn eine Familie starre, unterdrückende Regeln aufstellt, die für die Kinder unmöglich einzuhalten sind. Wer kann sich nicht an den Spruch erinnern: "Tu, was ich Dir sage, nicht was ich tue"!
• Wenn Eltern von einer Religion abhängig sind, verwenden sie oft ihre Zeit und Aufmerksamkeit vorrangig dafür und vernachlässigen ihre Kinder. Religionsfanatiker benutzen das Konzept eines strafenden Gottes, um ihren Kindern zu drohen und sie zu kontrollieren oder ihnen Schuldgefühle einzuimpfen. Sie glauben, daß die Ursache all ihrer Probleme in einer sündigen Beziehung zu Gott liegt. Wie alle Süchtigen sind Religionssüchtige innerlich leer und unfähig, sich auf sich selbst zu beziehen. Sie können für ihre Kinder keine Struktur herstellen oder ihnen die Fähigkeiten zum Lösen von Problemen vermitteln. Solche Menschen begreifen nicht, daß man mit Gott eine Partnerschaft haben kann. Wenn sie sich wie hilflose Opfer verhalten und die Verantwortung für ihr Leben ganz Gott überlassen, werden ihre Kinder zu ebensolchen verantwortungslosen Erwachsenen heranwachsen. Wir müssen das Gleichgewicht herstellen zwischen "den lieben Gott machen lassen" und unsere eigenen Entscheidungen zu treffen.
Wie ich im 2. Kapitel erklärt habe, liegt der Schlüssel zu Ihrer persönlichen Freiheit in der Beziehung zu einer Höheren Macht, wie Sie sie verstehen. Wenn Sie keine Vorstellung von einer solchen Höheren Macht haben und keine von Herzen kommende

Beziehung zu ihr und wenn Sie die Erlebnisse von spirituellem Mißbrauch aus Ihrer Kindheit nicht bearbeiten, dann wird Ihr Weg zur Freiheit blockiert bleiben.

Vom Opfer zum Sieger

Nachdem Sie jetzt die Informationen über gestörte Familiensysteme und Kindesmißbrauch gelesen haben, fühlen Sie sich vielleicht innerlich aufgewühlt. Möglicherweise wird Ihnen vieles klar und Erinnerungen tauchen auf. Die Konfrontation mit diesen Themen ist eine wichtige Anfangsphase auf dem Weg zur Freiheit, und sie geht vorüber.

Wenn wir uns mit unserer Familiengeschichte, den Rollen, die wir in der Familie übernommen haben und der Art des Mißbrauchs, den wir erfahren haben, nicht vertraut machen, ist es sehr wahrscheinlich, daß wir diese Muster wiederholen und niemals frei werden. Terry Kellogg, ein Pionier in der Arbeit mit Kindesmißbrauch und Co-Abhängigkeit, sagt: "Um etwas zu verändern, muß man es erst einmal als Realität annehmen."

Wir müssen unsere Verleugnung aufgeben und der Wirklichkeit unserer eigenen Geschichte klar ins Auge schauen. Wir müssen die Fantasien über unsere Familien aufgeben und dann die Gefühle über unsere Lebensgeschichte "auftauen" und zulassen. Auf diese Weise können wir uns selbst befreien und als Erwachsene die Entscheidungen treffen, die uns ein erfülltes Leben ermöglichen. Wenn wir uns dann an unsere Kindheitserlebnisse erinnern können und sie durcharbeiten, ist es sehr wichtig, daß wir in diesem Prozeß nicht unseren Eltern die Schuld geben. Wir müssen klar erkennen, wer uns verletzt hat, was geschah, wie wir uns damals fühlten und wie wir uns heute fühlen. Nur dadurch können wir beginnen, die Reaktionsmuster zu verändern, die unser Leben als Erwachsene behindern.

Als Kinder waren wir für unsere Sicherheit und unser Überleben von unseren Bezugspersonen abhängig und konnten nicht verhindern, Opfer ihres Mißbrauchs zu sein. Dieser Tatsache müssen wir ins Auge sehen, unsere Gefühle zulassen und den Schmerz über die Verluste der Kindheit fühlen. Als Erwachsene können wir die Opferhaltung, die wir in der Kindheit entwickelt hatten, aufgeben. Wir können Verantwortung für unser Leben übernehmen und dadurch vom Opfer zum Sieger werden.

Eigenschaften von Co-Abhängigen

Ich glaube inzwischen, daß die meisten Menschen in gewissem Grade co-abhängig sind. Bei der Behandlung dieser Krankheit habe ich festgestellt, daß es Klienten hilft, wenn sie ihr spezifisches Problemfeld identifizieren und angehen können. Die folgende Aufzählung kann Ihnen helfen, festzustellen, auf welchen Gebieten Sie Probleme haben.

1. Selbstwertgefühl
- Ich fühle mich selten mit anderen Menschen gleichrangig. Meist fühle ich mich "besser als" oder "schlechter als" die Personen, mit denen ich beisammen bin.
- Es ist mir sehr wichtig, was andere von meinen engen Freunden und von meiner Familie halten.
- Ich bekomme mein Wertgefühl dadurch, daß andere mich brauchen.
- Ich fühle mich verpflichtet, die Schmerzen anderer zu lindern.
- Ich fühle mich verpflichtet, die Menschen, die mir nahestehen zu beschützen.
- Ich neige dazu, die Menschen zu "lieben", die ich bemitleiden oder retten kann.
- Ich tendiere zum Kritisieren und Nörgeln.
- Ich bin mir selbst gegenüber überkritisch.
- Ich versuche das Verhalten anderer zu kontrollieren, damit es mir besser geht.

2. Abgrenzung
- Ich bin unfähig, mir selbst relistische Grenzen zu setzen.
- Ich glaube, daß das peinliche Benehmen eines mir nahestehenden Menschen auf mich zurückfällt.

- Ich neige dazu, in intimen Beziehungen meine Identität zu verlieren.
- Ich isoliere mich oft emotional und gesellschaftlich.
- Ich fühle mich oft von Menschen angezogen, die mich verletzen.

3. Wirklichkeit
- Ich versuche, es jedem recht zu machen und bin ständig auf Anerkennung aus.
- Ich vermeide Konflikte und Auseinandersetzungen wo es nur geht und habe Angst vor Menschen, die Ärger zeigen.
- Ich handle gegen meine Grundsätze, wenn sie von denen einer für mich wichtigen Person abweichen.
- Es fällt mir schwer, meine Wirklichkeit von der anderer Menschen abzugrenzen.
- Ich vertraue Fremden ganz persönliche Dinge an, die ich eigentlich meinem Partner sagen möchte, mich aber aus Angst vor Zurückweisung nicht getraue.
- Wenn ich mich behaupte, fühle ich mich schnell schuldig, weil ich eigentlich glaube, dazu kein Recht zu haben.
- Meine Spiritualität ist verzerrt oder nicht vorhanden.

4. Abhängigkeit
- Es fällt mir schwer, mir über meine eigenen Bedürfnisse klar zu werden und für ihre Befriedigung zu sorgen.
- Ich stelle meine eigenen Bedürfnisse zurück, um etwas für jemanden anderes zu tun.
- Ich versuche, die Probleme anderer zu lösen.
- Ich bin davon abhängig, daß andere mich glücklich machen.
- Ich leide oft an Nervosität, Allergien, Ausschlägen, Kopfschmerzen, Depressionen, Müdigkeit und unspezifischen Krankheiten.
- Ich ziehe meine Kinder auf meine Seite, um stärker zu sein.
- Ich habe ab und zu Selbstmordgedanken.
- Um meine Anspannung zu lindern, bin ich abhängig von Kaffee, Tee, Süßigkeiten, Tabletten, Essen, Arbeit oder Sex.

5. Mäßigung
- Mein Denken, Fühlen und Verhalten ist an Extremen orientiert.
- Ich bin so gut wie unfähig, ein inneres Gleichgewicht aufrechtzuhalten.
- Ich schwanke oft zwischen Zorn und Resignation hin und her.
- Ich brauche Aufregung, denn dann fühle ich mich lebendig.
- Ich habe Angst vor Autoritätspersonen.
- Es fällt mir schwer, mich anderen mitzuteilen und ihnen zuzuhören.

Ein Leiden der Unreife

Nachdem Sie nun mit den Ursachen und Eigenschaften der Co-Abhängigkeit einigermaßen vertraut sind, möchte ich Ihnen meine Definition geben: *Co-Abhängigkeit ist ein Leiden, das seine Ursache im Aufgeben des authentischen Selbsts hat, um das Überleben in einem gestörten Familiensystem zu ermöglichen.* Co-Abhängige konzentrieren sich so auf das Verhalten anderer und sind davon so abhängig, daß sie fast keine Beziehung zu sich selbst haben. Deshalb sind sie auch mit ihrem wahren inneren Selbst nicht vertraut. Sie haben gelernt, es verborgen zu halten. Aus diesem Grund sind ihr Selbstwertgefühl und ihre Beziehung zu anderen gestört.

Fortschreitende Co-Abhängigkeit führt zu Streß, gestörten Beziehungen, kontrollierendem Verhalten und körperlicher Krankheit. Sie ist auch die Ursache von Süchten wie Alkoholismus, Drogenabhängigkeit, Eßstörungen, Arbeitssucht, Spiel- und Kaufsucht, Sexbesessenheit und Beziehungssucht.

Co-Abhängigkeit ist ein Leiden der Unreife. Weil wir in gestörten Familien aufgewachsen sind und als Kinder mißbraucht wurden, hatten wir nicht die Gelegenheit, zu unserem vollen Potential heranzureifen. Als Kinder sind wir von Natur aus egozentrisch und haben grenzenlose Energie. Beides brauchen wir, um der anstrengenden Arbeit des Erwachsenwerdens gerecht zu werden. Wenn wir unsere Kraft einsetzen müssen, um uns gegen Mißbrauch zu wehren, wie subtil er auch sein mag, dann verursacht die darauffolgende Erschöpfung eine Verringerung der Spontaneität und des Selbstwertgefühls. Weil wir uns nicht geschätzt fühlen, ist unsere Entwicklung behindert und wir können nicht zur Reife gelangen.

Zur Erklärung dieses Syndroms benutze ich oft das Bild einer Rose. Ich habe manchmal Rosen geschenkt bekommen, deren Knospen sich nicht öffneten. Stattdessen ließen sie ihre Köpfe hängen. Später erfuhr ich, daß diese Rosen unnatürlich schnell in einer künstlichen Treibhausatmosphäre gezüchtet worden waren. Vielleicht hatten sie nicht genug Wasser, Sonne, Dünger, Zeit und Zuwendung erhalten, um in natürlicher Weise zu reifen. Co-Abhängige sind wie diese Rosen. Sie entwickeln sich und reifen nicht zu ihren vollen Möglichkeiten, und oft sterben sie ohne zu wissen oder auszudrücken, wer sie wirklich sind.

Heutzutage leiden so viele Menschen an Schmerzen und Verwirrung, daß es kein Wunder ist, wie schnell sich die Information über Co-Abhängigkeit ausgebreitet hat und wie gut sie akzeptiert und angewendet wird. Die Menschen haben ihre Schmerzen satt. Sie sind es satt, in veralteten zerstörerischen Verhaltensmustern gefangen zu sein. Sie sehnen sich nach einem neuen Weg. Ich weiß aus eigener Erfahrung, daß es möglich ist, sich aus der Co-Abhängigkeit zu befreien. Was Sie dazu brauchen ist Bereitschaft, Information und Behandlung.

Kapitel 3

Sind Sie in einer verzerrten Wirklichkeit gefangen?

Als menschliche Wesen bestehen wir aus physischen, emotionalen, intellektuellen und spirituellen Aspekten. Alle zusammen machen unsere persönliche Wirklichkeit aus. Sie bestimmen unsere Individualität und unsere Selbstwahrnehmung. In einem ausgeglichenen Menschen funktionieren diese Aspekte im Zusammenhang miteinander. Negative oder angstmachende Gedanken lösen z.b. überwältigende Gefühle aus, die wiederum Streß erzeugen, der zu körperlicher Krankheit führen kann. Wenn wir krank sind oder geistig, emotional oder psychisch aus dem Gleichgewicht geraten sind, wird unser Wesen beeinträchtigt. Um wachsen und reifen zu können ist es wichtig, alle Aspekte unserer Wirklichkeit zu beachten. Dann können wir in unserem Leben Gleichgewicht erreichen.

Wirklichkeit ist eine Frage der Wahrnehmung. Keine zwei Menschen haben dieselbe, da ein großer Teil unserer Wirklichkeit durch unsere Erziehung geformt wird. Es ist unvermeidlich, daß wir uns über alles, was wir in unserer Umgebung wahrnehmen, Gedanken machen - sei es eine Kirche, eine Schule, der Vollmond, eine Spinne, ein Exhibitionist auf einem belebten Bahnhof oder streitende Nachbarn. Diese Gedanken, denen wir eine persönliche Bedeutung verleihen, rufen dann bestimmte Gefühle hervor. Diese widerum bestimmen unser Verhalten.

Nehmen wir das Beispiel des Exhibitionisten auf dem Bahnhof. Stellen Sie sich folgende Szene vor: Es ist Berufsverkehr. Passanten verschiedener Alters- und Berufsgruppen warten auf die U-Bahn. Ein Mann im Regenmantel geht am Rande des Bahnsteigs entlang. Plötzlich öffnet er seinen Mantel, zeigt den Wartenden seine Genitalien und läuft dann davon. Jede Person auf dem Bahnhof wird verschieden auf diesen Vorfall reagieren. Die Reaktionen sind durch das Objektiv der Kindheitsgeschichte gefiltert. Eine Frau, die z.B. in ihrer Kindheit sexuell mißbraucht wurde, ruft vielleicht: "Oh, Gott!" und flieht voller Angst. Ein Mann, der als Kind mitansehen mußte, wie seine Mutter verprügelt wurde und der seitdem Frauen gegenüber eine Beschützerrolle einnimmt, ruft: "Du perverses Schwein!" Ein anwesender Psychotherapeut denkt vielleicht: "Ich wüßte, wie ich diesem Mann helfen könnte". Ein Ehepaar, ganz in der Nähe des Exibitionisten reagiert möglicherweise sehr unterschiedlich. Die Frau gerät in Panik und klammert sich an ihren Mann und sagt: "Kannst Du denn gegen diesen schrecklichen Mann nichts tun?" Der Ehemann, der seit seiner Kindheit darauf gedrillt wurde, Gefühle, besonders Angst zu unterdrücken, gibt nicht zu, daß er den Mann überhaupt gesehen hat. "Welchen Mann?" fragt er und setzt dann sarkastisch hinzu: "Was hast Du denn jetzt schon wieder?" Eine vollbusige Frau in enganliegendem Kleid und auffallendem Make-up, die seit ihrer Jugend von Männern wegen ihrer Brüste bewundert wird, stößt ihre Freundin an und flüstert: "Beeindruckende Ausstattung. Ich hätte gerne seine Telefonnummer".

Während unseres Heranwachsens bekommen wir direkte oder indirekte Anweisungen, was wir denken, fühlen, tun oder lassen sollen. Wir lernen, die Wirklichkeit unserer Bezugspersonen zu übernehmen. Aus diesem Grund passen Co-Abhängige das, was sie denken und fühlen, oft ihre gesamte Identität, den Erwartungen anderer an. Sie leiden unter zwei Arten von verzerrter Wirklichkeit: Entweder sie wissen selbst nicht, was sie denken, fühlen und wollen, oder sie wissen es zwar, doch sagen nichts, weil sie die Mißbilligung der anderen fürchten. Ein klassisches Beispiel dafür ist der Chamäleon-Typ. Ein solcher Mensch ändert oder verbirgt seine Meinung und paßt sein Verhalten an, je nachdem, mit wem er zusammen ist. Solange wir in der verzerrten Wirklichkeit gefangen sind, ist es unmöglich, persönliche Freiheit zu erlangen.

Lassen Sie uns jetzt die verschiedenen Aspekte gesondert betrachten und einige Beispiele von Verzerrungen anschauen.

Intellektuelle Wirklichkeit

In einer gesunden Familie wird die Denkfähigkeit eines Kindes unterstützt. Auch wenn Kinder viel zu lernen haben, werden sie ermutigt, selbständig zu denken, und es werden ihnen Methoden der Problembewältigung gezeigt. Eine solche Familie erlaubt einem Kind, seine volle intellektuelle Reife zu erreichen.

Verzerrtes Denken, wie anderes übernommene Verhalten kann ebenfalls in der Ursprungsfamilie gelernt werden. Es entwickelt sich häufig als Überlebensstrategie in einer chaotischen, unsicheren Umgebung. Dieses verzerrte Denken kann chronisch werden, sich verschlimmern und uns daran hindern, persönliche Freiheit zu erleben. Weil uns diese verzerrten Denkmuster einschränken und unsere Genesung verhindern, ist es wichtig, daß wir herausfinden, wie wir sie im täglichen Leben benutzen.

1. Beschuldigen
Dieses Verhalten dient dazu, sich einem vorhandenen Problem nicht stellen zu müssen. Außerdem werden negative Gefühle einer Person gegenüber aufgebaut, die dann als Verursacher des Problems angesehen wird. Beschuldigen lenkt die Aufmerksamkeit von demjenigen ab, der mit dem Finger auf den anderen zeigt.
2. Rechtfertigen
Dies ist eine erklärende Verteidigungsform. Sie stellt den Vorgang des Rechtfertigens und nicht die Problemlösung in den Mittelpunkt.
3. Analysieren
Analysieren hilft uns, unseren Gefühlen auszuweichen. Das Problem wird intellektualisiert.
4. Erklären und Entschuldigen
Damit versuchen wir unser Verhalten oder das von anderen (z.B. Familienmitgliedern oder Autoritäten) zu schützen.
5. Superoptimismus
Er ist eine kleinliche Karikatur positiven Denkens. Er ermöglicht dem Betreffenden, sich ganz nach den eigenen Launen und Wünschen zu verhalten und die Situation völlig oder teilweise zu ignorieren.

6. Verdrehen
Hierbei wird der Brennpunkt eines Problems verschoben und somit die Lösung vermieden. Es ist auch ein Anzeichen für ineffektives Denken, weil auf das eigentliche Thema nicht eingegangen wird.

7. Unklarheit
Durch vage und unspezifische Aussagen kann man eine Stellungnahme vermeiden und einer Konfrontation aus dem Wege gehen.

8. Vermuten
Der Co-Abhängige verbringt viel Zeit damit zu vermuten, was andere denken, fühlen oder tun. Diese Annahmen haben meistens egozentrischen Charakter und entstammen Kindheitserfahrungen. Sie verstärken den verzerrten Realitätsbezug noch.

9. Herunterspielen
Wenn wir gestörtes Verhalten oder Umstände aus der Vergangenheit herunterspielen, brauchen wir uns nicht damit zu befassen.

10. Grandiosität
Die Bedeutung eines Problems wird entweder verkleinert oder vergrößert. In beiden Fällen wird es nicht angegangen.

11. Sich andere verpflichten
Wenn wir zu anderen übertrieben freundlich sind und uns vor lauter Anteilnahme förmlich überschlagen, dann tun wir das, weil wir den Menschen oder die Situation manipulieren und die Kontrolle behalten wollen.

12. Unehrlichkeit
Sie ist die bekannteste Eigenschaft von Co-Abhängigkeit und tritt zu verschiedenen Zeiten und in unterschiedlichen Formen auf. Unehrlichkeit verwirrt, verzerrt und lenkt vom Verhalten des Co-Abhängigen oder dessen, den er beschützen will, ab.
Dazu gehören z.B.: Geschichten erfinden - teilweise die Wahrheit sagen, aber wichtige Teile weglassen - so tun, als sei man mit jemandem einer Meinung - Ideen und Pläne gutheißen, um einen guten Eindruck zu machen, wenn man in Wirklichkeit nicht zustimmt und nicht die Absicht hat, mitzumachen.

13. Das Opfer spielen
Hier ist die Grundüberzeugung: "Ich bin im Recht und alle anderen haben Unrecht." Die Opferrolle ist so gut wie immer gerechtfertigt. Der Inhaber dieser Rolle ermöglicht anderen, ihn zu kritisieren, zu retten oder zu unterstützen. Dieses Opferverhalten ist oft schwer zu erkennen, weil es meist unbewußt bleibt. Das Opfer braucht in vielen Fällen die Hilfe anderer, um diese verzerrte Einstellung zu erkennen.

Die meisten dieser verzerrten Denkformen sind unbewußt und wir wissen nicht, warum wir sie anwenden. Sie sollten deshalb diese Aufzählung nicht dazu benutzen, sich Vorwürfe zu machen. Sie kann Ihnen aber dabei helfen zu erkennen, in welchen Bereichen Ihre Denkmuster Sie behindern.

Gefühlswirklichkeit

In unserer Kultur ist die Einstellung weitverbreitet, daß das Haben und Zeigen von Gefühlen ein Zeichen von Unreife sei. Wenn wir unsere Gefühle auch nur gemäßigt zeigen, werden wir als "gefühlsduselig" eingestuft. Wagen wir es gar, starke Gefühle zu zeigen, dann ist unser Verhalten "übertrieben" (bei Freude), oder wir haben einen "Nervenzusammenbruch", (bei Angst und bei Trauer).
  Gesellschaftliche Regeln legen fest, daß Männer keine Angst haben, Frauen nicht wütend werden dürfen, und daß überhaupt niemand Schmerz verspüren darf. Wenn wir Schmerzen haben, seien es nun physische oder psychische, dann sollten sie so schnell wie möglich mit Medikamenten behandelt werden. Eine Frau, die ihren Ärger zeigt, besonders einem Mann gegenüber, wird als unweiblich und sexuell unattraktiv eingestuft. Ein Mann, der seinen Ärger ausdrückt wird dagegen als stark und geradeheraus angesehen. Von Frauen wird erwartet, daß sie ängstlich sind, damit sie von Männern beschützt werden können. Männer, die ihre Angst zugeben, werden als Schwächlinge oder

Feiglinge betrachtet. Diese Einstellungen sind völlig unrealistisch, richten großen Schaden an und schaffen eine verzerrte Gefühlsrealität auf gesellschaftlicher Ebene.

Wir müssen herausfinden, in welcher Weise unsere Gefühlswirklichkeit verzerrt ist, damit wir nicht in die Falle dieser schädlichen Haltungen gehen. Wir müssen außerdem lernen, alle unsere Gefühle angemessen auszudrücken und zu verstehen, daß dies ein gesundes und positives Verhalten ist. Wenn wir unsere Gefühle nicht verfügbar haben, sind wir in unserem Verhalten behindert. Gefühle, über die nicht gesprochen wird, oder die unangemessen ausgedrückt werden, werden immer an anderen ausgelassen oder auf andere projiziert.

Projektion findet statt, wenn wir unbewußt anderen unsere eigenen Gefühle zuschreiben, besonders, wenn wir unsere Gefühle als unerwünscht ansehen. Nicht ausgedrückte Gefühle machen sich auch in den Muskeln bemerkbar, da unser Körper Gefühle aufstaut. Dann entstehen all die unerklärlichen Spasmen, Steifheiten und allgemeinen Schmerzen. Menschen, die ihre Gefühle jahrelang auf Eis gelegt haben, können lernen, sich wieder mit ihnen zu verbinden. Sie können sie durch Körpertechniken wie Akupunktur, Rolfing, Shiatsu und Bindegewebsmassage lösen.

Wie fühlen Sie sich?

Vielen Menschen fällt es sehr schwer, ihre Gefühle zu erkennen. Wenn ich neue Patienten frage, wie sie sich fühlen, dann bezieht sich ihre Antwort oft auf ihr Denken. Andere häufig gegebene Antworten sind: "Ich weiß nicht," "nicht schlecht", "nicht besonders" oder "ganz gut". So antworten Menschen, die verwirrt oder erstarrt sind, die den Kontakt mit ihren Gefühlen verloren haben, sie verleugnen oder sich von ihnen überwältigt fühlen.

Wenn wir in einer verzerrten Gefühlswirklichkeit gefangen sind, versuchen wir oft, unseren Gefühlen zu entfliehen, anstatt zu lernen, wie man mit ihnen umgehen kann. Leider sind die meisten Menschen erst dann dazu bereit, ihre wahren Gefühle zuzulassen und auszudrücken, wenn in ihrem Leben ein größeres Problem aufgetreten ist (z.B. das Ende einer Beziehung, der Verlust der Arbeitsstelle, Midlife-Krise, der Tod einer nahestehenden Person, Panikanfälle oder das Aufgeben einer Sucht).

Um Menschen durch diesen Prozeß zu helfen, benutze ich Pia Mellodys Kategorien der vier Gefühlswirklichkeiten, die ich sehr schätze: Erwachsene Gefühlswirklichkeit, übernommene Gefühlswirklichkeit, Gefühlsaustausch zwischen Erwachsenen und kindliche Gefühlswirklichkeit.

Erwachsene Gefühlswirklichkeit
Unsere Grundgefühle sind Freude, Furcht, Schmerz, Einsamkeit und Wut. Schuld, Lust und Scham sind Mischungen aus Gedanken- und Gefühlswirklichkeiten. Da sie aber unser Leben so stark durchdringen, rechne ich sie mit zu den Grundgefühlen.

Wenn wir uns in unserer erwachsenen Gefühlswirklichkeit bewegen, sind wir fähig, unsere Gefühle zu erkennen und verantwortungsvoll auszudrücken. Das bedeutet, daß wir auf Menschen oder Situationen auch dann nicht übertrieben zu reagieren brauchen, wenn diese versuchen, uns zu reizen. Die Fähigkeit, positive Selbstkontrolle über unsere Gefühle auszuüben, verschafft uns all die Energie, Intuition, den Schutz, das Wachstum und die Freiheit, die wir suchen.

Übernommene Gefühlswirklichkeit
Alle unsere Gefühle sind positiv und vermitteln uns bestimmte Fähigkeiten. In unserer Kindheit haben wir gelernt, unbewußt die Gefühle anderer Menschen zu übernehmen. Aus diesem Grund werden wir von unseren Gefühlen überwältigt, verzerren sie oder reagieren übertrieben. Diese unklare Situation hat uns dazu gebracht, viele unserer Gefühle als negativ einzustufen. Übernommenen Gefühle erleben wir als
Hysterie anstatt Freude
Panik und Paranoia anstatt Angst
Hoffnungslosigkeit anstatt Schmerz
Isolierung anstatt Einsamkeit

Wut anstatt Ärger
Erstarrung anstatt Schuld
Gier und Besessenheit anstatt Lust
Wertlosigkeit anstatt Scham.

Übernommene Gefühle zu erkennen und loszulassen ist ein Zugang zu gesunder ausgeglichener Gefühlswirklichkeit. Wie kamen wir dazu, Gefühle von anderen zu übernehmen? Wenn eine der Hauptbezugspersonen ihre Gefühle verneint oder keine Verantwortung für sie übernimmt, werden die verneinten oder unverantwortlich behandelten Gefühle von den Kindern in der nahen Umgebung dieser Person unbewußt übernommen. Dies geschieht besonders dann, wenn ein Kind in irgendweiner Weise mißhandelt wird. Aus diesem Grunde fühlen sich viele Kinder, die sexuell mißbraucht worden sind, schmutzig. Sie schämen sich und scheuen sich, irgendjemandem von ihrem Erlebnis zu erzählen.

Bei meinen Patienten begegnen mir oft krasse Beispiele von übernommenen Gefühlen. Da war z.B. Fiona, eine 32jährige Hausfrau, die unter unerklärlichen Angstanfällen litt. In ihrer Therapie entdeckten wir, daß sie die Angst ihres Vaters mit sich herumgetragen hatte, seit sie ein kleines Mädchen war. Sie erinnerte sich an einen Vorfall, der sich ereignete, als sie drei Jahre alt war. Sie spielte im Hof vor dem Haus mit ihrem Ball. Ihr Vater, der sie beaufsichtigen sollte, unterhielt sich über den Zaun mit dem Nachbarn. Fionas Ball rollte auf die Straße, sie rannte ihm nach und wurde beinahe von einem Auto überfahren. Als ihr Vater das Quietschen der Bremsen hörte, durchfuhr ihn der Schreck und sein Adrenalinpegel stieg. Seine Erziehung verbot ihm jedoch, seine Angst zuzulassen (ein richtiger Mann hat keine Angst!). Er mußte sie verneinen, sogar vor sich selbst. Er rannte zu seiner Tochter und anstatt sie zu trösten, schlug er sie und schimpfte sie aus, weil sie auf die Straße gelaufen war, ohne nach links und rechts zu schauen. Fionas Vater ging mit seiner Wut unverantwortlich um und unterdrückte seine Angst. Wir entdeckten noch andere Vorfälle, bei denen Fiona unbewußt die Angst ihres Vaters übernommen hatte. Dies erklärte ihre Angstanfälle.

Die meisten der überwältigenden Gefühle, die wir entdecken, wenn wir aufhören, sie zu unterdrücken, sind nicht unsere eigenen. Durch fortschreitendes Erleben dieser übernommenen Gefühle und durch das Zulassen und Ausdrücken unserer erwachsenen Gefühle erleben wir allmählich größere Freiheit in unserem Leben.

Gefühlsübernahme zwischen Erwachsenen
Das in der Kindheit geprägte Muster, die Gefühle anderer zu übernehmen, kann durch das Setzen emotionaler Grenzen durchbrochen werden, (siehe Kap.8)

Bei den meisten Menschen sind die emotionalen Grenzen beschädigt. Dadurch wird eine Gefühlsübernahme zwischen ihnen möglich. Das bedeutet, daß wir heute die Gefühle eines anderen übernehmen. In den meisten Fällen stimmen diese Gefühle nicht mit unserer eigenen Erfahrung überein.Sie können uns daher peinlich sein, uns überwältigen oder uns an unserem Verstand zweifeln lassen. Wir tauschen Gefühle unbewußt aus oder übernehmen sie. Oft agieren wir auch die Gefühle uns nahestehender Personen aus. Dieses Syndrom ist besonders häufig bei Paaren und Ehepaaren zu beobachten. Wenn Paare zu mir kommen, ist in vielen Fällen der Mann ruhig und gefaßt (hat sich unter Kontrolle), während seine Frau emotional und voll aufgestauter Wut ist. Er glaubt, das Problem verschwände, wenn seine Frau sich mehr zusammennehmen könnte und ist hauptsächlich mitgekommen, um sie in der Therapie zu unterstützen. Sie glaubt inzwischen selbst, daß sie das Problem ist und hat begonnen, an ihrem Verstand zu zweifeln.

Wenn ich in einem solchen Fall den äußeren Anschein hinterfrage, stellt sich oft heraus, daß der Mann es ablehnt, seine Gefühle zuzulassen und auszudrücken. Die Frau hat seine Gefühle übernommen und lebt sie aus. Sie tut es für ihn, so wie er es für den Elternteil getan hat, dem er am ähnlichsten ist. Seine Mutter wurde vielleicht nie ärgerlich, der Vater zeigte keine Trauer und keiner von beiden zeigte Scham.

Auf der anderen Seite kennen wir alle Frauen, die behaupten, nie ärgerlich zu werden. Sie präsentieren der Welt ein unverändert fröhliches und optimistisches Gesicht. Wenn man sie fragt, wie es ihnen geht, antworten sie so gut wie immer: "Ausgezeichnet"! Solche Frauen haben oft Partner, die zu Gewalt und Wutanfällen neigen. Sie haben sich unbewußt diesen Mann ausgesucht, um so ihren unterdrückten Ärger indirekt loszuwerden.

Kindliche Gefühlswirklichkeit
Die kindliche Gefühlswirklichkeit besteht aus alten ungelösten Gefühlen unserer Kindheit. Wenn wir anfangen, uns nach innen zu wenden, um die Gefühle wiederzuentdecken, die zu unserer Geschichte gehören, so werden viele anfänglich zu bestimmten Gefühlen keine Verbindung herstellen können. Andere fühlen vielleicht überhaupt nichts. Die Gefühle unserer Kindheit sind in dem Maße verschüttet und eingefroren, wie sie nicht ausgedrückt und anerkannt wurden.Wenn wir uns erlauben, unsere kindliche Gefühlswirklichkeit zurückzurufen und zu erkennen, dann kommt es uns vor, als würden wir auftauen. Allerdings tauen die eingefrorenen Gefühle nicht über Nacht auf. Dies kann ein sehr langsamer Prozeß sein, und am besten geht man ihn ganz allmählich an, einen Tag um den anderen.

Während dieser Zeit ist es wichtig, mit sich selbst behutsam umzugehen, denn diese Gefühle sind sehr empfindlich und müssen anerkannt und gelöst werden. Wenn wir anfangen, diese eingefrorenen Gefühle wahrzunehmen und zu erleben, dann verspüren wir oft das Bedürfnis, sie unseren Eltern und Geschwistern gegenüber auszudrücken und von ihnen Anerkennung dieser Gefühle zu fordern. Das endet meist in einem Disaster. Dieses Verhalten deckt zwar die Störung im Familiensystem auf, es löst aber auch noch mehr Verwirrung, Unterdrückung und Verleugnung aus. Sie sollten sich auch darüber im Klaren sein, daß ein Analysieren der Vergangenheit und eine Diskussion in der Familie darüber ein defensiver Prozeß ist, der uns von unseren Gefühlen fort in den Kopf umlenkt. Womit wir wieder da wären, wo wir angefangen haben.

Ich empfehle Ihnen eher, Ihre Gefühle in einer "Zwölf-Schritte-Gruppe" auszudrücken, z.B. einer der folgenden: Die "Anonymen Co-Abhängigen," "Erwachsene Kinder von

Alkoholikern," und ähnliche. Sie können sie auch mit einem Therapeuten, der damit Erfahrung hat, bearbeiten.

Spirituelle Wirklichkeit

Durch das Mitteilen unserer inneren Wirklichkeit erfahren wir unsere Spiritualität und fühlen uns mit allem Lebendigen verbunden. Wenn Sie Ihr authentisches Selbst einem anderen offenbaren - sowohl Ihre Fehler und Schwächen, als auch Ihre Erfolge und Stärken - fühlen Sie eine wirkliche Verbindung. Es ist unser eigenes "gesundes Schamgefühl", das uns dies ermöglicht.

"Gesundes Schamgefühl" ist die psychologische Grundlage der Demut und ist ein normales Gefühl. Scham fühlen wir, wenn wir uns unserer Schwächen bewußt werden und anderen erlauben, dieses Wissen mit uns zu teilen. Schuld dagegen entsteht als ein Gefühl der Reue, wenn wir außerhalb unseres eigenen Wertsystems gehandelt haben. Wenn wir "gesunde Scham" empfinden, dann ist uns unser Verhalten peinlich und wir sind uns unserer Schwächen bewußt. Unsere Fundamente sind aber noch in Ordnung. Unsere gesunde Scham zeigt uns, daß wir nicht Gott sind, daß wir Hilfe brauchen, und daß wir Fehler machen können und werden.

Spiritueller Bankrott

Es gibt jedoch eine andere Scham, die sich zerstörerisch auswirkt. Diese ist die "übernommene Scham" oder was John Bradshaw (Therapeut und Berater für das Verständnis von Scham) "giftige Scham" nennt. Die Wurzeln der giftigen Scham liegen im Kindesmißbrauch, und im Kindesmißbrauch liegen die Wurzeln der Co-Abhängigkeit. Jedesmal wenn ein Kind in irgendeiner Weise und in irgendeinem Grad mißbraucht wird, handelt der Täter in schamloser Weise. Damit meine ich, daß er zum Zeitpunkt der Tat seine Scham verleugnet.

Wie Sie leicht aus dem Vorhergesagten ableiten können, tragen die meisten von uns eine Menge giftiger Scham mit sich herum. Diese prägt unser Grundgefühl. Giftige Scham ist ein unerträgliches und schmerzhaftes Gefühl über sich selbst als Person und muß notwendigerweise verdrängt werden.

Bradshaw sagt: "Scham als ein gesundes, menschliches Gefühl kann zu Scham als Zustand werden. Als Zustand übernimmt Scham die gesamte Identität eines Menschen. Wer seine Identität in Scham erlebt, glaubt, daß er von Grund auf ein fehlerhaftes und unvollständiges menschliches Wesen sei. Sobald die Scham die Identität eines Menschen übernommen hat, wirkt sie giftig und zerstörerisch."

Unsere Identität beruht in erster Linie auf unserem Geschlecht. Als Individuen identifizieren wir uns mit unserem Geschlecht und den damit verbundenen Rollen. Unsere Spiritualität dagegen betrifft unser Wesen, unser Sein als Mensch, jenseits der Etiketten, der Rollen und des Geschlechts. Aus diesem Grund sind wir, wenn wir giftige Scham mit uns herumtragen, spirituell bankrott. Wir fühlen uns reduziert und kommen uns ungenügend vor. Wir fühlen uns unserer Würde beraubt, bloßgestellt, unzureichend, wertlos und verdientermaßen zurückgewiesen.

Scham oder Schuld
Scham wird häufig mit Schuld verwechselt. Wie kann man sie voneinander unterscheiden? Wenn wir uns schuldig fühlen, ist unser Gewissen belastet. Wir bereuen es, uns auf eine Weise verhalten zu haben, die unsere persönlichen Werte verletzt. Schuld bezieht sich nicht direkt auf unsere Identität und verringert auch nicht unser Selbstwertgefühl. Jemand, der sich schuldig fühlt, sagt vielleicht: "Es tut mir leid, daß mein Verhalten solche Folgen hatte". Damit wird das persönliche Wertsystem bestätigt. Es besteht die Möglichkeit der Wiedergutmachung. Lernen und Wachstum werden dadurch gefördert. Scham dagegen bezieht sich in schmerzhafter Weise auf das eigene Selbst. Jemand, der mit Scham erfüllt ist, sieht keine Möglichkeit der Wiedergutmachung, denn Scham

untergräbt seine Identität. Weder Wachstum noch Lernen folgen dieser Erfahrung, denn sie bestätigt nur die negativen Gefühle, die man über sich selbst hat.
Schuld sagt: "Ich habe versagt". Scham sagt: "Ich bin ein Versager".
Es ist möglich, Schuld und Scham gleichzeitig zu empfinden, dann wenn andere wissen, daß man einen Fehler gemacht hat. Ein Beispiel dafür könnte jemand sein, der sich im Büro mit Grippe krankgemeldet hat, in Wahrheit aber am Abend zuvor zuviel getrunken hatte. Er fühlt sich vielleicht schuldig, weil er den Arbeitgeber angelogen hat, aber wenn der Chef den wirklichen Grund der "Krankheit" erfährt und den Angestellten zur Rede stellt, wird dieser sowohl Scham als auch Schuld empfinden.

Demut und Demütigung
Die Grundlage wahrer Spiritualität ist Demut. Einer der Gründe dafür, daß viele Menschen mit ihrer Spiritualität zu kämpfen haben, liegt darin, daß sie Demut mit Demütigung verwechseln. Da die schlimmste Demütigung die Bloßstellung unserer schmerzlichen, giftigen Scham ist, tun wir unbewußt fast alles, um dies zu verhindern. Deshalb bemühen sich die Menschen heute so sehr, ständig beschäftigt zu sein. Diese zwanghafte Aktivität entstammt dem Bedürfnis nach Ablenkung, damit wir uns unserer giftigen Scham nicht zu stellen brauchen. Wenn wir uns dann endlich einmal erlauben, innezuhalten, können wir durch diese Stille hindurch mit unserem Selbst in Berührung kommen.
Solange wir uns an unsere verzerrten Realitäten klammern, haben wir Angst. Wir fühlen uns ungenügend und jagen ständig Ersatzbefriedigungen nach, um die Leere in uns zu füllen. Wir bleiben spirituell bankrott.

Physische Wirklichkeit - die Macht der Süchte

Am deutlichsten zeigt sich eine gestörte physische Wirklichkeit durch Süchte. Süchte, die in unserer Gesellschaft häufiger sind als die meisten Menschen annehmen, verringern unsere Freiheit, denn sie schränken unsere Wahlmöglichkeiten ein.

Ich stimme mit Dr. Anne Wilson Schaef überein, die in ihrem Buch "Im Zeitalter der Sucht" die Meinung vertritt, daß Suchtprozesse alltäglich auf organisatorischer gesellschaftlicher und globaler Ebene operieren. Es gibt zwei Arten von Abhängigkeiten: Die Abhängigkeit von Substanzen und die von Prozessen.

Bei Substanzabhängigkeiten wie Alkoholismus, Drogenabhängigkeit (Nikotin, Koffein, Narkotika) oder Eßstörungen (Überessen, Anorexie, Bulimie) wird eine Substanz in den Körper aufgenommen (geschluckt, inhaliert oder injiziert).

Bei Prozeßabhängigkeiten besteht die Sucht in rituellem Verhalten, wobei die Befriedigung durch das Ausführen einer bestimmten Serie von Handlungen erreicht wird. Das Hochgefühl, das z.B. ein zwanghafter Spieler erlebt, wenn das Pferd, auf das er gesetzt hat, gewinnt, ist nur ein Teil seiner Befriedigung. Den Rest verschafft er sich durch einen ritualisierten Prozeß: Das Lesen der Startliste, das Telefonieren mit "Fachleuten" um Tips zu bekommen, das Auswählen des Wettbüros und schließlich das Setzen. Genauso bringt dem Sexsüchtigen das Verführen, Fantasieren und sich Hineinsteigern eine ebenso große Befriedigung wie der Orgasmus selbst. Weitere Prozeßabhängigkeiten sind: Kaufsucht, zwanghaftes Geldausgeben, Beziehungsabhängigkeit, religiöse Abhängigkeit, Arbeitssucht, zwanghaftes Denken, Grübeln. Oder man ist von Wutausbrüchen abhängig, oder muß ständig in Eile oder beschäftigt sein. Manchmal sind Prozesse und Substanzen Bestandteile derselben Sucht. Zum Beispiel gibt es in unserer Gesellschaft viele Rituale, die mit Essen und dem Servieren von Essen zu tun haben. In solchen Fällen ist es besonders schwierig, eine Sucht aufzugeben.

Durch die oben genannten Prozeßabhängigkeiten verschaffen wir uns einen Adrenalinstoß und die entsprechende Erregung und lenken uns dadurch von unseren Gefühlen ab. Dieser

Adrenalinrausch ist meines Erachtens die Grundlage aller Süchte. Die An- bzw. Aufregung, die wir verspüren, beseitigt unsere emotionale Stumpfheit und gibt uns das Gefühl, wirklich lebendig zu sein.

Die Definition von Abhängigkeit

Das Wort "Sucht" ist in die Umgangssprache eingegangen und wird sehr leichtfertig gebraucht. In ihrem Buch "Facing Codependence" hat Pia Mellody folgende Definition von Sucht gegeben: "...jeder Prozeß, der eine unerträgliche Wirklichkeit beseitigt". Abhängigkeitsprozesse haben daher eine hohe Priorität und ziehen mehr und mehr Zeit und Aufmerksamkeit von anderen Prioritäten unseres Lebens ab.

In Co-Abhängigkeiten gefangen zu sein, bedeutet unerträglichen Schmerz. Physischer Schmerz kann furchtbar sein, aber man kann sich Erleichterung verschaffen, und es gibt meistens eine Hoffnung auf Heilung. Der Schmerz und die Scham über den Verlust des authentischen Selbsts sind jedoch chronisch. Es scheint keine Erleichterung oder Hoffnung auf Heilung zu geben, denn es wird angenommen, daß der ganze Mensch einen grundlegenden Defekt hat. Also setzen wir auf stimmungsverändernde Erfahrungen, um so den Schmerz zu lindern.

Dies ist aber keine Heilung, nur ein Unterdrücken der Symptome. Jede Art von Stimmungsveränderung, die den Schmerz vertreiben soll, ist suchtbildend. Wenn der Prozeß unser Unbehagen beseitigt, bekommt er Vorrang vor allen anderen und wird unser wichtigster Bezug. Wenn Sie z.B. rasende Kopfschmerzen haben, ist es fast unmöglich, an etwas anderes zu denken. Ein Medikament zu finden, das den Schmerz beseitigt, wird zur absoluten Priorität. Alle anderen Verpflichtungen werden völlig nebensächlich, bis der Schmerz aufgehört hat.

Es wurde gesagt, daß Co-Abhängige zwanghafte und abhängige Persönlichkeiten seien. Ich möchte hier kurz den Unterschied zwischen zwanghaftem und süchtigem Verhalten definieren:

Wenn wir zwanghaft sind, sind wir in Kontrolle. Wenn wir süchtig sind, haben wir die Kontrolle verloren. Wenn unsere Co-Abhängigkeit nicht behandelt wird, werden wir irgendeine Sucht entwickeln. Das ist unvermeidlich.

John Bradshaw schreibt: "Zwanghafte, süchtige Verhaltensweisen haben nichts mit Hunger, Durst, Geilheit oder dem Bedürfnis nach Arbeit zu tun. Es geht um Stimmungsveränderung. Die Süchte helfen uns dabei, mit unseren Gefühlen fertigzuwerden. Sie lenken uns ab oder verändern unsere Gefühle, so daß wir die Einsamkeit und Leere unserer Verlassenheit und Scham nicht fühlen müssen.

Tony Kellogs Kriterien für Sucht sind:
- sie macht euphorisch
- sie ist leicht verfügbar
- sie wirkt schnell
- die gesellschaftlichen Richtlinien sind unklar
- mit fortschreitender Sucht ändert sich die Toleranzschwelle

Wir haben viele unbewußte Abwehrmechanismen für unsere zwanghaften Verhaltensweisen und Süchte, z.B. Abwerten, verzerren, verdrängen, unterdrücken und verleugnen. Im Grunde ist jedoch nur eine Hauptfehlfunktion am Werk: Verleugnung.

Abhängigkeit wird durch Verleugnung aufrechterhalten und wird als Überleben empfunden. Verleugnung unterstützt auch das Ausagieren. Wir sind dann nicht in der Lage zu erkennen, daß unser abhängiges Handeln für uns oder andere schädlich ist. Es ist ausführlich belegt, daß Suchtkrankheiten einen vorhersagbaren progressiven Verlauf haben. Unbehandelt werden sie chronisch und enden oft tödlich.

Meiner Meinung nach ist es außerordentlich wichtig, daß die kleinliche moralische Verurteilung von Suchtkrankheiten aufgegeben wird. Eine Sucht ist nicht "schlimmer" als eine andere und alle können gleichermaßen lebensbedrohlich sein. Es wird Zeit, daß wir versuchen, Abhängigkeiten zu verstehen, indem wir uns über ihre Ursachen und ihre Behandlungsmöglichkeiten informieren. Das traf auf mich selbst zu, als ich vor einigen Jahren in eine Klinik zur Behandlung von Abhängigkeitskrankheiten ging. Die Informationen und die Behandlung, die ich dort erhielt, bewahrten mich und meine Kinder vor dem unvermeidlichen Abstieg in chronischen Alkoholismus, Lungenkrebs, finanziellen Ruin und Selbsthaß.

Abhängiges Verhalten ist so stark in unsere Gesellschaft integriert, daß es zum großen Teil gar nicht wahrgenommen wird. Im allgemeinen haben Menschen mehrere Süchte gleichzeitig. Manche leben eine Sucht aktiv aus, während sie eine andere unterdrücken. Andere halten ihre Süchte unter strenger Kontrolle und agieren einen kleinen Teil einer jeden aus, um sich nicht als süchtig erkennen geben zu müssen. Gewöhnlich wird, wenn das Ausagieren einer Sucht aufgegeben wird, es durch ein anderes aus dem Repertoire ersetzt. Wie oft haben wir schon gesehen, daß jemand zwar das Rauchen aufgibt, dafür aber mehrere Kilo Gewicht zulegt. Dieses Wechseln der Süchte gleicht nur einer Karussellfahrt und bringt nicht die Erfahrung von Freiheit.

Im Folgenden beschreibe ich einige offensichtlich und andere nicht so offensichtlich lebensbedrohende Süchte:

Alkoholismus und Drogenabhängigkeit

Alkohol ist eine Droge. Deshalb bezeichne ich Alkoholismus und Drogenabhängigkeit als "chemische Abhängigkeit". Aktive chemische Abhängigkeit ist eine tödliche Krankheit - 100% tödlich. 1956 erkannte der amerikanische Ärzteverband Alkoholismus offiziell als Krankheit an. Bis dahin hatte die Gesellschaft Alkoholiker oder Drogensüchtige als verantwortungslose oder unmoralische Menschen verurteilt. Das ist vollkommen falsch. Meiner Erfahrung nach haben viele von chemischen Substanzen abhängige Menschen ein ausgeprägtes Verantwortungsgefühl und einen hohen moralischen Standard. Alkoholismus ist Abhängigkeit von einer stimmungsverändernden Droge. Die Merkmale dieser Krankheit sind: sie ist primär, der Ablauf ist vorhersagbar, progressiv, chronisch und endet bei Nichtbehandlung tödlich.

Ein sich immer noch haltender Mythos ist der, daß manche Drogen abhängig machen und andere nicht. Viele meiner Patienten haben mir berichtet, daß ihre Ärzte ihnen sagten, daß

Serapax und Valium nicht abhängig machen, wenn man sie in Maßen benutzt. Das Problem dabei ist, daß ich noch keinen Co-Abhängigen getroffen habe, der weiß, was maßvoll ist. Deshalb sind sie ja bei mir. Wenn sie dann ein Stück weiter auf dem Genesungsweg sind, brauchen sie diese Drogen sowieso nicht mehr.

Nikotin- und Koffeinsucht sind ebenfalls chemische Abhängigkeiten. Nikotin bewirkt die Ausschüttung von Adrenalin und ein Ansteigen des Blutzuckerspiegels. Sieben Sekunden nach dem Eintritt von Nikotin in den Körper werden im Gehirn Endorphine freigesetzt, was dem Nikotinsüchtigen ein vorübergehendes Gefühl des Wohlbefindens verschafft. Und wieviele von uns benutzen Tee, Kaffee oder Coca Cola als flüssige Aufputschmittel?

Eßstörungen
Nach Becky Jackson, der Vorkämpferin und Expertin in der Behandlung von Eßstörungen, bestehen die meisten Formen dieser Störung aus einer Kombination von biologischer Anlage und Prozeßabhängigkeit. Eßstörungen zeigen sich im allgemeinen in drei primären und drei sekundären Symptomen.
Die primären Symptome sind:
- Versessenheit auf Essen oder Hungern
- Versessenheit auf Nahrungsmittel
- Versessenheit auf physische Erscheinung

Die sekundären Symptome sind:
- Versessenheit auf Beschäftigung mit Ernährung
- Versessenheit auf Beschäftigung mit Gesundheit
- Versessenheit auf Sport

Die sekundären Symptome sind Versuche, die Kontrolle zu behalten.Fachleute unterteilen Eßstörungen im allgemeinen in vier Kategorien:

Eßgier

Eßgier ist ein unerklärlich zwingendes Bedürfnis zu essen. Viele Menschen versuchen ihr Übergewicht mit Ausreden zu rechtfertigen, wie z.b. "Dieses Problem habe ich von meiner Mutter geerbt". "Ich habe Drüsenprobleme". "Ich habe vor zwei Jahren ein Kind bekommen". "Es ist eine Alterserscheinung". "Ich mußte geschäftlich so oft ausgehen", und das wohlbekannte "Ich habe eben schwere Knochen". Es ist gut belegt, daß 95% der Menschen, die mit einer Diät abnehmen, ihr altes Gewicht innerhalb von 5 Jahren wiederhaben. Jemand, der eine Diät macht, hat die Illusion, sich kontrollieren und seine Probleme lösen zu können.

Die klinische Psychologin Sandra Neil zeigte in einer fünfjährigen Studie an übergewichtigen Frauen, daß die meisten aus emotionalen Gründen zuviel aßen. Dies führte sie zu dem Schluß, daß sich Gewichtsprobleme nicht durch Diät allein lösen lassen.

Anorexia Nervosa (Magersucht)

In unserer Gesellschaft ist eine zunehmende Anzahl von Frauen darauf versessen, schlank zu sein. Diese Vorstellung wird ständig von der Mode-, Kosmetik- und Werbeindustrie und den Medien angeheizt. "Schlank" ist gleichbedeutend geworden mit "schön". Magersüchtige kommen oft aus Familien, in denen viel Wert auf äußere Erscheinung gelegt wurde. Ein weiteres Kennzeichen dieser Familien ist, daß Gefühle nicht ausgedrückt werden durften und Perfektionismus herrscht. In vielen Fällen ist ein Elternteil extrem tyrannisch und starr, während der andere sich zwanghaft verhält und keinen Kontakt mit der eigenen Traurigkeit und dem eigenen Ärger hat. Die Beziehungen basieren darauf, daß nach außen alles perfekt wirkt. Magersüchtige sind wie trockene Alkoholiker: kontrollierend, beherrschend, unter Druck und meist auf Leistung fixiert. Sie spiegeln das gestörte Familiensystem.

Bulimie

Bulimie ist der Kreislauf von übermäßigem Essen und Eliminierung durch Übergeben, Abführmitteln, wassertreibenden Medikamenten und übertriebenem Sport. Bulimiker essen im Übermaß, um ihre übernommene Scham zu betäuben und ihre Gefühle zu ersticken. Wenn die Wirkung des Essens dann nachläßt und das Schamgefühl wieder an die Oberfläche kommt, übertragen sie die Scham, die sie über sich selbst empfinden, auf das heimliche Essen. Die gleiche Dynamik trifft auch auf Übergewicht zu. Männer sind ebenso anfällig für Bulimie wie Frauen. Viele sind abhängig von körperlicher Fitness und erbrechen, damit sie ihre jugendliche Erscheinung bewahren. Das Erbrechen steht für das Bedürfnis des Leidenden, seine tiefsitzenden Gefühle von Scham zu befreien. Durch den Vorgang des Übergebens speien sie ihre Gefühle aus.

Wechselnde Gewichtsveränderung
Meiner Erfahrung nach bleibt dieses Problem in den meisten Fällen unbehandelt und wird von den Betroffenen fast immer heruntergespielt. Menschen mit dieser Störung haben oft zwei Garnituren von Kleidung, ihre "dicken" Kleider und die "schlanken" Kleider. Der Kern dieser Störung liegt in der gedanklichen Besessenheit mit Ernährung, Körperumfang, Aussehen, Diäten und Kalorientabellen. Es ist diese gedankliche Beschäftigung, die dem Süchtigen die erwünschte Stimmungsveränderung bringt.

Jähzorn
Wenn wir unseren gesunden Ärger ausdrücken, gibt uns das ein Gefühl von Stärke und Kraft. Unkontrollierte Wutanfälle dagegen vermitteln nur ein künstliches Gefühl von Macht. Obwohl solche Menschen als stark erscheinen, sind sie es doch nicht. Ein jähzorniger Elternteil kann eine ebenso vernichtende Wirkung auf das Familiensystem haben wie ein Alkoholiker. Jähzorn ist ebenfalls eine verbreitete Sucht. Genauso wie es bei Vergewaltigung nicht um Sex geht, geht es bei Jähzorn nicht um Ärger, sondern um das Verdecken von Schmerz, Angst und Scham oder einer Kombination von allen dreien. Jähzorn isoliert und schützt den Wütenden vor Intimität, die er aufgrund seiner Schamidentifikation fürchtet.

Jähzorn kann verschiedene Formen annehmen: von schreien und brüllen bis hin zu körperlicher Gewalt. Man kann die Eskalation an der Zunahme der Lautstärke und der Schnelligkeit des Sprechens messen. Wie Alkoholiker, können Jähzornige "Blackouts" haben.

Lautloses Wüten geht in unseren Köpfen vor sich. Wie oft haben Sie schon schlaflos im Bett gelegen, weil ein Vorfall, der Sie geärgert oder gekränkt hat, unablässig in Ihrem Kopf abläuft? Während Sie in dieser Weise Ihrem lautlosen Wüten nachgeben, lassen Sie das Gefühl der ihm zugrundeliegenden Verletzung, Furcht oder Scham nicht zu.

Ich hatte einmal einen Freund - gutaussehend, groß, "anständig", intelligent, liebevoll und zärtlich (eine "gute Partie"). Nachdem wir mehrere Monate miteinander ausgegangen waren, hatte ich das Gefühl, daß er nicht der Richtige für mich war und ich beendete die Beziehung. Dies ging in aller Freundschaft und mit gegenseitigem Respekt vor sich. Eine Woche später schickte er mir eine freundliche Einladung zu einem Galaabend, die auf mich "und Begleiter" ausgestellt war. Ich wurde sofort wütend, raste durchs Haus, knallte Türen und wütete in meinem Kopf über die eigentliche Bedeutung dieser Botschaft. Als Süchtige auf dem Weg zur Genesung wurde mir klar, daß ich überreagierte, und ich beschloß herauszufinden, was wirklich in mir vorging. Durch einen therapeutischen Prozeß entdeckte ich die Quelle meines Problems. In meinem Kopf konnte ich glockenklar die Stimme meiner Mutter hören, die klagte: "Nie findest Du jemanden, der nett und normal ist. Immer suchst Du Dir Alkoholiker und Kranke aus." Mein Wüten verdeckte die Scham, die ich darüber empfand, daß ich die Erwartungen meiner Mutter nicht erfüllte.

Arbeitssucht
Obwohl Arbeitssucht in keiner Weise mit dem gesellschaftlichen Stigma behaftet ist wie Alkoholismus und andere Suchtkrankheiten, ist sie doch eine heimtückische Krankheit und zerstört das Leben vieler Menschen. Für den Arbeitssüchtigen ist Arbeit die gewählte Droge. Exzessives Arbeiten unterdrückt den emotionalen Schmerz und vermittelt ein falsches Selbstwertge-

fühl. Arbeitssüchitge lachen selten und können ihr Leben nicht genießen. Sie haben nur wenige enge Freunde und ihre Partnerbeziehung steht oft kurz vor dem Auseinanderbrechen. Sie entwickeln körperliche Symptome wie Schmerzen in der Brust, Unterleibsprobleme, Kopfschmerzen, Allergien, Ausschläge und chronische Müdigkeit. Arbeitssüchtige scheinen zwar eifrige Arbeiter und gute Familienversorger zu sein, aber es ist ein Trugschluß anzunehmen, daß sie so viel arbeiten, um die Familie zu versorgen, um ihre Loyalität für die Firma zu beweisen oder einen Beitrag zum gesellschaftlichen Wohl zu leisten. In Wahrheit arbeiten sie so fanatisch, weil sie arbeitssüchtig sind und ihre innere Leere ausfüllen müssen. Sie sind Perfektionisten.
Wieviel sie auch arbeiten, es ist niemals genug. Sie suchen durch ihre Arbeit Selbstbestätigung. Sie messen ihren eigenen Wert an ihren äußeren Erfolgen. "Wie viel" und "wie viele" sind das Barometer ihres Erfolgs.
"Yuppies" (Abkz. für young urban professional people) haben die Arbeitssucht insbesondere in Mode gebracht. Stellen Sie sich folgende Szene auf einer Party vor: Einer der Gäste lehnt einen Cocktail ab und erklärt, er sei Alkoholiker. Alle Umstehenden sind peinlich berührt. Aber nur einige Meter entfernt könnte sich jemand damit brüsten, arbeitssüchtig zu sein. Er würde amüsierten Beifall von den anderen Gästen einheimsen.

Spielsucht
Spielsüchtige sind süchtig nach "Aktion". Sie verschafft ihnen einen Höhepunkt. In der Erregung der Sucht vergessen sie ihre Probleme und Sorgen. Die Vereinigung der Anonymen Spieler definiert zwanghaftes Spielen folgendermaßen: *Das Treffen einer bewußten Wahl bezüglich des Ergebnisses eines Vorgangs, in Verbindung mit dem Setzen von Geld oder Gegenständen oder nicht, wobei in Wirklichkeit der Ausgang ungewiß ist oder von Zufamm oder Können abhängt.*

Diese Definition zeigt deutlich, daß Spielen nicht auf Karten, Würfel, Roulette oder Pferderennen beschränkt ist. Viele, die an der Börse "spielen" sind ebenso spielsüchtig.

Für zwanghafte Spieler ist Geld das Maß für Selbstwert. Nichts ist wichtiger oder weniger wichtig für sie. Sie werden alles tun, um ihr Ziel zu ereichen. Geld ist hingegen nicht so wichtig, wenn es um die überfällige Miete, Rechnungen oder überzogene Kredite geht.

Weil sie ein so niedriges Selbstwertgefühl haben, entwickeln zwanghafte Spieler falschen Stolz und Größenwahn. Eine andere Form, diese Sucht zu leben besteht darin, jemanden "übers Ohr zu hauen". Dies wird besonders an den Menschen deutlich, die ständig ein neues "Geschäft" laufen haben. Jedesmal, wenn sie jemanden aufs Kreuz gelegt haben, gratuliert ihnen eine innere Stimme zum Sieg.

Religionsabhängigkeit
Religionsabhängige benutzen Religion oder Gott wie eine Droge, damit sie sich "besser als andere" fühlen und Kontrolle ausüben können. Diese Menschen sind extrem mit ihrer Scham identifiziert und brauchen das Gefühl der Selbstgerechtigkeit, um ihren schlechten Stimmungen zu entkommen. Wie jeder Abhängigkeitsprozeß erleichtert eine pathologische Beziehung zu Gott oder einer Religion vorübergehend den Schmerz und kann sogar den Anschein von Heilung vermitteln. Verleugnung und Verblendung sind in diesem Zusammenhang besonders stark. John Bradshaw schreibt: "Religionsabhängigkeit ist möglicherweise die verderblichste aller Süchte, denn es fällt dem Betroffenen extrem schwer, die Verleugnung zu durchbrechen. Wie kann es falsch sein, Gott zu lieben und sein Leben guten Werken und dem Dienst an der Menschheit zu widmen?"

Religionsabhängige werden manchmal zu religiösen Arbeitssüchtigen, die sich der emotionalen Verantwortung für ihre Familie entziehen, weil sie damit beschäftigt sind, Seelen zu retten oder fanatisch die Bibel oder sonst etwas zu studieren. Ein besonders dramatisches Beispiel für die destruktiven Konsequenzen der Religionsabhängigkeit begegnete mir in Australien. Mein Patient war eines von acht Kindern. Der Vater war Pfarrer und die Mutter Lehrerin. Der Vater wurde von vielen Menschen geschätzt und bewundert. Er erschien Außenstehenden als ein äußerst gütiger und großzügiger Mann, der alles in seinen Kräften stehende für die Gemeinde tat. In Wirklichkeit war er ein Religionsfanatiker, arbeitssüchtig und zu Hause oft jähzornig (der Sohn erinnerte sich, wie der Vater der Mutter ein blaues Auge geschlagen hatte). Er verließ seine Familie häufig, um durch das Retten von Seelen und durch gute Werke sein selbstgerechtes Ego aufzublasen. Inzwischen litt die Familie emotionale und finanzielle Not. Die Mutter, eine gute christliche Märtyrerin, war so damit überfordert, ständig allein und ohne ausreichendes Einkommen für acht Kinder sorgen zu müssen, daß sie keinerlei Verbindung zu ihrem Ärger hatte. Während der Haushalt in ein verdrecktes Chaos abglitt, betäubte sie sich mit Fernsehen. Mein Patient erinnerte sich daran, daß sie oft die Würmer aus dem Müsli lesen mußten, weil kein Geld für den Einkauf vorhanden war und an den Schock, als er einmal beim Essen auf Glas biß. Die Mutter hatte aus Versehen den Hals der Tomatensossenflasche abgebrochen, aber aus Sparsamkeit die Soße doch verwendet. Wenn ihnen diese Geschichte überzogen vorkommt, kann ich Ihnen versichern, daß nach meiner Erfahrung mit religionsabhängigen Familien solche Situationen gang und gäbe sind.

Durch die Religion ist die Scham in das Leben vieler Menschen gekommen. Bedenkt man das andauernde Predigen, Verdammen, Verurteilen und die fehlinterpretierten Bibelzitate, denen so viele Menschen ständig ausgesetzt sind, dann ist es kein Wunder, daß sie sich mit ihrer Scham identifizieren und sich als Sünder fühlen.

Viele von uns haben bis zu einem gewissen Grad spirituellen Mißbrauch erlebt und ich möchte eines deutlich machen: Ein Religionssüchtiger erzeugt ein ebenso zerstörerisches Familiensystem wie ein Alkoholiker, Arbeitssüchtiger oder Jähzorniger. Dies ist für viele Menschen schwer verständlich, da Religionssüchtige oft die reinsten Heiligen zu sein scheinen.

Denk-/Fühl-/Aktionssucht
Wenn wir in einer verzerrten Wirklichkeit leben, werden wir von verschiedenen Aspekten dieser Wirklichkeit abhängig. Die Abhängigkeit von Denkprozessen habe ich schon erwähnt. Sie ist ein zentraler Faktor jeder Sucht und gleichzeitig selbst eine Sucht. Menschen ziehen sich ständig in verzerrte Denkprozesse zurück, um schmerzhafte Gefühle zu vermeiden. Wir können auch von bestimmten Gefühlen abhängig werden. Bei einer

Gefühlsabhängigkeit wird ein bestimmtes Gefühl benutzt, um andere zu verdecken, die man sich zu fühlen fürchtet oder schämt. Zum Beispiel benutzen Menschen, die viel Wut gestaut haben, oft Traurigkeit und Selbstmitleid, um die Konfrontation mit ihrem gesunden Ärger zu vermeiden. Dies ist die Ehrenmedaille aller leidenden Mütter.

Häufig dienen Aktivität und Geschäftigkeit dazu, uns von einer unerträglichen Realität abzulenken. Solche ablenkenden Tätigkeiten können sein: ins Kino gehen, Lesen, Fernsehen, für Tiere und Pflanzen sorgen, Sport treiben, Geld ausgeben, Einkaufen und Sammeln.

Man kann auch abhängig sein vom Unterbrechen von Denkprozessen. Wenn Sie oft unterbrochen werden, zeigt dies, daß Sie eine vielbeschäftigte Person sind, daß Sie gebraucht werden. Sie werden dann Ihr ganzes Leben auf Unterbrechungen ausrichten, damit Sie sich gebraucht fühlen können. Vielleicht fürchten Sie sich aber auch davor, den Erfolg Ihrer Tätigkeit zu erleben.

Menschen aus gestörten Familien leiden häufig unter Angst vor Erfolg. Wenn sie ständig unterbrochen werden, gibt es genügend Gründe, nicht erfolgreich zu sein. Diese Unfähigkeit zur Konzentration ist ein bekanntes Problem von Co-Abhängigen. Wenn Menschen, die süchtig nach Geschäftigkeit sind, aufhören, sich durch allerlei Aktivitäten abzulenken, kommen sie mit ihrer Leere und Einsamkeit in Kontakt. Nur wenn wir uns dieser Leere und Einsamkeit stellen und sie annehmen, können wir sie loslassen und frei werden.

Sex-/Liebes-/ und Beziehungsabhängigkeit
Diese Süchte sind so miteinander verflochten, in unserer Gesellschaft so weit verbreitet und verursachen so viel Schmerz und Verwirrung, daß ich ihnen ein ganzes Kapitel gewidmet habe (s. Kapitel 4).

Die gute Nachricht

So unwahrscheinlich es auch klingen mag: Süchte haben eine positive Funktion. Sie lindern den Schmerz unserer Schuld und unserer Scham. Wenn uns die Scham überwältigt, sind wir starr und unbeweglich. Wir können nicht kreativ sein, bringen nichts zustande und erleben weder physische noch emotionale Befriedigung. Wir geben nichts und erreichen nichts. Jede Sucht hat ihren Sinn. Alkoholiker und Drogensüchtige, die ich behandelt habe, haben gesagt: "Ohne meine Alkohol- oder Drogenabhängigkeit wäre ich gestorben". Ihre unbehandelte Co-Abhängigkeit wäre für sie wahrscheinlich tödlich geworden, hätten sie sich nicht durch ihre Süchte Erleichterung verschafft. Weil Süchte in den frühen Stadien manchmal unser Leben retten, sollten wir sie für die Einsicht segnen, die sie uns bringen, und sie dann loslassen. Wenn wir dies nicht tun, verschlimmern sie sich und zehren unsere Lebenskraft auf.

Süchte loslassen

Man kann sich von einer Sucht nicht durch den Verstand befreien. Die Lösung liegt außerhalb des Verstandesbereichs, in einem Ort tief in unserem Inneren. Man kann eine Sucht nicht aufgeben. Man kann höchstens hoffen, daß die Sucht sich selbst erschöpft. Eine Sucht erschöpft sich in dem Augenblick, in dem wir aufhören zu glauben, daß sie uns beim Überleben hilft. Die Methode ist einfach: Man findet einen anderen Weg zum Überleben, der weitaus befriedigender und angenehmer ist als die Sucht. Alle Süchte ermöglichen uns am Anfang eine Flucht, verschaffen uns die Illusion von Freiheit. Aber ganz allmählich setzen sie uns gefangen und berauben uns unserer wirklichen Freiheit. Sucht ist ein Symptom des spirituellen Bankrotts. Deshalb brauchen wir auch spirituelle Heilung.
(s.Kap.7).

Halten Sie durch!

Ich bin sicher, die meisten von Ihnen haben die Bereiche erkannt, in denen Ihre Realität möglicherweise verzerrt ist. Falls Sie sich davon überwältigt fühlen, wie sehr Sie in einer verzerrten Realität gefangen sind, verzweifeln Sie nicht. Im zweiten Teil des Buches werde ich Ihnen einige praktische Schritte zeigen, die Ihnen helfen können, mehr persönliche Freiheit zu erlangen. Dieser Prozeß führt zu dem, was Jung den grundlegenden spirituellen Sinn des Lebens nennt: mehr und mehr zu erfahren, wer wir wirklich sind.

4. Kapitel

Liebesabhängige Beziehungen

Wenn Sie dieses Kapitel zuerst aufgeschlagen haben, dann denken Sie wahrscheinlich, daß Sie glücklich und die meisten Ihrer Probleme gelöst sein könnten, wenn Sie nur wüßten, wie man die richtige romantische Beziehung herstellt. Die gute Nachricht ist: Sie können tatsächlich die Beziehung haben, die Sie sich wünschen. Um dies zu erreichen, müssen Sie allerdings gewillt sein, die folgenden Schritte in der angegebenen Reihenfolge zu tun.

1. Seien Sie schonungslos ehrlich mit sich selbst. Stellen Sie sich Ihren eigenen Unzulänglichkeiten.
2. Listen Sie die ungesunden Belohnungen und Gewinne auf, die Sie durch Ihr Verharren in abhängigen Beziehungen bekommen.
3. Erlauben Sie sich, um Beziehungen, die Sie verloren haben, zu trauern (lassen Sie emotional los). Dazu gehören auch die Beziehungen, die Sie zu Unrecht als gesund und glücklich empfunden haben (Familie, Liebesbeziehungen, Freunde, Ehepartner, Kinder). Während dieses Trauerprozesses werden Sie ganz automatisch und natürlich sich selbst und anderen vergeben.
4. Nun sind Sie bereit, die Fähigkeiten und Techniken zu lernen, die man zum Aufbau gesunder, funktionierender Beziehungen braucht.

Die "schlechte Nachricht" ist: Gesunde, glückliche Beziehungen müssen erarbeitet werden. Es gibt keine Abkürzungen zum siebten Himmel. Es gibt keine schnelle Patentlösung, um die Leere in Ihnen zu füllen. Wenn Sie die vorhergegangenen Kapitel übersprungen haben und jetzt schnell zum Kapitel über den Aufbau von gesunden Beziehungen blättern wollen, dann sind Sie wahrscheinlich co-abhängig. Dieses Verhalten ist symptomatisch dafür, daß Sie Beziehungsprobleme haben.

Wenn Co-Abhängigkeit nicht behandelt wird, geht sie fast immer in eine Form von abhängiger Beziehung über, sei sie sexuell, romantisch oder die Ehe. Liebesabhängigkeit und Co-Abhängigkeit sind nicht dasselbe. Über diesen Unterschied herrscht sogar bei Fachleuten große Verwirrung, die beides behandeln. Bei Co-Abhängigkeit geht es um die fehlende Beziehung zum eigenen Selbst. Wenn Sie co-abhängig sind, wissen Sie nicht, wer Sie wirklich sind. Sie sind nicht voll entwickelt und gereift. Wenn das Selbst nicht klar definiert ist, wird jede Beziehung, die man eingeht, abhängig sein. Ihre Beziehungen sind nicht die Ursachen Ihrer Probleme. Liebesabhängigkeit ist eine Prozeßabhängigkeit, die die unerträgliche co-abhängige Wirklichkeit verdeckt.

Liebesabhängigkeit ist ein ernsthaftes Problem und muß in derselben Weise angegangen werden wie jede andere Sucht (s.Kap.7). Falls Sie also die vorangegangenen Kapitel übersprungen haben und es Ihnen ernst damit ist, eine gesunde Beziehung aufzubauen, dann gehen Sie bitte zum Anfang zurück und lesen die Kapitel nach.

Was ist Liebe?

Bevor ich Liebesabhängigkeit definiere, möchte ich klarstellen, was ich unter Liebe verstehe.

Liebe bedeutet, jemanden bedingungslos anzuerkennen. Wenn Sie jemanden lieben, dann können Sie ihn achten und respektieren, während er seine Lebensprozesse durchlebt. Ihr Glück und Ihre Erfüllung hängen nicht von der Stimmung des Partners ab. Solange er Sie nicht mißbraucht oder kränkt, können Sie zulassen, daß Ihr Partner ärgerlich, glücklich, traurig oder ängstlich ist. Liebe verlangt nicht, daß Sie die Gefühle des anderen beseitigen ("weine nicht, es wird schon wieder gut") oder seine Probleme lösen.

Stellen Sie sich Liebe als eine Energie des Gleichgewichts und der Klarheit vor. Liebe ist die Energie, die die Dinge an ihrem Platz hält. Sie definiert Nähe und Distanz. In einer Beziehung definiert sie, wie nah oder wie fern wir einander sein wollen. Wenn wir unsere Beziehungen klar und ohne zu verurteilen definieren können, werden wir sie als ausgeglichen und harmonisch erleben. Ich habe zum Beispiel nicht die gleichen Erwartungen an einen Patienten wie an einen engen Freund oder Liebhaber. Genausowenig würde ich von einem Liebhaber erwarten, daß er sich in väterlicher Weise um mich kümmert.

Kahlil Gibran hat in seinem Buch "Der Prophet", die in meinen Augen schönste und klarste Beschreibung von Liebe gegeben. Der folgende Auszug ist für mich die ideale Darstellung von Liebe innerhalb einer Beziehung.

"Liebet einander, doch macht die Liebe nicht zur Fessel:
 Schaffet eher daraus ein webendes Meer zwischen den Ufern eurer Seelen.
 Füllet einander den Kelch, doch trinket nicht aus *einem* Kelche.
 Gebet einander von eurem Brote, doch esset nicht vom gleichen Laibe.
 Singet und tanzet zusammen und seid fröhlich, doch lasset jeden von euch allein sein.
 Gleich wie die Saiten einer Laute allein sind, erbeben sie auch von derselben Musik.
 Gebet einander eure Herzen, doch nicht in des anderen Verwahr.
 Denn nur die Hand des Lebens vermag eure Herzen zu fassen.
 Und stehet beieinander, doch nicht zu nahe beieinander:
 Denn die Säulen des Tempels stehen einzeln,
 Und Eichbaum und Zypresse wachsen nicht im gegenseit'gen Schatten."

Warum also herrscht heute so viel Verwirrung über die Liebe? Warum können wir nicht mehr lieben? Die Antwort lautet: Es hat uns niemand gezeigt, wie. Wir lernen aus Beobachtung. Von der Wiege bis zum Grabe beobachten wir Liebe als Schmerz, Schuld, Märtyrertum, Selbstverneinung, Opfer, Leiden, Benutztwerden und manchmal sogar als Verneinung unserer Existenz. Sehen wir uns doch einmal die Vorbilder unserer Liebesbeziehungen an. Im Kino wird uns eine "märchenhafte" Liebe ver-

sprochen. Die Kirchen schreiben uns vor, wie wir andere lieben sollen und vielfach erleben wir hinter verschlossenen Türen in der Familie furchterregende Beispiele von "Liebe". Kein Wunder, daß wir verwirrt sind. Denken Sie an die Texte der populären Lieder, mit denen wir aufwachsen. Fast alle besingen die Liebe, und der größte Teil gibt negative, verzerrte Botschaften über das Wesen der Liebe.
- "Nichts, was du sagst, kann mich von ihm trennen, nichts, was du tust, denn ich halte fest zu ihm..."
- "Ich will nicht allein sein. Hilf mir durch diese Nacht".
- "Wenn Du mich jetzt verläßt, dann nimmst Du mir mein Herz".
- "Ich kann nicht leben, wenn leben heißt, ohne Dich zu sein.."
- "Gib mir nur noch eine Nacht".
Und sogar: "Wenn Du mich verläßt, kann ich mit Dir gehen?"

Seien Sie ehrlich: Sie sind süchtig nach Liebe!

Dies ist ein verbreiteter, wenn auch schmerzhafter Refrain in unserer Gesellschaft. Wie jede Sucht, kann auch die Liebesabhängigkeit chronisch oder tödlich werden, wenn man sie nicht behandelt. Kritiker wie auch Publikum betrachten den Film "Fatal Attraction" als einen Extremfall, den die Autoren aus Sensationsgründen zusammengebraut haben. Meiner Meinung nach ist das liebessüchtige und pathologisch gewalttätige Verhalten von Glenn Close in der Hauptrolle nicht so selten, wie wir das gerne glauben würden. Einer meiner Freunde, der früher im Polizeidienst war, sagte mir, daß 95% der Mord- und Selbstmordfälle auf das Konto dieser Art von Beziehungen gehen.

Pia Mellody definiert einen Liebessüchtigen so: "Jemand, der zu viel Zeit, Aufmerksamkeit und Wertschätzung von sich selber weg auf eine andere Person richtet, mit der er eine Beziehung hat. Dies ist mit unrealistischen Erwartungen von bedingungsloser Annahme durch den anderen verbunden".

Die Weichen für Liebesabhängigkeit werden durch Vernachlässigung und Verlassen gestellt. Der Liebesabhängige hat ein übermäßiges Bedürfnis, geliebt und versorgt zu werden. Liebessüchtige neigen dazu, sich Ehepartner auszusuchen, die die schlimmsten Eigenschaften ihrer eigenen Eltern haben. Entgegen aller Vernunft fühlen sie sich von Partnern angezogen, die sie verlassen werden. Sie spielen die unerlösten Leiden ihrer Kindheit wieder und wieder durch. Der Liebessüchtige sieht den potentiellen Partner durch seine eigene verzerrte Realität. Er entwickelt Fantasien über die andere Person und ist dann enttäuscht und wütend, wenn die Fantasie der Wirklichkeit nicht standhält.

Am meisten fürchtet sich der Liebesabhängige davor, verlassen zu werden. Dies verdeckt allerdings nur eine noch tieferliegende Furcht: die Furcht vor Intimität. Abhängige Beziehungen nehmen die Stelle der Intimität ein. Sie sind voller Drama und Intensität. Die Intensität einer liebesabhängigen Beziehung steht in direktem Zusammenhang mit dem Grad, in dem die Kindheitsbedürfnisse der Partner nicht befriedigt wurden. Liebessüchtige sehnen sich nach Nähe und stellen oft durch die Intensität von Ärger und Sexualität Kontakt zueinander her (streiten und versöhnen). Diese Pseudointimität ist in Wirklichkeit ein Schutzwall gegen Schmerz und Enttäuschung. Bei wirklicher Intimität ist man verletzlich und offen für Schmerz und Enttäuschung, aber auch für positive, euphorische Gefühle.

Im vorigen Kapitel gab ich eine allgemeine Definition von Süchten, nämlich, daß Sucht ein Prozeß ist, der eine unerträglich erscheinende Realität zudeckt. Aus diesem Grund nehmen diese Prozesse den höchsten Stellenwert im Leben eines Menschen ein und ziehen Zeit und Aufmerksamkeit aus anderen Bereichen ab.

Wenn ich mich wertlos fühle, nicht gut genug, unvollständig, voller Bedürfnisse, und mich vor dem Alleinsein fürchte, weil ich in der Kindheit verlassen wurde, dann würde ich das als eine ziemlich unerträgliche Realität bezeichnen. Ich würde versuchen, mich abzulenken und mich eher auf einen anderen Menschen zu konzentrieren, als meinen eigenen Schmerz zu erleben. Ich würde versuchen, die Bedürfnisse des anderen zu befriedigen, damit ich für ihn wertvoll werde und er mich nicht verläßt, denn dann müßte ich mich allein meiner Leere stellen.

Diese Ablenkungsmethode wird nicht ständig angewendet, auch nicht von einem chronisch Liebessüchtigen. Deshalb werden viele Leser ihren Zustand nicht erkennen können und ihn weiter verleugnen.

Die folgende Aufzählung von Haltungen und Einstellungen wird Ihnen helfen, festzustellen, ob Sie liebessüchtig sind:

1. Meine positiven Gefühle über mich selbst beruhen darauf, daß du mich magst.
2. Meine positiven Gefühle über mich selbst hängen davon ab, daß du mich schätzt.
3. Deine Probleme beeinträchtigen meine Gelassenheit. Ich konzentriere mich darauf, deine Probleme zu lösen oder deinen Schmerz zu lindern.
4. Ich konzentriere mich darauf, dir zu gefallen.
5. Ich konzentriere mich darauf, dich zu beschützen.
6. Ich konzentriere mich darauf, dich zu manipulieren. In anderen Worten: "Tue, was ich will!"
7. Mein Selbstwertgefühl wird durch das Lösen deiner Probleme gesteigert.
8. Mein Selbstwertgefühl wird durch die Linderung deines Schmerzes gesteigert.
9. Meine eigenen Hobbies und Interessen schiebe ich beiseite. Ich teile deine Interessen.
10. Deine Kleidung und deine persönliche Erscheinung müssen sich nach meinen Wünschen richten, denn ich empfinde dich als eine Reflektion meiner selbst.
11. Dein Verhalten muß sich nach meinen Wünschen richten, denn...
12. Ich achte nicht auf meine Gefühle. Ich nehme deine wichtiger.
13. Ich weiß nicht, was ich will, sondern richte mich nach dir. Meistens stelle ich Vermutungen darüber an, was du willst.
14. Meine Träume für die Zukunft sind mit dir verbunden.
15. Meine Angst vor Ablehnung bestimmt, was ich sage oder tue.
16. Meine Angst vor deinem Ärger...

17. Geben ist für mich ein Weg, mich in der Beziehung sicher zu fühlen.
18. Mein Freundeskreis wird immer kleiner, je länger ich mit dir zusammen bin.
19. Ich schätze deine Meinung und deine Art, Dinge zu tun, höher ein als meine.
20. Die Qualität meines Lebens hängt von der Qualität deines Lebens ab.

Verstrickung

Liebessüchtige haben die Wahl zwischen zwei Extremen in ihrem Verhalten zu anderen Menschen. Die eine ist Isolation, die andere Verstrickung. Gewöhnlich schwanken sie zwischen diesen beiden Verhaltensmustern hin und her. Verstrickung wird oft irrtümlich für Intimität gehalten. In Wahrheit wird Intimität verhindert. Wenn zwei Menschen miteinander verstrickt sind, haben sie keine Grenzen. Sie wissen nicht, wo der eine endet und der andere beginnt. Das mag vielleicht in Hollywood das Rezept für wahres Liebesglück sein, im wirklichen Leben erzeugt es Chaos.

Flucht vor der Intimität

Ich benutze den Ausdruck Liebesabhängigkeit als Oberbegriff, der alle Arten von abhängigen Beziehungen beschreibt. Man kann liebessüchtig nach jeder beliebigen Person sein, nicht nur in der romantischen Liebe. Man kann liebesabhängig sein von den eigenen Kindern, den Eltern, den Freunden, Therapeuten, dem Chef, dem Sporttrainer, dem Pfarrer, Priester, Rabbiner, Film und Popstars, Berühmtheiten (denken wir an das internationale Charisma von John F. Kennedy) oder irgendeiner Autoritätsperson.

Ich möchte mich in diesem Abschnitt aber auf Liebesabhängigkeit in romantischen Beziehungen und in der Ehe beschränken.

Im Folgenden gebe ich eine gedrängte Übersicht über Anne Wilson Schaefs Buch "Escape from Intimacy".

Schaef unterteilt Liebessucht in drei Kategorien: "Romantikabhängigkeit", "Sexbhängigkeit" und "Beziehungsabhängigkeit". Ihrer Meinung nach ermöglichen diese Abhängigkeiten die Flucht vor Intimität, obwohl sie Intimität herzustellen scheinen. Als ich dieses Material zum erstenmal las, machte es großen Eindruck auf mich wegen seiner Relevanz für das Erlangen der persönlichen Freiheit. Vor Jahren waren die meisten meiner Beziehungen abhängige Verstrickungen. Meine schmerzlichen Erfahrungen führten mich auf den Weg der Genesung, und ich begann mit dem Prozeß des Abgrenzens und Loslassens. Ich machte viele Entdeckungen über mich selbst, über meine persönlichen Bedürfnisse und über Wege, sie mir zu erfüllen. Zum erstenmal in meinem Leben fühlte ich mich frei, das zu tun, was ich wollte. Es war eine befreiende Erfahrung zu lernen, mit mir allein zu sein - und es zu genießen. Aber es gab auch Zeiten, in denen ich eine unglaubliche Einsamkeit spürte. Ich trat in eine neue Phase der Genesung ein, als mir klar wurde, daß es einen Unterschied gibt zwischen allein sein und einsam sein. Mir wurde deutlich, daß ich in der nächsten Phase meines Wachstums lernen würde, Freiheit und Intimität in Beziehungen zu verwirklichen, besonders in romantischen Beziehungen. In dieser Phase bin ich immer noch. Obwohl noch ein Stück Weges vor mir liegt, gibt es keinen Vergleich zwischen der Qualität meiner jetzigen Beziehungen und denen, die ich vor Beginn meines Genesungsprozesses hatte.

Romantische Abhängigkeit
Romantiksüchtige sind abhängig von ihren eigenen Fantasien und Illusionen über Romantik. Die Szenerien, die äußeren Umstände, das perfekte Bild sind ihnen wichtig und verschaffen ihnen das angestrebte Hochgefühl.

Leider versäumen Romantiksüchtige, bei ihren Anstrengungen, nach außen ein gutes Bild abzugeben, die eigentliche Erfahrung: den authentischen Austausch von Gefühlen und Intimität. Sie lieben es, sich in Szene zu setzen. Für sie ist die äußere Erscheinung die Grundlage der Beziehung. Es ist ihnen sehr wichtig, daß andere Leute wissen, wie beliebt sie sind und wie sehr man sie bewundert. Deshalb reden sie auch so viel darüber. "Er hat mir Blumen geschickt und lädt mich in ein teures Restaurant ein", oder "Sie sieht so fabelhalft aus, meine Freunde waren gelb vor Neid".

Schaef zufolge sind Romantiksüchtige "Experten für Instant-Intimität". Sie schwärmen von dieser "engen intimen Beziehung", in der sie über alles sprechen können und nächtelang aufbleiben. Sie sind sicher, ihren Seelenpartner getroffen zu haben. Fragt man sie, wie lange sie sich schon kennen, dann lautet die Antwort: "So etwa sechs Wochen". Wirkliche Intimität kann nur über Jahre aufgebaut werden. Diese romatische Flucht ist in Wirklichkeit eine Verstrickung ohne jede Abgrenzung und erzeugt nur die Illusion einer tiefen Verbindung. Romantiksüchtige sind oft auch Kämpfer für eine gute Sache. Sie sind die Kreuzfahrer, die die Welt retten wollen, und die die Friedensbewegung anführen. Religion, Politik und Krieg sind die idealen Betätigungsfelder für Romantiksüchtige.

Jeder Suchtprozeß gibt ihnen ein unmittelbares und falsches Hochgefühl, das nach einiger Zeit nachläßt. In der Zwischenzeit verhindert es aber die wirklich befriedigenden Erfahrungen, die sie eigentlich suchen. Sie können so stark den Kontakt zu sich selbst verloren haben, daß sie ihre eigenen tiefsten Wünsche nicht kennen. Solange sie ihrer Romantiksucht weitere Nahrung geben, können sie sie auch nicht kennenlernen.

Ich selbst bin auf dem Wege der Genesung von meiner Romantiksucht. Ich möchte Ihnen einen Vorfall aus meinem Leben schildern, der - ohne Beteiligung einer anderen Person - mich daran hinderte, die Erfahrung zu machen, die ich wollte.

Vor einigen Jahren wollte ich mich einigen meiner Ängste stellen und eine neue Ebene des Vertrauens zu meiner Höheren Macht aufbauen. Ein geistlicher Berater schlug vor, daß ich mindestend sieben Tage allein in der Natur verbringen sollte. Das war eine ziemliche Herausforderung für mich, deren Vorstellung von einem entspannenden Urlaub darin bestand, sich in einem 4 Sterne Hotel verwöhnen zu lassen. Die Vorstellung: Ich allein im Gespräch mit der Natur, ließ sofort Ängste in mir aufsteigen, aber auch Erregung und ein Gefühl der Erwartung.

Als ich anfing, meinen Freunden von meinem verwegenen Plan zu erzählen, beneideten mich alle. Meine Mutter geriet in Panik, was das Abenteuer für mich noch attraktiver machte. Also zog ich mit meiner Campingausrüstung los (keine Bücher, Radio, Kassetten oder Süßigkeiten, die mich ablenken könnten) und etablierte mich in einem nahezu menschenleeren Nationalpark. Meine unbewußte Erwartung war, daß ich ein überwältigendes spirituelles Erlebnis haben würde. Jeden Morgen stand ich auf und plante meinen Tag mit großer Sorgfalt. Während ich einen der verlassenen Wege entlangwanderte, stellte ich mir vor, welche Abenteuer mir begegnen würden und wie ich nach meiner Rückkehr in die Stadt meinen Freunden davon erzählen würde. Am Ende des dritten Tages fühlte ich mich angespannt und unfähig, mich zu entspannen und zu meditieren. Ich fühlte mich von dem Kontakt mit meiner Höheren Macht abgeschnitten. Ich hatte Angst, daß ich die Erfahrung, nach der ich mich so sehnte, verpassen würde. Also begann ich zu beten. Kurze Zeit später, als ich still dasaß, wurde mir klar, daß ich mich genauso verhielt wie sonst in der Stadt. Ich hatte einen Tagesplan und verschiedene Pflichten. Ich säuberte ständig meinen Zeltplatz, wusch Geschirr ab und überlegte mir jede Aktivität, die ich anschließend unternehmen wollte. Ich erlaubte mir nicht, nur im Augenblick zu leben. Mir wurde plötzlich klar, daß niemand daran interessiert war, was ich in der Wildnis tat. Alle waren mit ihrem eigenen Leben vollauf beschäftigt. Wenn sie mich bei meiner Rückkehr nach meinen Abenteuern fragen würden, dann überwiegend aus Höflichkeit. Ich war stärker damit beschäftigt, die "perfekte" Erfahrung zustande zu bringen und vor den anderen gut dazustehen, als der natürlichen Erfahrung ihren Lauf zu lassen.

Daraufhin setzte ich mich hin, holte tief Luft und begriff, daß ich nichts Bestimmtes tun mußte. Ich konnte tun und lassen, was ich wollte. Ich schaute mich um und stellte fest, daß es ein schöner, sonniger Oktobertag war. Ich entschied, daß ich mich am liebsten einfach in die Sonne legen würde. Das tat ich auch - und hatte dann das spirituelle Erlebnis, das ich so gesucht hatte.

Dies hat mir gezeigt, daß solche kostbaren Erfahrungen innerlich und privat sind und daß sie, wenn man versucht, sie anderen mitzuteilen (das Kennzeichen eines Romantiksüchtigen) an Wert verlieren.

Ich sage nicht, daß wir Romantik aus unserem Leben streichen sollen. Romantik macht Spaß. Sie ist ein wundervolles Spiel für Erwachsene. Es ist aber wichtig, sie als das zu sehen, was sie ist und ihr keine unrealistische Bedeutung zu geben. Romantische Zwischenspiele sind wundervoll, aber sie sind nicht das Wichtigste im Leben.

Sexuelle Abhängigkeit
Dies ist die "persönlichste" und verborgendste Sucht in unserer Gesellschaft. Unser Selbstverständnis beginnt mit der Geschlechtsidentifikation. Sexualität ist ein zentraler Teil des Bildes, das jeder Mensch von sich selber hat und ist stark gefühlsbesetzt.

Bedenkt man die negativen Einstellungen, die kulturellen Mythen, unklaren Botschaften (Werbung verkauft eindeutig Sex, nicht Zahnpasta, Jeans oder schnelle Autos), den Mangel an sinnvollen Sexualbeziehungen und die aufgeputschten Gefühle, die mit Sexualität verbunden werden, dann ist es nicht verwunderlich, daß ein großer Teil des Sexualverhaltens heimlich und verstohlen stattfindet.

Sexuelle Abhängigkeit ist so stark in unsere Sozialstruktur integriert, daß sie inzwischen als normal betrachtet wird! In den meisten Fällen liegen die Wurzeln in sexuellem Mißbrauch in der Kindheit, wodurch ein großes Schamgefühl damit verbunden ist. Kinder von sexuell gehemmten Eltern übernehmen oft deren unterdrückte Lust und agieren sie aus. Sexuelle Abhängigkeit ist ein Zustand der Besessenheit, in dem so gut wie alles in einem sexuellen Sinn betrachtet wird. Die meisten Wahrnehmungen und Beziehungen sind sexuell gefärbt.

Ein sexuelles Erlebnis ist eine stimmungsverändernde Erfahrung, die höchsten Genuß bereiten kann. Das ist auch gut so. Sexabhängige benutzen dagegen sexuelles Verhalten oder Fantasien, um sich nicht ihren unangenehmen Gefühlen oder dem Leben im allgemeinen stellen müssen. In seinem bahnbrechenden Werk über sexuelle Abhängigkeit "Out of the Shadows" teilt Dr. Patrick Carnes sexuelle Abhängigkeit in drei Kategorien ein. Er sagt: "Verhaltensweisen der ersten Stufe sind in der Gesellschaft im allgemeinen akzeptiert... aber alle können zerstörerisch wirken, wenn sie zwanghaft werden". Zu diesen Verhaltensweisen gehören Masturbation, Lesen und Betrachten von Pornographie, das Aufsuchen von Prostituierten und Stripteasebars. In einer sexuellen Beziehung mit einem Abhängigen der Stufe 1, wird "ein Partner wichtige Teile der Beziehung opfern, um die sexuellen Bedürfnisse zu befriedigen".

Verhaltensweisen der Stufe 2 sexueller Abhängigkeit geben bereits zu gesetzlichen Maßnahmen Anlaß. Dazu gehören Voyeurismus, Exhibitionismus, obszöne Telefonanrufe und unangemessene sexuelle Annäherung.

Die Verhaltensweisen der Stufe 3 sind im allgemeinen noch schwerwiegender und eindeutiger illegal. Dazu gehören Vergewaltigung, Inzest, die Belästigung von Kindern, Sadomasochismus und Sexualfolter.

Sexuelle Anorexie fällt ebenfalls unter sexuelle Abhängigkeit. Der Sexualanorektiker ist von Sex besessen...indem er sexuelle Aktivität um jeden Preis vermeidet.

Eine Patientin erzählte mir, daß sie ihre Sexabhängigkeit (Promiskuität), die ihr viel Schmerz verursacht hatte, vor 5 Jahren überwunden hätte. Sie war eine Alkoholikerin auf dem Weg der Genesung, und es interessierte mich sehr, wie sie mit ihrer Sexabhängigkeit fertiggeworden war. Sie sagte mir, daß sie während der letzten fünf Jahre enthaltsam gelebt hätte. Diese Frau war zu mir gekommen, weil sie sich nach einer erfüllten liebevollen Beziehung zu einem Mann sehnte. Sie war Mitte dreißig und wollte unbedingt Kinder haben. Ich erklärte ihr, daß ihre Sexualanorexie nicht die Lösung ihres Problems sei. Ihr Entschluß, enthaltsam zu leben, war nicht freiwillig gewesen, sondern kam aus ihrer Angst vor dem eigenen sexabhängigen Verhalten.

Jemand kann sexuelle Anorexie entwickeln, weil in der Kindheit Sexualität und der Körper stark mit Scham besetzt waren. Viele religionsabhängige Eltern vermitteln ihren Kindern ein negatives Bild von Sexualität (was unterdrückt wird, wird zum Gegenstand der Besessenheit).

Eine weitere Form sexueller Abhängigkeit ist die Sucht nach sexuellen Fantasien. Hierbei wird die Sexualität nicht im Verhalten, sondern nur in Gedanken ausagiert. Diese Menschen verlieren sich ständig in sexuellen Fantasien oder fantasierten Liebesaffären. Dies kann auch der Fall sein, wenn Eltern die Beziehung zu ihren Kindern auf der Gefühls- oder Verstandesebene sexualisieren ohne tatsächlichen sexuellen Kontakt herzustellen. Ein deutliches Beispiel dafür hörte ich von einer meiner früheren Patientinnen. Als sie ein Teenager war, kam ihr Vater vor Weihnachten zu ihr und ließ ihr die Wahl zwischen einem Diamantring und einer Nähmaschine. Er sagte, daß sie zuerst wählen dürfe, und daß er den verbleibenden Gegenstand ihrer Mutter schenken würde. Meine Patientin fühlte sich daraufhin schuldig und beschämt.

Es ist ein weitverbreiteter Irrtum, daß sexuell abhängige Menschen pervers seien. In vielen Fällen sind sie verheiratet oder in festen Beziehungen und benutzen ihre Partner zur Befriedigung ihrer Zwänge. Sexualität ist die Grundlage der Beziehung, und sie haben Angst, ihren Partner zu verlassen, weil dadurch der ständige "Nachschub" gefährdet wäre. Mit ansteigender Aidsgefahr und der Propagierung von "sicherem Sex" nehmen diese sexuell-abhängigen Beziehungen außerordentliche Bedeutung für sie an.

Trotz der Gefahren, die heimliche Affären mit sich bringen, praktizieren einige Sexabhängige immer noch wahllose Promiskuität. In vielen Fällen schiebt der Ehemann die Schuld auf seine Frau: Wäre sie sexuell verfügbarer gewesen, hätte er sich nicht durch Affären helfen müssen. Es wird selten verstanden, daß das Verhalten des Mannes durch seine Sucht verursacht wird und nicht durch seine Frau. So wie Alkoholiker ihren emotionalen Schmerz mit Trinken betäuben, betäuben Sexabhängige ihren Schmerz durch die Flucht in sexuelle Affären und die Erleichterung, die sie auf diese Weise erfahren.

Wenn sich ein Romantiksüchtiger und ein Sexabhängiger zusammentun, führt die Beziehung oft zu Gewalt. Dies ist die Ursache des "Fatal-Attraction-Syndroms".

Beziehungsabhängigkeit
Schaef unterscheidet drei Arten von Beziehungsabhängigkeiten:

1. Die Abhängigkeit davon, eine Beziehung *zu haben.*
Hier geht es darum, immer in einer Paarbeziehung zu sein, immer mit jemandem verbunden zu sein. Diese Menschen fürchten sich davor, allein zu sein. Sie können sich nur in einer Beziehung sicher und wertvoll fühlen. Sie sind abhängig vom Konzept der Beziehung. Es kommt ihnen nicht so sehr auf die Werte, die Persönlichkeit oder die Bedürfnisse (Wünsche, Sehnsüchte) des Partners an. Beziehungssüchtige brauchen nur jemanden, mit dem sie in Beziehung sein können. Sie haben meistens überlappende Beziehungen, d.h. sie geben keine Beziehung auf, bevor sie nicht eine neue haben.

2. Abhängigkeit *innerhalb* **einer Beziehung.**
Diese Menschen können lange Zeit ohne Beziehung leben und sich damit wohlfühlen. Wenn sie dann aber eine neue Partnerschaft beginnen, hängen sie sofort fest. Sie werden im Übermaß liebesbedürftig und werden in Bereichen ihres Lebens hilflos, in denen sie zuvor gut allein zurechtkamen. Dieses Syndrom ist bei Frauen in guten beruflichen Positionen weit verbreitet. Sie sind erfolgreich und unabhängig, was sie für Männer attraktiv macht. Aber innerhalb von drei Monaten Beziehung mit einem Mann verwandeln sie sich in liebeskranke Schoßhündchen.

3. Klettenbeziehungen:
Diese Beziehungssüchtigen praktizieren ihre Sucht mit jedem, den sie treffen. Die meisten von uns haben die Bekanntschaft solcher Menschen gemacht... Sie kennen keine Grenzen, drängen sich auf, sind voller Bedürfnisse und erleben sich als Opfer. Sie sind sehr geschickt darin, in anderen Mitleid zu erwecken.
  Beziehungssüchtige wandern von einer Beziehung zur anderen. Sie leiden auch unter selektiver Vergeßlichkeit. Sie können den Schmerz ihrer vergangenen Beziehungen schnell vergessen, damit sie ihre Abhängigkeit aufrechterhalten können. Sie kontrollieren sehr stark und glauben, daß sie allein durch die Kraft

ihres eigenen Willens, Beziehungen schaffen können. Beziehungssüchtige haben keine Beziehungen, sie nehmen Geiseln!

Sind Sie Teil eines Rituals oder haben Sie eine Beziehung?

In ihrem Buch stellt Dr. Anne Wilson Schaef eine ausgezeichnete, auf Beziehungsprobleme zugeschnittende Adaption von Dr. Patrick Carnes "Suchtzyklus" vor.

Stufe 1: Besessenheit
Dies ist das Stadium der Besessenheit in einer Beziehung. Es hat einen tranceähnlichen, stimmungsverändernden Aspekt. Die Menschen gehen völlig in der Beziehung auf. Sie sprechen vielleicht ununterbrochen mit ihren Freunden darüber oder können sich nicht auf die Arbeit konzentrieren, weil sie sich in Fantasien über das bevorstehende Rendevouz verlieren.

Stufe 2: Ritualisierung
Dies ist ein Verhaltensprozeß, der am Beginn einer Beziehung abläuft. Bei Frauen ist es vielleicht eine Diät, verstärkte Gymnastik, kosmetische Behandlungen oder eine neue Frisur. Bei Männern wird vielleicht die Form der Werbung ritualisiert. "Ich sollte ihr Blumen schenken und sie zum Essen einladen... dann lädt sie mich vielleicht noch auf einen Kaffe bei sich ein, und dann...".

Stufe 3: Zwanghaftes Beziehungsverhalten
Dazu gehört, so früh wie möglich, den Status der Beziehung festzulegen, oder wie Dr. Schaef es ausdrückt: "Die Beziehung festnageln und sich dann daran klammern". "Meinen wir es ernst"? "Verabreden wir uns auch noch mit anderen"? "Sind wir monogam"? Es wird über Heirat gesprochen oder sogar geheiratet, wenn die Beziehung noch in der romantischen Phase ist.

Stufe 4: Verzweiflung
Der Süchtige merkt, daß die Beziehung seine Probleme nicht lösen kann. Er wird von Gefühlen der Hoffnungslosigkeit und Verzweiflung überwältigt. Mit anderen Worten, die Flitterwochen sind vorbei. Hier beginnen viele eine neue Beziehung oder sie konzentrieren sich auf einen problematischen Aspekt der gegenwärtigen Beziehung, damit sie davon besessen sein können. So beginnt der Zyklus von neuem. Diese drei Hauptformen der Beziehungssucht werden von Anne Wilson Schaef treffend beschrieben, indem sie sagt:

Romatiksüchtige *ziehen weiter.*
Sexsüchtige *machen an.*
Beziehungssüchtige *bleiben kleben.*

Das Erkennen von abhängigen Beziehungen

Das Wörterbuch definiert Abhängigkeit so: "Fremde Hilfe brauchen oder sich auf sie verlassen".

Es gibt gesunde und ungesunde Abhängigkeit. Übermäßig abhängige Menschen verlassen sich darauf, daß andere ihre Bedürfnisse erfüllen und sich um sie kümmern werden, denn sie fühlen sich nicht in der Lage, für sich selbst zu sorgen. Sie können nicht zwischen ihren Bedürfnissen, Wünschen und Sehnsüchten unterscheiden und wissen nicht, wie sie ihre Abhängigkeitsbedürfnisse als Erwachsene befriedigen können. Sie wirken nach außen unsicher, gehen in anderen Menschen auf und kämpfen bis zur Erschöpfung für andere, nur nicht für sich selbst. Sie kommen sich ungenügend vor, brauchen Bestätigung und sorgen für andere, denn sie brauchen es, gebraucht zu werden. Sie haben keine Grenzen und erlauben ständig anderen Menschen, in ihren Privatbereich einzudringen.

Eine andere Form ungesunder Abhängigkeit zeigt sich als das genaue Gegenteil. "Gegenabhängige" treten selbstsicher und unabhängig auf. Tief innen sind sie aber voller Furcht. Diese

Menschen brauchen viel Unterstützung, Lob und Bewunderung von anderen, können es jedoch nicht ertragen, wenn andere von ihnen abhängig sind. Es fällt ihnen schwer, ihre eigenen Schwächen zu erkennen, und sie identifizieren sich übermäßig mit Stärke und Macht. Gegenabhängige dringen ohne Erlaubnis in die Privatsphäre anderer Menschen ein, denn sie fühlen sich dazu berechtigt.

Die Eigenschaften von gesunder und ungesunder Abhängigkeit finden Sie in folgender Aufstellung:

ungesunde Abhängigkeit		gesunde Abhängigkeit
abhängig	gegenabhängig	
1. Unsicherheit	Großmannssucht	Sicherheit
2. Abhängigkeit	Gegenabhängigkeit	wechselseitige Abhängigkeit
3. außenbezogen	egozentrisch	am anderen interessiert
4. stark beeinflußbar	aufdringlich	ansprechbar, antwortend

Wenn wir uns in einer Beziehung *sicher* fühlen, erlaubt uns unser Selbstwertgefühl, unsere Stärken und Schwächen ohne Scham oder Schuldgefühle wahrzunehmen.

Gesunde Abhängigkeit in einer Beziehung heißt, Unterstüzung nehmen und geben zu können. Wenn wir ein solides Selbstwertgefühl haben und andere klar, ohne Illusionen und Fantasien wahrnehmen können, sind wir auch an anderen interessiert.

Wenn wir unsere Fähigkeit, uns selbst zu schützen ausreichend entwickelt haben, so daß wir einer vertrauenswürdigen Person erlauben können, unsere Seele zu berühren, dann *reagieren* wir in *gesunder* Weise auf unsere Umwelt.

Beispiele für ungesundes, abhängiges Verhalten

1. Sie fühlen sich unfähig das Nest zu verlassen oder können es nur mit unguten Gefühlen

Viele Erwachsene haben dieses Problem. Obwohl sie physisch schon seit Jahren das Elternhaus verlassen haben, sind sie gefühlsmäßig und in Gedanken immer noch dort. Menschen mit gesundem Selbstwertgefühl können ihre Familie ohne Schuldgefühle verlassen oder wieder in die Nähe ziehen, ohne sich verstrickt oder überwältigt zu fühlen.

2. Sie fühlen sich verpflichtet, andere zu besuchen, anzurufen oder herumzuchauffieren

Diese Tätigkeiten können angenehm sein, wenn man sie aus freiem Willen tut, nicht jedoch, wenn ein Zwang damit verbunden ist. Viele Menschen verbringen zum Beispiel Weihnachten bei ihren Eltern, obwohl sie lieber mit ihren Freunden feiern würden.

3. Sie bitten Ihren Partner für alles um Erlaubnis: Geld ausgeben zu dürfen, um die Erlaubnis zu sprechen, das Auto benutzen zu dürfen, usw.

Das heißt nicht, daß Sie keine Absprachen über Finanzen oder ähnliches mit Ihrem Partner treffen sollten, vorausgesetzt, diese sind das Ergebnis gleichberechtigter Verhandlungspartner.

4. Verletzen der Privatsphäre von anderen, wie das Schauen durchs Schlüsselloch, die Brieftasche durchwühlen, Tagebücher lesen usw.

Dieses Verhalten verletzt die Privatsphäre des anderen und geschieht in erster Linie weil der "Schnüffler" unsicher und ängstlich ist.

5. Aussagen wie: "Ich könnte ihm nie sagen, was ich wirklich fühle" oder "Das würde sie nie gutheißen"!

Abhängige vertrauen ihre Geheimnisse oft Fremden an oder Menschen, die sie nicht so gut kennen, oder sie klatschen über ihre Beziehungen. Stattdessen sollten sie diese Informationen ihren Partnern oder anderen Familienmitgliedern mitteilen.

6. Sie haben sich auf eine bestimmte Arbeit festgelegt und fühlen sich unfähig, etwas anderes auszuprobieren.

"Ich habe mein ganzes Leben lang in unserem Geschäft gearbeitet und meine Familie erwartet das von mir" oder "Ich habe jetzt acht Jahre studiert, um Arzt zu werden, und obwohl ich mich elend fühle und lieber aufhören würde, kann ich es mir nicht leisten, etwas anderes zu machen". Abhängige haben Angst davor, sich neuen Möglichkeiten zu öffnen und ein Risiko einzugehen. Sie wollen immer eine Garantie.

7. Sie haben bestimmte Erwartungen an das Verhalten des Partners, der Eltern oder eines Kindes oder fühlen sich von deren Verhalten peinlich berührt.

Abhängige empfinden die übrigen Familienmitglieder als Reflektion ihrer selbst. Sie haben zu hohe Erwartungen an sie und versuchen dann, durch Kontrolle und Manipulation diese Erwartungen erfüllt zu bekommen. Wie vielen Eltern ist es peinlich, mit ihren halbwüchsigen Kindern gesehen zu werden, besonders wenn die Kinder lila Haare haben oder ein Dutzend Ohrringe tragen. Oder wie fühlt sich der leitende Angestellte im Nadelstreifenanzug, wenn er seine "hausbackene Frau" zum Betriebsfest mitnehmen soll?

8. Sie fühlen sich von dem, was andere sagen, denken, fühlen oder tun, verletzt.

"Was willst du damit sagen, du willst nicht kommen und bei mir sein?! Das verletzt mich wirklich". Es ist eine Sache, enttäuscht zu sein, wenn die Dinge sich nicht so entwickeln, wie man es möchte. Aber es ist etwas anderes, anderen Schuldgefühle zu suggerieren, damit man seinen Willen bekommt. Worum es in solchen Situationen wirklich geht, ist, daß der Abhängige nicht weiß, wie er seine Bedürfnisse erfüllen kann. Er hat Angst, daß er leer ausgeht, wenn andere nicht seine Bedürfnisse befriedigen.

9. Sich nur glücklich und erfolgreich fühlen, wenn der Partner sich so fühlt.

Ihr Partner ist vielleicht traurig, ärgerlich oder hatte einen schlechten Tag. Wenn Sie gesund sind, können Sie sich trotzdem an den Blumen und Bäumen auf Ihrem Spaziergang freuen. Sie müssen sich nicht durch das Gefühl Ihres Partners den Tag verderben lassen.

10. Sie erlauben anderen, Entscheidungen für Sie zu treffen oder fragen häufig um Rat, bevor Sie eine Entscheidung treffen.

Als junge Erwachsene hatte ich dieses Problem, denn mir war mein ganzes Leben lang gesagt worden, was ich zu tun hatte. Dies ist vielleicht auch der Grund, weshalb viele Menschen sich oft unsicher fühlen und fürchten, nicht die "richtigen" Entscheidungen zu treffen. Viele meiner erwachsenen Patienten haben zu mir gesagt: "Ich weiß nicht, warum ich mir so dumm vorkomme. Meine Eltern haben mich nie herabgesetzt". Vielleicht haben sie das nicht direkt getan. Aber wenn einem Kind ständig gesagt wird, was es zu tun und wie es zu sein hat, dann lautet die Botschaft, die es unbewußt empfängt: "Ich weiß aber auch gar nichts. Ich bin dumm".

11. Sie fühlen sich anderen verpflichtet, weil Sie von Ihnen abhängig sind.

Vor einigen Jahren lud mich ein Geschäftsfreund, der auf der Durchreise war und der für mich Seminare organisierte, zum Essen ein. Obwohl mein Terminkalender zum Bersten voll war, fühlte ich mich verpflichtet, ihn zu treffen. Schließlich war ich auf das Einkommen, das ich durch ihn bekam, angewiesen. Ich sagte mehrere Termine ab, verschob andere, nur damit ich diese Einladung annehmen konnte. Dann stellte sich heraus, daß wir bei dem Essen gar nicht über Geschäfte reden konnten, da er mehrere seiner Freunde eingeladen hatte und das Essen endete in einer Party. Ich stand den Abend widerwillig durch und lernte eine Lektion.

12. Sie sagen oder tun etwas nicht, wenn Ihre Eltern dabei sind, weil Sie ihre Mißbilligung fürchten.

Sie rauchen, trinken, fluchen nicht, naschen keine Süßigkeiten oder sagen nicht frei Ihre Meinung, weil Sie eine untergeordnete Rolle in der Beziehung haben.

13. Sie sind vorsichtig, in dem, was Sie sagen. Sie verschleiern Ihr Verhalten oder verschönern die Wahrheit, um die dominierende Person nicht zu verärgern.
In Gegenwart von für uns wichtigen Menschen, ständig auf Zehenspitzen zu gehen, verbraucht eine Menge Energie. So stark auf der Hut sein, bedeutet, alles und jeden in seiner Umgebung kontrollieren zu wollen. Es ist sehr viel Streß damit verbunden, sich ständig so zu geben, wie man annimmt, daß der andere es gerne hätte.

Werden Sie sich Ihrer "Payoffs" bewußt

Nachdem Sie die Liste der abhängigen Verhaltensweisen gelesen haben und sich mit einigen identifizieren konnten, fragen Sie sich vielleicht, warum wir diese, obwohl sie doch so viel Streß erzeugen, nicht einfach aufgeben können. Der Grund liegt darin, daß diese Verhaltensweisen Ihnen ungesunde "Belohnungen" verschaffen, die ein wichtiger Bestandteil Ihres Verhaltens geworden sind.

Um diesen Belohnungen (Payoffs) auf die Schliche zu kommen, versuchen Sie einmal folgendes: Wenn Sie sich wieder einmal bei einer dieser abhängigen Verhaltensweisen erwischen, halten Sie inne und fragen sich, welchen Gewinn Sie davon haben könnten.

Einige der häufigsten Payoffs sind:
1. Abhängig zu sein erhält Ihnen die sichere, schützende Fürsorge anderer und den Vorteil, wie ein kleines Kind nicht für das eigene Verhalten verantwortlich zu sein. Wenn Sie in dieser Weise von jemandem abhängig sind, können Sie Ihre Fehler immer auf andere abschieben. Sie müssen sich keiner Kritik stellen. Sie übergeben die Macht an jemand anderen. Wenn dann etwas schiefläuft, muß der sich darum kümmern.

Diese Art des abhängigen Verhaltens kam mich teuer zu stehen, als mein Mann und ich unsere Therapie beendet hatten. Früher hatte ich den größten Teil der Familienpflichten übernommen, darunter auch die Verwaltung unseres Geldes und das Bezahlen der Rechnungen. Ich fühlte mich ausgebrannt vom Druck der gesamten Verantwortung und eröffnete meinem Mann, daß es nun an ihm sei, die Finanzen zu übernehmen. Dann verfiel ich in kindisches Verhalten, überzog meine Kreditkarten und verließ mich darauf, daß er die Situation in Ordnung bringen würde. Dies tat er natürlich nicht und unser Schuldenberg wuchs. Meine "Belohnung" war dabei, daß ich mich von der übergroßen Verantwortung frei fühlen und ihm die Schuld für das Chaos geben konnte. Ich hielt ihm ständig vor, daß wir schließlich keine Schulden gehabt hatten, als *ich* die Finanzen verwaltete.

2. Wenn wir abhängig bleiben, können wir unsere Schwächen auf andere schieben, d.h., wir können unsere Charakterfehler behalten. Diese Charakterfehler sind eigentlich Abwehrmechanismen. Teile unseres negativen Verhaltens dienen dazu, uns zu schützen, denn wir haben keine andere, bessere Methode gelernt. Wenn ich abhängig bleibe, kann ich meine eigene Stärke verleugnen und weiterhin eifersüchtig, anklagend, ängstlich, unentschlossen, defensiv und kritisch sein.

3. Wenn Sie von anderen abhängig sind, brauchen Sie sich nicht auf die Arbeit und das Risiko der Veränderung einzulassen. Sie können sich in der Sicherheit wiegen, daß andere für Sie die Verantwortung übernehmen werden. Sie werden zwar von anderen manipuliert, doch liegt der Payoff darin, daß Sie nicht zu lernen brauchen, wie man die Balance zwischen Loslassen können und dem Übernehmen von Verantwortung, herstellt. Dies kann ein sehr unangenehmer Prozeß sein.

4. Wenn Sie anderen zu Gefallen sind, fühlen Sie sich gut. Als Kinder lernten wir, daß "gut sein" hieß, Mama und Papa zu gefallen. Heute werden wir von vielen symbolischen Mamas und Papas manipuliert. Dies hält die "Helfer" und "Anpasser" in Gang. Sie ziehen ihren Wert aus der Wertschätzung durch andere und daraus, was sie für diese tun können. Vor allem brauchen Sie es, gebraucht zu werden, und dies Verhalten gibt ihnen ihren Payoff.

5. Sie fühlen sich oft schuldig, wenn Sie sich durchsetzen. Um dieses Schuldgefühl zu umgehen, ist es manchmal leichter, sich "zu benehmen" als zu lernen, wie Sie diese ungesunde Schuld loswerden könnten. Wenn Sie sich schuldig fühlen, weil Sie sich durchgesetzt haben, dann liegt das daran, daß Sie nicht davon überzeugt sind, bestimmte Rechte zu haben. Die Belohnung liegt darin, die Scham darüber nicht empfinden zu müssen.

6. Solange Sie sich Ihre Eltern, Ihren Ehepartner oder andere Menschen, von denen Sie abhängig sind, zum Vorbild nehmen, brauchen Sie keine eigenen Entscheidungen zu treffen. Solange Sie denken, was diese denken, fühlen, was diese fühlen, brauchen Sie sich nicht an die harte Arbeit machen herauszufinden, was *Sie* denken und fühlen. Sie fühlen sich außerdem nicht für gemachte Fehler verantwortlich.

7. Abhängige sind lieber Geführte als Führer, denn sie gehen lieber den Weg des geringsten Widerstandes. Als Mitläufer kann man tun, was einem gesagt wird und Schwierigkeiten vermeiden. Dies ist einfacher, als all die Risiken einzugehen, die dazu gehören man selbst zu sein und sich der Angst vor dem Versagen zu stellen. Wie viele Leute haben etwas gegen Erfolgreiche, weil die sich herausgetraut haben und für den Erfolg Risiken auf sich genommen haben?

Das Gemeinsame aller Payoffs auf unserer Liste ist das Vermeiden persönlicher Verantwortung. Ver-antwortung bedeutet, sich selbst die Antworten zu geben. Viele Menschen vermeiden Verantwortung, weil sie unglücklicherweise nicht glauben, daß sie eigene Antworten haben. Der Grund liegt darin, daß die meisten einen großen Berg Scham mit sich herumtragen. Abhängigkeit ist unangenehm, denn sie reduziert Sie auf nur einen Teil einer ganzen, unabhängigen und furchtlosen Person. Dies ist vielleicht der einfachere Weg im Leben, aber auch der weniger befriedigende. Abhängige verzichten auf die Befriedigung, ihr Leben so zu gestalten, wie sie es wirklich wollen.

Die Wurzeln der Abhängigkeit

Liebesabhängigkeit entsteht aufgrund von Erfahrungen des Verlassenwerdens in der Kindheit. Der Grund für die starke Verleugnung dieser Erfahrungen liegt darin, daß Verlassenwerden in vielen verschiedenen Formen auftritt, die vielfach nicht erkannt und verstanden werden.

Bevor ich auf einige Formen eingehe, möchte ich etwas Wichtiges klarstellen: Kinder benötigen Jahre, um ihren Verstand und ihre Denkfähigkeit zu entwickeln. Die früheste Art des Denkens sind die "Gefühls-Gedanken", wie John Bradshaw sie nennt. Kinder begreifen die Welt durch ihre Gefühlswirklichkeit. Damit sie wachsen, sich entwickeln und reifen können, müssen sie egozentrisch sein, sich selbst in den Mittelpunkt stellen. In ihrem selbstbezogenen Denken nehmen Kinder alles persönlich, auch wenn sie vernachlässigt oder verlassen werden. Bevor sie sieben oder acht Jahre alt sind (das Alter der einsetzenden Vernunft), fehlt ihnen die Fähigkeit, etwas logisch zu verstehen. Dies ist sehr wichtig für das Verständnis von Verlassenheitsthemen.

Es gibt drei Formen des Verlassenwerdens in der Kindheit: physisches, emotionales Verlassenwerden und Verlassenwerden durch Mißbrauch.

Physisches Verlassenwerden
Darunter versteht man im allgemeinen den Tod der Eltern, Verlassen der Familie, Scheidung, Adoption oder eine ernste Erkrankung der Eltern. Kinder werden aber auch verlassen, wenn Eltern ihnen, aus welchem Grund auch immer, nicht genügend Zeit widmen. Erinnern wir uns daran, daß ein Kind nicht logisch denkt und alles auf sich bezieht: Ganz gleich also, wie die Umstände sind, das Kind ist überzeugt, daß das, worauf die Eltern ihre Zeit verwenden, auch das ist, was sie lieben.

Die Eltern sind vielleicht arbeitssüchtig oder ständig beschäftigt. Es ist heute weitverbreitet, daß beide Elternteile arbeiten oder das Kind nur bei einem Elternteil lebt. Eltern haben also oft wenig Zeit. In großen Familien mit mehreren Kindern können die

Eltern sich häufig nicht genügend Zeit für jedes einzelne Kind nehmen.
Da Kinder egozentrisch sind, werden sie alle Situationen entsprechend interpretieren. Wenn Vater oder Mutter aus welchen Gründen auch immer nicht da sind, nehmen sie an, es sei ihretwegen.

Verlassenwerden durch Mißbrauch
Ich habe in Kap. 2 (Wissen Sie, wer Sie wirklich sind?) erklärt, daß wenn ein Kind mißbraucht wird, niemand für es da ist. Deshalb ist jeder Mißbrauch auch ein "Verlassenwerden".
  Kinder haben eine magische, nicht logische Art des Denkens. Aufgrund ihrer Ichbezogenheit machen sie sich selbst für den Mißbrauch durch ihre Bezugsperson, verantwortlich.
  Kleine Kinder hängen total von ihren Eltern ab, um überleben zu können. Sie sind nicht fähig, zu erkennen, daß ihre Eltern sich vielleicht gestört verhalten oder sie mißbrauchen. Sie denken vielmehr: "Ich muß irgendetwas falsch gemacht haben, sonst würden mich meine Eltern nicht so behandeln". Sie können es sich nicht leisten anders zu denken, denn das würde ihr Überleben gefährden. Dieses idealisierende Denken garantiert daher das Überleben.

Emotionales Verlassenwerden
Emotionales Verlassenwerden ist so verbreitet, daß ich ein ganzes Buch darüber schreiben könnte. In Kapitel 2 habe ich emotionales Verlassenwerden bereits im Zusammenhang mit narzisstischer Deprivation erwähnt. Es gibt noch eine weitere Form, die später, in der Beziehung zwischen Erwachsenen vernichtende Konsequenzen haben kann. Dieses Verlassenwerden tritt dann auf, wenn ein Elternteil das Kind in die Rolle des "emotionalen Ehepartners" drängt. In problematischen Ehen kommt es oft vor, daß ein Ehepartner oder beide eine unangemessene Bindung mit einem Kind eingehen. Ein Beispiel: Wenn Mutter sich über Vater ärgert und nicht den Mut hat, ihren Ärger offen gegen ihn zu richten, dann wird sie vielleicht nörgeln, weinen, sich beschweren und ihre Enttäuschung einem der Kinder mitteilen. Vielleicht fragt sie das Kind sogar um Rat.

Sie macht es damit zu ihrem Vertrauten und vermittelt dadurch dem Kind ein falsches Gefühl der Wichtigkeit.

Diese Art, ein Kind als gleichrangigen Partner zu behandeln (Mutters kleiner Kavalier, Vaters kleine Prinzessin) ist eine schwere Form des kindlichen Verlassenwerdens. Die Bedürfnisse der Eltern werden auf Kosten des Kindes erfüllt.

Die Fantasiebindung
Die von dem klinischen Psychologen Dr. Robert Firestone so benannte "Fantasiebindung" ist meines Erachtens der Kern des kindlichen Verlassenwerdens. Kinder, die emotional verlassen werden, haben Angst und emotionalen Hunger. Um damit fertig zu werden, entwickeln sie eine illusionäre Bindung an die Mutter. Diese unrealistische Verbindung nennt Firestone die "primäre Fantasiebindung". Er hält sie für die zentrale Abwehr der Realität. Da ihnen ihre Realität nicht zur Verfügung steht, geben sich die Kinder in starkem Maße selbst auf. Durch diese Selbst-aufgabe wird sich das Kind später als Erwachsener von abhängigen Beziehungen angezogen fühlen. Firestone benutzt den Begriff Bindung hier im Sinne der Einengung und Begrenzung. Er bedeutet nicht den positiven, fördernden Bindungsprozeß.

Die "Fantasiebindung", als Abwehr des emotionalen Verlassenwerdens, dient als Ersatz für die Liebe und Fürsorge, die in der Welt des Kindes fehlen. Sie hilft dem Kind, Angst und Schmerz zu lindern und eine Pseudounabhängigkeit zu entwickeln. Als Erwachsene sagen sie dann etwa: "Ich brauche niemanden. Ich kann selber für mich sorgen." Sie versuchen, völlig unabhängig und selbstgenügsam zu werden und nichts von der Welt da draußen zu brauchen. In Grunde ist das nur eine verfeinerte Abwehr gegen das emotionale Verlassenwerden.

Nach Firestone schützt diese Fantasiebindung auch vor der Realisation der eigenen Unsterblichkeit und dem schmerzlichen Bewußtwerdens unseres Getrenntseins. Deshalb werden Menschen abhängig. Sie klammern sich an Familienbindungen und Liebesfantasien und versuchen dadurch die Illusion der Verbindung, die sie so verzweifelt suchen, zu erhalten. In Liebesbeziehungen opfern sie ihre Freiheit und echte Intimität bei dem Versuch, mit einer anderen Person zu verschmelzen. Abhängige versuchen mit ihren Geliebten oder Ehepartnern durch Verschmelzung ein falsches Gefühl der Unsterblichkeit herzustellen. Doch sie hören da nicht auf. Sie versuchen oft auch mit ihren Kindern, ihrer Religion oder ihrem Land zu verschmelzen!

Abhängige versuchen, ihre Fantasiebindungen durch ihr Erwachsenenleben hindurch aufrechtzuerhalten. Sie aufzugeben würde bedeuten, daß sie echte Intimität erleben könnten - und "das würde ihrer frühen Realitätswahrnehmung widersprechen" (Firestone).

Bradshaw sagt: "Kinder idealisieren ihre Eltern durch die Fantasiebindung und geben deshalb die Wut, den Schmerz und die Scham ihres eigenen Verlassenwerdens an ihre Kinder weiter. Anstatt sie dahin zurückzugeben, wo sie hingehören, geben sie sie weiter."

Trauer - der Schlüssel zur Heilung Ihrer Verlassenheit

Zu Beginn dieses Kapitels hatte ich vier Schritte aufgezeigt, die zu gesunden, glücklichen Beziehungen führen. Zum dritten Schritt gehörte das Zulassen der Trauer über verlorene Beziehungen und über solche, die Sie fälschlicherweise für glücklich und gesund gehalten haben.

Trauer ist eine normale und natürliche Reaktion auf einen Verlust. Warum fällt es dann vielen Menschen so schwer, Trauer auszudrücken? Der Hauptgrund ist, daß sich die meisten Menschen gar nicht all der Verluste, die sie im Laufe des Lebens erlitten haben, bewußt sind. Sie werden verleugnet. Dies gilt besonders für Verluste in Beziehungen. Außerdem ist das Zeigen von Trauer in unserer Gesellschaft stark tabuisiert, so daß wir nicht gelernt haben, wie man trauert und wie man mit Verlusten umgeht. Statt dessen wird uns ständig beigebracht, wie man Dinge erwirbt und behält. Als Kinder lernen wir außerdem unsere Ausdrucksformen anhand des Modells unserer Bezugspersonen. Zur Trauer gehört gewöhnlich das Durchleben intensiven Schmerzes, und dies wird meist verborgen und privat gehalten.

Während unseres Heranwachsens haben wir gelernt, unsere Trauer zu unterdrücken. Deshalb tragen die meisten von uns umfangreiche, ungelöste Vorräte davon mit uns herum. Wir haben Angst, daß das Zulassen unserer Trauer uns überwältigen würde. Es ist ein Teil des menschlichen Wesens, Angst vor dem Zulassen von Gefühlen zu haben und doch müssen wir genau das tun, wenn wir unsere Erfahrungen des Verlassenwerdens heilen wollen. Wenn wir die Trauer über einen Verlust zulassen, wird dies häufig die über Jahrzehnte angesammelte Trauer freisetzen.

Sally, eine meiner Klientinnen, war zwanghaft gesellig, jedoch emotional isoliert. Ihre Freundschaften blieben oberflächlich, und sie hatte keine einzige enge Beziehung. Als eine ihrer Bekannten, Veronika, plötzlich starb, setzte das Sallys lebenslang angestaute Trauer frei. Sie brach zusammen, verlor dramatisch an Gewicht und mußte sich mehrere Wochen krankschreiben lassen. Veronikas Tod hatte sie mit ihrer angesammelten Trauer in Kontakt gebracht und ihr die "Erlaubnis" gegeben, sie auszudrücken.

Damit wir Beziehungsabhängigkeit heilen können, müssen wir uns erlauben, über die Verluste in unserer Kindheit zu trauern. Trauern hilft unsere Verlassenheit zu heilen, wenn wir
- uns genügend Zeit nehmen
- durch andere bestätigt werden
- von anderen, die uns nicht beschämen, unterstützt werden.

Wie Sie sehen, können wir nicht alleine trauern! Es ist allgemein anerkannt, daß wir durch Beziehungen wachsen. Trauer ist ein Wachstumsprozeß, auch wenn sie selten als solcher wahrgenommen wird. Wir können unsere Verluste als Chance zu persönlicher Heilung und größerem Wachstum betrachten. In diesem Licht gesehen hat der Schmerz des Trauerns viele positive Seiten - und er geht vorüber. In abhängigen Beziehungen zu bleiben, bedeutet dagegen ein Elend ohne Ende.

Eine kurze Zusammenfassung

Die meisten Menschen in abhängigen Beziehungen geben zu, daß sie ein Problem haben und sind daran interessiert, Fähigkeiten und Techniken zu lernen, mit denen sie ihre Beziehungen verbessern können. Wenn ich ihnen dann aber erkläre, daß die vier Schritte einen allmählichen Prozeß bedeuten und nicht nur eine schnelle Technik sind, überfliegen sie die ersten drei Schritte und bleiben schnell beim vierten hängen.

Schritt 1:
Der Beginn des Genesungsprozesses führt uns aus unserem Elend in unseren Schmerz, damit wir endlich geheilt werden können. Er ermöglicht uns, ehrlich mit uns selbst zu sein und der Wahrheit unserer Lebensumstände ins Gesicht zu sehen.

Schritt 2:
Während des Genesungsprozesses beginnen wir, unsere abhängigen Beziehungen anzunehmen, (uns über unsere Payoffs klar zu werden), anstatt daß unsere abhängigen Beziehungen uns unser Glück nehmen.

Schritt 3:
Zum Genesungsprozeß gehört das Loslassen und das Zulassen der Trauer über die Verluste, die wir in Beziehungen erlitten haben. Trauern bringt auch natürlicherweise den Porzeß des Vergebens in Gang, der für unsere Genesung wesentlich ist.

Schritt 4:
Wenn wir die ersten drei Schritte so gut es uns möglich ist, getan haben, *dann* sind wir soweit, die Fertigkeiten und Techniken zu lernen, die den Aufbau einer gesunden Beziehung ermöglichen.
(Diese werden im Kapitel 8, "Das Aufbauen von gesunden Beziehungen", näher erläutert.)

Holen Sie tief Luft ... und durch!

Sie haben nun die erste Hälfte des Buches gelesen und fühlen sich vielleicht durch die Informationen aufgewühlt. Es ist eine normale, gesunde Reaktion, sich in diesem Stadium von persönlichen Reaktionen auf Ihre Erkenntnisse überwältigt zu fühlen. Es zeigt nur, daß Sie in großem Maße ehrlich, offen und zu Veränderungen bereit sind.

Sie können den Genesungsprozeß nicht beginnen, bevor Sie nicht die Mauer der Verleugnung durchbrochen haben, die Sie um Ihr Leben aufgebaut hatten, um überleben zu können.
Wahrscheinlich werden Sie beim ersten Lesen nicht alle Informationen in den vorangegangenen Kapiteln aufnehmen können. Wenn Sie sie aber in verschiedenen Stadien Ihres Genesungsprozesses wieder lesen, werden Sie neue Erkenntnisse und Einsichten in Ihre persönliche Geschichte haben. Sehen Sie diese wachsende Einsicht als positives Zeichen: Sie sind auf dem Weg aus der Verleugnung, und das ist der erste Schritt in die Freiheit.

Viele Menschen, die sich zum ersten Mal über ihre Co-Abhängigkeit und ihr Suchtverhalten klar werden, fühlen sich wie ich an meinem ersten Tag in der Therapieeinrichtung: ...ein hoffnungsloser Fall! Hier steckenzubleiben und in Selbstmitleid zu versinken, führt jedoch zu nichts.

Es ist zu spät, in die "Mir-fehlt-doch-nichts,-mir-gehts-gut" Phase zurückzukehren. Es gibt nur einen Weg und der führt vorwärts. Wie ich schon in der Einleitung sagte: der einzige Ausweg ist der Weg hindurch.

Nachdem Sie jetzt Ihre Verleugnung ein wenig aufgegeben haben, hüten Sie sich vor der Falle der "Analyse-Lähmung". Raffen Sie sich auf und werden Sie aktiv. Handeln verringert die

Angst. Niemand kann Ihnen die nötigen Schritte abnehmen, aber Sie brauchen sie nicht allein tun.

Mein erster Sponsor sagte mir, nachdem wir stundenlang meine Probleme aufgelistet hatten: "Nun, Shirley, jetzt gibt es nichts weiter zu tun als: Tief Luft holen und - durch"!
Ihnen möchte ich hier die gleiche Wahl anbieten: Sie können entweder da bleiben, wo Sie jetzt sind, oder Sie können aktiv werden und sich selbst befreien!

Kapitel 5

Schlüssel zu Selbsterkenntnis und Selbstheilung

In meiner Praxis erlebe ich immer wieder, daß die schwierigste Frage für die meisten Menschen ist: "Wissen Sie, wer Sie wirklich sind?" und "Was wollen Sie wirklich?" In meinen Gruppen erzähle ich oft die folgende Parabel, um zu zeigen, warum es uns so schwerfällt, diese Fragen zu beantworten.

Finden Sie Ihre eigenen Farben

Es war einmal eine kleine braune Heuschrecke, namens Henry. Henry lebte auf einer Wiese mit vielen anderen Heuschrecken. Die Wiese bot viele Abenteuer. Da waren Bäume, Blumen, Insekten, fettes grünes Gras und viele verschiedene Pfade, die man gehen konnte. Jede Heuschrecke hatte ihren eigenen Pfad, auf dem sie entlanghüpfte, viele Dinge lernte und unterschiedliche Abenteuer bestand. Henry war noch jung und wußte nicht, was er mit seinem Leben anfangen wollte. So ließ er sich treiben. Eines Tages war er auf seinem Pfad unterwegs und kam in eine felsige, mit Unkraut überwucherte Gegend. Das Unkraut wuchs so stark, daß es das Gras zu ersticken drohte. Es gab zahlreiche Felsen und manche waren so groß, daß man einen Bulldozer gebraucht hätte, um sie von der Stelle zu bewegen. Henry wollte seinen Pfad schön und attraktiv haben. Er begann das Unkraut auszureißen und rollte einige kleinere Felsbrocken zur Seite.
Aber, einige Tage später, nach einem Unwetter, war das Unkraut erneut gewachsen und auch die Felsbrocken lagen wieder verstreut. Tag für Tag beschnitt er nun das Unkraut und schob die Felsen beiseite. Er arbeitete schwer, doch es war einfach

nicht zu schaffen. Abends war er völlig erschöpft und hatte Angst, daß er für immer hier bei dem Unkraut steckenbleiben und keine weiteren Abenteuer erleben würde.

Eines Tages, als er die Wiese betrachtete, sah er einen lässigen, grünen Grashüpfer auf dessen Pfad entlanghüpfen. Dieser Pfad sah viel besser aus als sein eigener. Es gab auf ihm weder Felsen noch Unkraut. Er war grün, gut gestaltet und mit herrlichen Blumen bedeckt. Genau genommen sah der lässige, grüne Grashüpfer auch entschieden besser aus als Henry. Henry sah von der vielen Arbeit an seinem Pfad ziemlich schäbig aus. Ehrlich gesagt hatte er nicht viel Erfolg und wußte nicht, was er als nächstes tun sollte. Andererseits schien der grüne Grashüpfer voller Selbstvertrauen und Energie zu sein und genau zu wissen, wie er seinen Pfad in Ordnung halten konnte.

Anstatt also in seinem Chaos sitzen zu bleiben, fühlte sich Henry unwiderstehlich vom Pfad des lässigen, grünen Grashüpfers angezogen. Er hüpfte also hinüber und schloß sich dem grünen Grashüpfer an. Zunächst machte das neue Leben viel Spaß. Sein neuer Freund lehrte ihn viele neue Arten "besser zu werden" und gab Henry viele Aufgaben, die ihn beschäftigt hielten.

Mit der Zeit nahm Henry alle Gewohnheiten des grünen Grashüpfers an. Ja, er begann sogar, selber grün zu' werden. Doch nach einer Weile bekam er Heimweh nach seinem eigenen Pfad. Obwohl er von Unkraut überwuchert und voller Felsbrocken war, steckten doch seine Träume und Wünsche darin. Der Pfad des grünen Grashüpfers war wohl elegant und hübsch - aber er war einfach nicht Henrys Stil. Außerdem fand es Henry schwierig, grün zu sein.

Er verabschiedete sich also von dem grünen Grashüpfer und kehrte zu seinem eigenen Pfad zurück. Dort angekommen, sah er, daß das Unkraut mächtig gewachsen war und das Gras erstickt hatte, weil niemand dagewesen war, es zu pflegen. Traurig setzte er sich nieder und betrachtete das Chaos. "Was soll ich bloß tun?", sprach er zu sich selbst.

Es wurde ihm klar, daß das Unkraut den Pfad vollständig überwuchern würde. Diesmal war es nicht damit getan, das Unkraut zurückzuschneiden. Er mußte vielmehr tief graben und es mitsamt den Wurzeln ausreißen. Dies tat er dann auch voll Eifer und fand, daß es ihm sogar Spaß machte. Dann bewässerte er den Pfad regelmäßig, um das Gras wiederzubeleben, und auf die kahlen Stellen streute er Dünger. Während er so an seinem Pfad arbeitete, merkte er, daß er eine Menge Energie hatte und zum ersten Mal, seit langer Zeit, fühlte er sich gut. Er sah nicht mehr heruntergekommen aus, denn er hatte die Energie und nahm sich die Zeit, um sich zu pflegen. Sein Braun hatte bald die schönste Schattierung, die er je an sich gesehen hatte.

Während er sich weiterhin auf seinen Pfad konzentrierte, merkte er mit Entzücken, daß seine Kreativität blühte. Er hatte viele neue Ideen und als er sie verfolgte, fand er, daß sie die Grundlage für ganz neue Wünsche bildeten. Bald war auch sein Pfad frei, grün und schön gestaltet, voll mit einer leuchtenden Blumenpracht. Er erkannte, daß wenn er auf seinen Pfad konzentriert blieb und aktiv wurde, er sich alle seine Wünsche erfüllen konnte.

Hin und wieder, wenn er abermals Unkraut und Felsbrocken auf seinem Pfad fand, kam er in Versuchung, sie zu ignorieren und auf einen anderen Pfad zu wechseln. Doch dann erinnerte er sich an einen Rat, den ihm der grüne Grashüpfer gegeben hatte: "Wenn das Gras auf der anderen Seite des Zaunes grüner aussieht, dann wässere deinen eigenen Rasen".

Henry befolgte diesen Rat, blieb auf seinem Pfad und verwirklichte seine Träume.

Bedürfnisse, Wünsche und Sehnsüchte

Wie Henry, so wissen auch viele von uns nicht, wer wir wirklich sind oder was wir wollen. Wir zweifeln an unseren Fähigkeiten und suchen die einfacheren Wege im Leben. Wie oft sind Sie schon auf fremden Pfaden gegangen oder waren ein Chamäleon, haben sich selbst oder Ihre Umstände verändert, um die Anerkennung anderer zu gewinnen? Wie oft haben Sie schon Ihre eigenen Sehnsüchte verleugnet, weil Sie sich im Zweifelsfall nicht zutrauten, sie zu erfüllen? Haben Sie stattdessen den Pfad eines anderen verfolgt?

Kein Wunder, daß wir so verwirrt sind und nicht wissen, wer wir sind und was wir uns wirklich wünschen. Der Schlüssel zur Selbstfindung und Genesung liegt auf unserem eigenen Pfad. Wir müssen uns auf uns selbst konzentrieren und den eigenen Rasen wässern (die eigenen Bedürfnisse erfüllen).

Ich habe weiter oben erwähnt, daß für viele Menschen die schwierigste Frage heißt: "Was wollen Sie wirklich?" Ich glaube, der Grund für unsere Unfähigkeit, diese Frage zu beantworten, liegt darin, daß wir nicht zwischen unseren Bedürfnissen, unseren Wünschen und unseren Sehnsüchten unterscheiden können. Ich sehe dafür drei Ursachen:

1. Unsere Kindheitsbedürfnisse und -wünsche sind in unterschiedlichem Maße nicht erfüllt worden. Dadurch bleiben wir unbewußt in der Überlebensangst: (z.B."Wenn du mich verläßt, sterbe ich").

2. Wir haben in den verschiedenen Entwicklungsphasen unserer Kindheit nicht gelernt, wie wir unsere Bedürfnisse, Wünsche und Sehnsüchte selbst erfüllen können, geschweige denn, wie wir als Erwachsene ihre Erfüllung aushandeln könnten.

3. Unsere Bedürfnisse, Wünsche und Sehnsüchte sind oft schambesetzt. Weil wir in der Kindheit oft für diese beschämt worden sind, werden wir starr, glauben nicht daran, ein Recht auf unsere Bedürfnisse, Wünsche und Sehnsüchte zu haben oder andere um Hilfe zu ihrer Erfüllung bitten zu dürfen.

Bedürfnisse

Unsere Grundbedürfnisse sind die nach Nahrung, Kleidung, Unterkunft und medizinischer Versorgung. Außerdem haben wir noch sexuelle, finanzielle und emotionale Bedürfnisse sowie das Bedürfnis nach physischer und emotionaler Zuwendung. Die Befriedigung dieser Grundbedürfnisse vermittelt uns die Erfahrung von Sicherheit, Anerkennung und Bestätigung.

Während unseres Lebens brauchen wir zusätzlich:
- Anleitung - lernen, "wie" man etwas macht.

- Anregung - Veränderung, Herausforderung, Neugier und Spaß. Ohne das stagnieren wir.
- Selbstverwirklichung - das Entwickeln unserer eigenen Identität, Individualität und Kreativität
- Selbstannahme - das Gefühl von Selbstwert und Selbstachtung. Pia Mellody definiert Selbstwert als "die innere Erfahrung der eigenen Kostbarkeit".
- Spiritualität - das Gefühl der Zugehörigkeit und Verbindung zum Leben als Ganzem. Spirituell zu sein bedeutet, mit seinem innersten Kern in Kontakt zu sein, offen zu sein für neue Möglichkeiten und Wunder.

Das Maß, in dem unsere Kindheitsbedürfnisse nicht befriedigt wurden, spiegelt sich später in dem Ausmaß wider, in dem wir uns als Erwachsene unsicher und ängstlich fühlen. Da den meisten von uns nicht gezeigt wurde, wie wir unsere Bedürfnisse befriedigen können, erwarten wir es von anderen. Dadurch verstärken wir jedoch nur die latente Lebensangst. Das unersättliche "Kind" in uns fühlt, daß es niemals genug bekommen wird. Deshalb verdecken wir unsere Angst mit vielen falschen Bedürfnissen.

Zu Beginn meiner Genesung, besuchte ich Kurse, um mein Selbstwertgefühl zu stärken und zu lernen, um etwas für mich selbst zu bitten. Wir sollten eine Liste der Dinge schreiben, die wir wollten. Sie sollte alle Bereiche unseres Lebens betreffen. Als ich nun die Erlaubnis hatte, endlich einmal alles auszudrücken, konnte ich nicht mehr aufhören. Ich füllte Seite um Seite mit all meinen Wünschen - von materiellem Besitz, den Mann, den ich wollte bis hin wie mein Körper aussehen sollte. Mein bedürftiges "inneres Kind" war völlig außer Rand und Band geraten. Später wurde mir klar, daß es gut war, herauszufinden was ich wollte und es mir zu erlauben, daß ich jedoch keine Ahnung davon hatte, was meine Bedürfnisse waren - oder wie ich sie befriedigen könnte.

Wünsche
Wenn unsere Wünsche erfüllt werden erleben wir Freude. Herauszufinden, woraus unsere Wünsche bestehen, ist ein Prozeß. Sie müssen innehalten und darüber nachdenken. Horchen Sie auf Ihre Gefühle. Bedenken Sie die Verantwortung, die damit verbunden ist. Wenn Sie nicht wissen, was Sie wollen, beginnnen Sie mit einer Vermutung. Dann machen Sie sich an die Verwirklichung. Wenn alles gut läuft, ohne große Anstrengungen, ohne Kampf und Sie mit dem Ergebnis zufrieden sind, war dies wahrscheinlich einer Ihrer Wünsche. Wenn Sie aber eine negative Erfahrung machen, dann war es offenbar nicht wirklich Ihr Wunsch. Lassen Sie ihn los.

Sehnsüchte
Sehnsüchte enthalten mehr Leidenschaft als Bedürfnisse und Wünsche. Sie sind unsere Träume, unsere Ziele. Sie geben uns das Gefühl von Richtung. Unsere Sehnsüchte bestimmen die Qualität und den Sinn unseres Lebens. Sie brauchen länger, bis sie an die Oberfläche kommen und erfordern das Verhandeln mit anderen. Um Ihre Sehnsüchte kennenzulernen, halten Sie Ausschau nach Dingen, die Ihnen keine Angst machen. Um sich selbst darüber klarer zu werden, können Sie sich Fragen stellen, wie: "Möchte ich einen Partner oder möchte ich allein bleiben"? "Will ich Kinder? Wenn ja, wieviele"? "Wo will ich leben? Vielleicht in einem anderen Land"? "Welche Karriere möchte ich einschlagen"?

Schambindung
Ich habe bereits erklärt, daß wir, wenn wir als Kinder mißbraucht werden, die Scham unserer wichtigen Bezugspersonen übernehmen. Wenn wir für unsere Bedürfnisse, Wünsche und Sehnsüchte beschämt werden, dann bleibt die Scham mit ihnen verbunden, was zwei Folgen haben kann: einmal wird unser Unterbewußtsein uns nicht erlauben, sie zu erkennen. (Erinnern Sie sich: Scham heißt, nicht bloßgestellt zu werden. Deshalb bleiben unsere Bedürfnisse, Wünsche und Sehnsüchte versteckt und begraben.) Zum anderen, wenn wir

versuchen sie auszudrücken, haben wir einen "Schamanfall", der dann den Ausdruck unserer Bedürfnisse, Wünsche und Sehnsüchte verhindert.

Wenn uns klar wird, daß wir ein Recht auf unsere Bedürfnisse, Wünsche und Sehnsüchte haben, vermindert dies immer die Scham. Zuerst müssen Sie herausfinden, wo Ihre Schambindungen liegen. Versuchen Sie z.B. laut zu sagen: "Ich habe das Recht zu essen". oder "Ich habe das Recht, meine Zähne richten zu lassen". oder "Ich habe das Recht auf eine Umarmung". "Ich habe das Recht auf eine sexuelle Beziehung und darauf, meinen Partner um die Erfüllung meiner Wünsche zu bitten". "Ich habe das Recht, ein teures Auto zu fahren". "Ich habe das Recht auf einen Urlaub" usw. Vielleicht brauchen Sie dazu Unterstützung.

Zusammenfassung
Der Unterschied zwischen Bedürfnissen, Wünschen und Sehnsüchten könnte so deutlicher werden: Sie *brauchen* Nahrung, um zu überleben. Sie *möchten etwas e*ssen, das gut schmeckt, und Sie haben *Lust* auf ein Feinschmeckergericht.

- wenn wir etwas *brauchen*, ist damit mehr Opfer verbunden
- wenn wir etwas *möchten,* ist weniger Opfer damit verbunden
- wenn wir uns nach etwas *sehnen,* ist kein Opfer damit verbunden
- *Bedürfnisse* basieren auf Angst und beinhalten einen empfundenen Mangel
- Wenn wir uns unsere *Wünsche* erfüllen, fühlen wir uns gut.
- Die *Sehnsucht* entzündet unsere Leidenschaft.

Wenn wir einen Mangel empfinden, blicken wir rückwärts und kämpfen ums Überleben. Wenn wir uns etwas wünschen, sind wir mehr in der Gegenwart, können aber auch zurückschauen. Wenn wir uns nach etwas sehnen, dann können wir gleichzeitig nach vorne schauen, zurückblicken und in der Gegenwart sein.
Um unsere Bedürfnisse, Wünsche und Sehnsüchte kennenzulernen, müssen wir uns nach innen wenden. Wir müssen

lernen, mit unserem inneren Informationssystem Verbindung aufzunehmen. Dann müssen wir uns nach außen wenden und Hilfe suchen, um zu lernen, wie wir die Bedürfnisse befriedigen können, die wir in unserer Kindheit nicht ausdrücken durften. Wir müssen auch lernen, die Erfüllung unserer Wünsche und Sehnsüchte auszuhandeln und andere um emotionale Zuwendung zu bitten.

Sich nach innen wenden - Genesung beginnt mit Entdeckung

Indem wir uns nach innen wenden und unser wahres Selbst entdecken, beginnen wir den Prozeß der Selbsterkenntnis und Selbstheilung. Wir erkennen, daß wir uns die Liebe, Sicherheit und Gelassenheit, die wir bisher außen gesucht haben, selbst geben können.

Durch meinen eigenen Genesungsprozeß und die Arbeit mit vielen Patienten und Studenten, habe ich eine sehr effektive und kreative Methode des Nachinnengehens entdeckt.

Heute wird viel über die Notwendigkeit geschrieben, das "Kind in uns" zu heilen. Ich habe festgestellt, daß wir eine ganze "innere Familie" mit uns herumtragen. Sie besteht aus einem Kind, einem Jugendlichen, einem Erwachsenen, einem gesunden Elternpaar und einem gestörten Elternpaar.

Während unseres Heranwachsens haben wir verschiedene Aspekte unserer Eltern, Lehrer, Vorbilder und der vielen anderen Personen, mit denen wir in näheren Kontakt kamen, als Verhaltensmodelle übernommen. Aus unseren Entwicklungsstufen, unseren Wahrnehmungen und den wichtigsten Personen, die uns bestärkt oder eingeengt haben, haben sich die inneren Familienmitglieder gebildet.

Die glückliche, gesunde Familie, nach der wir uns immer gesehnt haben, lebt in uns. Indem wir die inneren Familienmitglieder entdecken und herausfinden, wie sie kooperieren können, können wir unser wahres Selbst finden und unsere Bedürfnisse, Wünsche und Sehnsüchte definieren.

Die Arbeit mit der inneren Familie ist ein kreativer Weg, konzentriert und ausgeglichen nach innen zu gehen. Wenn Sie lernen, die einzelnen Mitglieder zu identifizieren - das Kind, den Jugendlichen, den Erwachsenen, die gesunden Eltern, die gestörten Eltern - wird sich deren Individualität zeigen. Jedes Familienmitglied hat seine eigenen Fähigkeiten, Eigenheiten und Wünsche.

Die Eigenschaften Ihrer inneren Familie

Das Kind
Das Kind ist Ihr kreativer, kostbarer und unschuldiger Teil. Das Kind versteht die Wichtigkeit von Spiel, ist spontan, ausdrucksstark und bewegt sich frei und mit Leichtigkeit. Wenn Sie spüren, daß Sie feststecken, ist es das Kind, das Ihnen helfen wird freizukommen. Ein Kind ist nicht perfekt, es macht Fehler und wächst an ihnen.

Der/die Jugendliche
Jugendliche werden oft nur negativ gesehen. Sie sind aber auch neugierig, abenteuerlustig, voller Enthusiasmus und Spaß. Manchmal haben Menschen, die sich im sexuellen Bereich als Versager erleben Mühe, ihren Jugendlichen zu finden, denn sie sind als Teenager beschämt worden. Der/die Jugendliche kann sich selbst annehmen, eigene Entscheidungen treffen, geht Dingen gern auf den Grund, ist risikofreudig und will lernen und Erfahrungen sammeln.

Der/die Erwachsene
Der /die Erwachsene ist gereift und fähig, die Eigenschaften des Kindes und des Jugendlichen positiv auszudrücken. Er/sie ist Beschützer, intellektuell, sicher, kann strukturieren, handelt verantwortlich, ist verläßlich und weiß, wie er/sie die eigenen Abhängigkeitsbedürnisse erfüllen kann.

Gestörte Eltern
Gestörte Eltern üben übertriebene Kontrolle aus. Sie sind die Stimmen in Ihrem Kopf, die Ihnen sagen, was Sie "sollten" und "müssen". Gestörte Eltern sind rechthaberisch, dominant, kritisch, vernachlässigend, verurteilend. Sie greifen an, befehlen, verlangen Perfektion und bringen das Kind und den Jugendlichen zum Scheitern. Gestörte Eltern glauben, alles zu wissen. Sie erkennen keine höhere Macht an und denken, sie seien Gott.

Nachdem ich etwa ein Jahr in meinem Genesungsprozeß war, sagte meine Sponsorin eines Tages zu mir: "Shirley, ich glaube, es geht Dir schon viel besser". Ich antwortete: "Ja, wirklich? Wieso?" Sie sagte: "Weil Du nicht mehr so viel "ich weiß" sagst." Ich lächelte und begriff, daß ich, indem ich die Idee aufgeben hatte, so viel zu "wissen", Platz geschaffen hatte, um ehrlicherweise mehr zu wissen. Ich hatte Platz für eine Vebindung zum Bereich spirituellen Wissens geschaffen. Diese Weisheit finden wir besonders bei den letzten Familienmitgliedern, den gesunden Eltern.

Gesunde Eltern
Diese Eltern respektieren Sie und andere. Sie geben Anleitung, sind geduldig und wissen, wie man Fürsorge und Liebe gibt. Sie wenden sich an eine höhere Macht um Führung und sind bereit, Weisheit zu empfangen und weiterzugeben. Gesunde Eltern leben im Gleichgewicht von intellektueller, emotionaler, physischer und spiritueller Wirklichkeit.

Wenn Sie zu jedem Mitglied Ihrer inneren Familie eine Beziehung herstellen, werden Sie die Talente und Stärken entdecken, die jedes Mitglied zu bieten hat. Sie werden auch die Ursachen für Ihren Ärger, Ihren Schmerz und Ihre Scham herausfinden und wo Sie genesen müssen. Es ist wichtig, zu lernen, *alle* Aspekte Ihrer selbst anzunehmen und zu lieben. Diejenigen, die Sie ablehnen, werden Ihr Leben bestimmen und Sie daran hindern, sich Ihre Bedürfnisse, Wünsche und Sehnsüchte zu erfüllen.

Ich gebe Ihnen ein Beispiel aus meinem eigenen Leben. Mich stießen immer Frauen ab, die schwach und hilflos erschienen.

Aufgrund meiner Familiengeschichte, fürchtete ich am meisten, von "jemandem" kontrolliert zu werden (sprich: von einem Mann). Ich fürchtete, in die Gewalt eines Stärkeren zu geraten, wenn ich meinem inneren Kind erlauben würde, Bedürftigkeit und Hilflosigkeit zu zeigen. Ich wollte stark und unabhängig sein und für mich selbst sorgen. Um dies zu erreichen, glaubte ich, daß ich alle Aspekte meiner selbst, die bedürftig erschienen, verleugnen mußte. Daher verhielt ich mich unbewußt so stark, daß ich gegenabhängig wurde. Ich verlor den Kontakt zu meiner Bedürftigkeit und Verletzlichkeit. Wenn ich diese Seiten von mir jedoch gelegentlich zuließ, fühlten sie sich natürlich und befriedigend an. Um mir selbst gegenüber ehrlich zu sein, mußte ich ihnen mehr Raum in meinem Leben zugestehen. Bis ich das tat, hatte ich immer die falschen Männer angezogen. Es waren gewöhnlich Schwächlinge, die erwarteten, daß ich alle Entscheidungen treffen würde.

Hier waren zwei verschiedene Dynamiken am Werk. Die erste: Indem ich nach außen ein übertriebenes Bild von Stärke und Unabhängigkeit präsentierte, zog ich, wie ein Magnet, die Männer an, denen diese Qualitäten fehlten, und die sie unbewußt in mir suchten. Die zweite Dynamik: Weil ich meine eigene Bedürftigkeit und Verletzlichkeit verneinte und sie nicht ausdrückte, projizierte ich sie auf meine Partner und verstärkte damit deren Bedürftigkeit und Verletzlichkeit.

Das Kennenlernen meiner inneren Familie half mir auch, meine natürliche Kreativität auf völlig neuen Gebieten zu entdecken und zu entwickeln. Mit dem Aufblühen meiner kreativen Seite, begann ich meine Süchte und zwanghaften Verhaltensweisen allmählich zu verlieren.

Wenn Sie Ihren inneren Familienmitgliedern erlauben, sich kooperativ auszudrücken, bewußte Entscheidungen zu treffen und zu Ihrem Leben beizutragen, werden Sie Erfüllung, Freude und Gelassenheit finden. Die wachsende Verbindung zu Ihrer inneren Familie wird Selbstliebe und Selbstannahme fördern.

Das Finden der inneren Familie
Es gibt verschiedene Arten, wie Sie Zugang zu Ihrer inneren Familie finden können. Eine wirksame Methode ist die Visualisierung:
Ziehen Sie sich dazu an einen ruhigen ungestörten Platz zurück. Schließen Sie die Augen, atmen Sie einige Male tief ein und aus, und fordern Sie jedes Familienmitglied auf, sich zu melden. Stellen Sie sich jede Person genau und deutlich vor - ihr Alter, die Haarfarbe, den Stil der Kleidung, die Umgebung. Dann sprechen Sie mit jedem Einzelnen. Fragen Sie sie, was sie denken und versuchen Sie, zu spüren, was sie wohl fühlen. Fragen Sie sie, ob sie Ihnen etwas mitteilen wollen. Gibt es Geheimnisse, die sie Ihnen anvertrauen wollen? Machen Sie deutlich, daß Sie sie gerne kennenlernen möchten, und daß jeder zu Ihrem Leben beitragen soll.

Wenn die Teilnehmer meiner Seminare diese Visualisierungsübung beendet haben, bitte ich sie, die Mitglieder ihrer inneren Familie zu zeichnen. Dabei sollen sie überlegen, welchen Stellenwert jede Person in ihrem Leben hat.

Eine andere Art, Kontakt mit der inneren Familie aufzunehmen, ist das Führen eines Tagebuchs. Sie können z.B. eine Frage an ein bestimmtes Familienmitglied aufschreiben und die Antwort durch das Schreiben mit der anderen Hand, erhalten.

Wenn Sie es anfangs schwierig finden, mit Visualisierungen, Zeichnungen und Dialogen zu arbeiten, brauchen Sie vielleicht die Hilfe eines Therapeuten oder könnten eine Kassette benutzen. Geben Sie auf jeden Fall nicht auf, denn Ausdauer bringt im allgemeinen den Erfolg.

Zuerst werden wahrscheinlich ein oder zwei Mitglieder Ihrer inneren Familie überhaupt nicht auftauchen. Dies hängt meistens mit traumatischen Erfahrungen und Mißbrauch in der Kindheit zusammen.

Sie sehen vielleicht Ihr inneres Kind besonders groß und deutlich, voller Eigensinn. Vielleicht hören Sie es weinen, - oder es verbirgt sich und sie spüren seine Angst.

Sie erleben vielleicht einen forschen Jugendlichen, ein scheues Mauerblümchen oder hören die Flüche eines rebellischen Teenagers.

Ihr Erwachsener erscheint vielleicht rigide und starr, mit übertriebenem Verantwortungsgefühl und wenig Fähigkeit zu Spontaneität. Vielleicht ist er/sie stark und genießt die Herausforderungen des Lebens, oder aber sagt: "Ich kann nicht mehr. Ich möchte mich am liebsten im Bett verkriechen."

Manchmal zeigen sich die gestörten Eltern in Form von Sätzen, meistens beschämenden und kritischen Bemerkungen. Sie sehen aber vielleicht auch ein großes, wütendes Gesicht, einen erhobenen Finger oder sie erleben sich als vollkommen allein und verlassen.

Die gesunden Eltern erscheinen eher als Symbole, als Blumen, Tiere oder Heiligengestalten. Wenn Sie Kontakt mit Ihren gesunden Eltern haben, "hören" Sie vielleicht die Antwort auf Ihre Frage oder erleben die Gegenwart eines Schutzengels.

Es kommt nicht darauf an, wie die Mitglieder Ihrer Familie sich zeigen. Wichtig ist, daß Sie Ihrem eigenen Prozeß vertrauen und ihm folgen. Wenn Sie regelmäßig mit Ihren Familienmitgliedern sprechen, sie sich vorstellen, zeichnen oder schreiben, werden diese für Sie immer deutlicher werden. Behandeln Sie sie als Freunde, und sie werden Ihnen Dinge enthüllen, die Sie vielleicht manchmal erstaunen, Ihnen aber immer helfen werden.

Regelmäßige Familientreffen

Es ist wichtig, regelmäßig Familientreffen abzuhalten. Sie helfen Ihnen, sich selber besser kennenzulernen und Ihre Bedürfnisse, Wünsche und Sehnsüchte zu erkennen. Es gibt verschiedene Möglichkeiten, solche Treffen zu gestalten. Wichtig dabei ist, daß Sie Ihre Kreativität und Vorstellungskraft einsetzen. Es muß keine großartige "Vorstellung" werden. Wenn Sie keine Zeit oder keinen geeigneten Ort für eine Visualisierungsübung haben, dann können Sie mit Ihren Familienmitgliedern unter der Dusche oder während des Autofahrens sprechen. Auch bei der Arbeit oder im Bus können Sie im Stillen mit ihnen reden.

Es geht um den Dialog mit dem inneren Selbst. Stellen Sie Ihre Frage und erlauben Sie der Antwort, zu Ihnen zu kommen. Versuchen Sie keine Zensur auszuüben und die Antwort nicht zu analysieren. Was Ihnen als erstes in den Sinn kommt, ist meistens die richtige Antwort für Sie.

Eine meiner Patientinnen, eine Rechtsanwältin, berichtete mir von einer sehr wirksamen Methode wie sie Familientreffen während der Arbeit abhielt. In der Anfangsphase ihres Genesungsprozesses wurde sie oft durch ihre Probleme von der Arbeit abgelenkt. Wenn das geschah, schloß sie die Tür zu ihrem Büro, setzte sich an ihren Schreibtisch und machte eine Liste ihrer inneren Familienmitglieder. Dann schloß sie die Augen und fragte jeden, was er wollte und was seine Probleme seien. Wenn sie dann die Antworten niedergeschrieben hatte und die Seite überblickte, konnte sie das Problem klar erkennen und wußte, wie die nächsten Schritte aussahen. Dieser ganze Prozeß dauerte höchstens fünf Minuten. Nach dieser "Konferenz" konnte sie wieder mit voller Konzentration an ihre Arbeit gehen, ohne das Gefühl zu haben, ihre persönlichen Bedürfnisse zu vernachlässigen.

Entwicklung von Zusammenarbeit und Gleichgewicht

Der nächste Schritt besteht darin, die Familienmitglieder zur Zusammenarbeit zu bewegen. Jedes hat seine eigene Ausdrucksweisen, Bedürfnisse, Wünsche und Sehnsüchte. Diese müssen in Einklang gebracht werden.

Wenn Sie die Bedürfnisse, Wünsche und Sehnsüchte ihrer Familienmitglieder vernachlässigen, dann finden diese andere - meist unangemessene oder sogar schädliche Wege, um Ihre Aufmerksamkeit zu erhalten. Wenn ich z.B. zu lange oder zu schwer arbeite und meinem Kind oder Jugendlichen keine Aufmerksamkeit und keine Ausdrucksmöglichkeit gebe, werden sie reagieren. Mein Kind wird vielleicht zuviel essen oder trinken, was meiner Gesundheit schadet und meine Jugendliche bekommt einen Strafzettel für überhöhte Geschwindigkeit.

Es ist möglich, diese unterschiedlichen Bedürfnissen in Übereinstimmung zu bringen. Man kann den Erwachsenen zum Kind und dem Jugendlichen sprechen lassen: "Wenn ihr noch die nächsten beiden Wochen durchhaltet bis ich dieses Projekt beendet habe, dann habe ich genug Geld verdient, daß wir zusammen Ferien machen können."

Eine andere Lösung ist, jedem Familienmitglied regelmäßig die Gelegenheit zu geben, sich auszudrücken. Das Kind darf im Park Fahrrad fahren oder am Strand spielen, der Jugendliche wird mit einem Kinobesuch oder einem Einkaufsbummel bei Laune gehalten, und der Erwachsene geht ins Theater oder mit Freunden zum Essen. Die gesunden Eltern bekommen die Möglichkeit, Anleitung und liebevolle Zuwendung zu geben.

Es ist wichtig, die Bedürfnisse, Wünsche und Sehnsüchte eines jeden Familienmitgliedes herauszufinden und dafür zu sorgen, daß sie in einer gesunden, harmonischen Art und Weise ausgedrückt werden können. Genauso wichtig ist es, ein Machtgleichgewicht zwischen den Familienmitgliedern zu erhalten. Dieses Gleichgewicht verändert sich mit Ihrem Alter, Ihrer Position und Ihren Aktivitäten. Wenn Sie 18 Jahre alt und ledig sind, wird Ihr Erwachsener sich anders ausdrücken als mit 35. Wenn Sie sich einen Tag in Disneyland gönnen, werden Sie Ihr Kind stärker in den Vordergrund lassen. Bei einem Einstellungsgespräch dagegen wird der Erwachsene stärker präsent sein.

Das Ziel im Genesungsprozeß ist es, stärker den ausgeglichenen, gesunden Erwachsenen und die gesunden Eltern zur Verfügung zu haben und nicht so sehr das Kind und den Jugendlichen. Deren Eigenschaften müssen aber immer noch verfügbar sein und durch den Erwachsenen ausgedrückt werden. Die Aufrechterhaltung dieses Gleichgewichts ist somit der Schlüssel zur Zusammenarbeit der Familienmitglieder.

In den ersten Jahren Ihres Genesungsprozesses ist es für Ihre Heilung wichtig, zu jedem Familienmitglied eine Beziehung zu aufzubauen. "Sie" werden Ihnen helfen, Ihr wirkliches Selbst wiederzuentdecken, Ihre Bedürfnisse, Wünsche und Sehnsüchte zu erkennen und zu erfüllen, und sie werden Ihre verzerrte Wahrnehmung mehr und mehr zurechtrücken. Während der Genesung werden Ihre Familienmitglieder immer stärker integriert. Sie werden vielleicht nicht mehr so oft mit Ihrem inneren Kind sprechen, aber Ihre Verletzlichkeit, Kreativität, Spontaneität und Einzigartigkeit werden Teil Ihres täglichen Lebens sein. Sie stellen dann vielleicht fest, daß Ihnen die Fähigkeiten der gesunden Eltern leicht zur Verfügung stehen und Sie gut und kompetent für sich sorgen können.

Ein Ziel zu haben, wirkt Wunder

Weil wir den Kontakt zu unserem wirklichen Selbst und unseren Bedürfnissen, Wünschen und Sehnsüchten verloren haben, haben viele von uns ihre eigenen Träume aufgegeben und dafür die von anderen übernommen. Wenn wir das tun, gehen wir ohne eigenes Ziel durchs Leben.

Ein Ziel ist eine allgemeine Aussage über Ihre Absichten. Es ist ein Ergebnis, das Sie erzielen wollen. Ich spreche hier nicht notwendigerweise über ein großes Lebensziel. Obwohl wir solche Ziele für einige unserer tiefsten Sehnsüchte haben, können wir genausogut Ziele für unsere Bedürfnisse und Wünsche haben. Als ich anfing, dieses Buch zu schreiben, definierte ich als erstes das Ziel, das ich mit dem Schreiben verband. Ich tue das gleiche, wenn ich ein Seminar halte, wenn ich eine andere Stelle annehmen will, umziehe, eine neue Beziehung anfange, oder zu einem Geschäftstermin gehe. Ohne klar definierte Ziele verzetteln wir uns und müssen uns mehr anstrengen.

Sich ein Ziel zu setzen, bündelt unsere Energie und verringert den Stress und die Mühe, die mit dem Erreichen des gewünschten Ergebnisses verbunden sind, erheblich. Um unsere Bedürfnisse, Wünsche und Sehnsüchte erfüllen zu können, müssen wir auf unser Ziel konzentriert bleiben. Es wird sogar gesagt, daß Genialität die Fähigkeit ist, konzentriert zu bleiben.

Wenn man sich konzentriert, ist man sich aller Dinge, die möglich oder nicht möglich sein könnten, bewußt. Man fragt sich: "Was will ich in meinem Leben zulassen und was nicht?" Wenn Sie Ihren Fokus verengen, können in diesem Augenblick nur einige wenige Dinge entstehen. Dies ermöglicht Ihnen, klar zu sehen und Ihre Schöpfungen zu genießen. Wenn Ihr Fokus zu breit ist, öffnen Sie sich zu vielen Möglichkeiten. Zu viele Sachen auf einmal anzupacken, führt zu Verzettelung, Verwirrung und Unzufriedenheit. Wenn Sie gar keinen Fokus haben, lassen Sie alles zu, das Positive, aber auch das Negative.

Zum Beispiel *wollten* Sie nicht, daß Ihr Partner sie verläßt oder bei Ihnen eingebrochen wird. Sie hatten sich aber auch nicht klar dafür entschieden, diese Dinge *nicht* zuzulassen (vielleicht erleben Sie sich oft als Opfer und haben vergessen, die Fenster zu verriegeln).

Was hält uns davon ab, unsere Energien zu konzentrieren? Wir haben Angst - *Angst davor, zu verlieren.* Wir haben Angst, etwas zu verpassen, wenn wir uns für eines entscheiden und nicht für ein anderes. Deshalb lassen wir alles zu.

Es ist ein sicherer Weg zu einem Fehlschlag, wenn unser Ziel größer ist als der Fokus, den wir halten können. Wenn Sie Schulden haben und arbeitslos sind, wäre es nicht sinnvoll, sich das Ziel zu setzen, innerhalb eines Jahres finanziell völlig unabhängig zu sein. Dieses Ziel hat solche Dimensionen, daß Sie es unmöglich in Ihrem derzeitigen Fokus halten könnten. Um Erfolg zu haben, ist es besser, mit kleineren Zielen zu beginnen. Dieses Ziel können Sie nur definieren, wenn Sie sich auf die Gegenwart konzentrieren und herausfinden, welche Bedürfnisse, Wünsche und Sehnsüchte Sie *jetzt* haben.

Ein sinnvolles Ziel könnte sein:
Sich selbst erhalten zu können und zunehmend unabhängiger zu werden.

Die angestrebten Ergebnisse könnten sein:
1.So schnell wie möglich eine Arbeit zu finden, die Ihnen erlaubt, den Aktivitäten nachzugehen, die Ihnen helfen, sich weiterzuentwickeln, (z.B. Besuch von Kursen, Sport, Meditation).

2. Schnell von staatlicher Hilfe unabhängig zu werden und die Schulden abzubauen. Dazu könnten Sie regelmäßige Raten zahlen, die Sie sich leisten können.

Um Ihr Ziel festzulegen, stellen Sie sich folgende Fragen:
1. Was sind meine Beweggründe und meine Absichten?
2. Warum will ich das erreichen?
3. Welche Ergebnisse will ich erzielen?

Diese Ergebnisse müssen nicht notwendigerweise materiell sein. Sie könnten auch sein: mehr Vertrauen zu erfahren, von anderen Unterstützung zu bekommen, mehr Spaß am Leben zu haben, sich in Beziehungen sicher zu fühlen oder in Beziehungen echte Zusammenarbeit zu erreichen.

Die Form Ihres angestrebten Ergebnisses kann sich während des Prozesses durchaus verändern. Wenn Ihnen Ihr Ziel klar ist, können Sie flexibel sein und trotzdem das gewünschte Ergebnis erreichen. Vor einigen Jahren schrieb ich ein Ziel für eine neue Karriere auf. Dazu gehörte auch das Schreiben eines Buches. Mein Ziel war, anderen Menschen dabei zu helfen, sich die Verwirklichung ihrer Wünsche zu erlauben und ihnen zu sagen, daß sie damit nicht allein stehen.

Drei Monate später arbeitete ich mit einem Berufsberater und es entstand eine großartige Idee für ein Buch. Ich fing an, daran zu arbeiten. Nach einem Jahr, kurz bevor ich nach Australien auswanderte, traf ich einen amerikanischen Verleger, den das Buch interessierte. Er machte mich mit meiner australischen Verlegerin bekannt. Sie wollte mein Buch herausbringen, sah es aber eher als eine Fortsetzung eines anderen, mehr einführenden Buches, - diesem. Also stellte ich meinen ursprünglichen Entwurf zurück und begann an "Wege in die Freiheit" zu arbeiten. Ich will damit sagen, daß obwohl dieses Buch sehr verschieden ist von meinem damaligen ersten Entwurf, ich trotzdem jeden Aspekt meines ursprünglichen Zieles verwirklichen konnte.

Wenn Sie beim Festlegen eines Zieles zu viele Worte machen oder zu sehr ins Detail gehen, beschränken Sie sich selbst zu sehr. Als ich das Buch plante, legte ich nicht fest, daß es "Wege in die Freiheit" heißen sollte oder daß es von einem bestimmten

Verleger oder in einem bestimmten Land herauskommen sollte. Ich konzentrierte mich stattdessen auf einige Ergebnisse, die ich für die Leser und für mich erreichen wollte.

Eine der Fallen in unserer auf schnelle Bedürfnisbefriedigung angelegte Gesellschaft liegt in der Haltung: "Ich will alles, - und zwar sofort!" Geduld ist eine Tugend, die wir kultivieren müssen. Sie setzt sich aus einem Ziel und Fokus zusammen. Geduld ist aber nicht nur eine Tugend, sondern hat auch eine praktische Seite. Ob Sie es glauben oder nicht, man kann sie schätzen lernen anstatt sie zu fürchten. Sehen Sie es einmal so: Zeit ist wie eine Markierung, die verhindert, daß alles auf einmal geschieht. Sie teilt das Geschehen in Abschnitte ein, die wir dann sehen, fühlen, wahrnehmen und voll ausschöpfen können. Wenn mehrere unserer Wünsche und Sehnsüchte auf einmal erfüllt würden, könnten wir keine wirklich genießen. Stellen Sie sich vor, Sie würden sich innerhalb einer Woche den lang ersehnten roten Sportwagen kaufen, außerdem nach fünfjähriger Wartezeit endlich befördert, die Firma schickt Sie ins Ausland, Ihre Verlobte will den Hochzeitstermin festsetzen und dem Makler ist es gelungen, Ihre Wohnung zu verkaufen. Das klingt zwar großartig und Sie wären bestimmt riesig froh, aber Sie wären kaum fähig, die Erfüllung Ihrer Wünsche wirklich würdigen und genießen zu können.

Das Ziel finden
Ein Ziel nimmt durch Handeln Gestalt an. Wenn Sie nicht handeln, werden Sie Ihr Ziel niemals verwirklichen. Ihre inneren Familienmitglieder können Ihnen dabei helfen, Ihr Ziel zu finden und sich darauf zu konzentrieren. Die folgende schriftliche Übung soll Sie dabei unterstützen:
Sie brauchen: Einen Kugelschreiber oder Bleistift, mindestens fünf Seiten liniertes Papier, einen gemütlichen, ruhigen Ort und etwa eine Stunde Zeit.

Vorgehensweise
Bevor Sie mit der Übung beginnen, lesen Sie bitte erst alle Schritte durch. Sie werden während dieser Übung zeitweilig die Augen schließen und mit jedem Ihrer Familienmitglieder sprechen. Wenn die Antworten kommen, schreiben Sie sie auf. Nehmen Sie für jedes Familienmitglied ein Extrablatt und schreiben Sie an den Rand: Kind, Jugendlicher, Erwachsener, gestörte Eltern, gesunde Eltern.

Erster Teil: Dazu gehören eine Visualisierungsübung mit geschlossenen Augen und etwas Schreibarbeit.

Setzen Sie sich bequem hin und halten Sie Papier und Bleistift bereit. Dann schließen Sie bitte die Augen und atmen tief ein und aus. Zählen Sie beim Einatmen bis acht, halten dann die Luft an und zählen beim Ausatmen wieder bis acht. Wiederholen Sie das, bis Sie sich entspannt, sicher und innerlich ruhig fühlen.

Rufen Sie jetzt jedes Ihrer Familienmitglieder auf und sprechen mit jedem einzeln. Fragen Sie sie, ob sie bereit sind, Ihnen die Wahrheit über ihre Wünsche und Gefühle zu sagen. Es ist sehr wichtig, sie um ihre Unterstützung zu bitten und ihnen zu versichern, daß Sie sie nicht verurteilen werden.

Fragen Sie jedes Mitglied, ob es bereit ist, mit allen anderen zusammenzuarbeiten.

Rufen Sie jetzt den Erwachsenen auf und stellen Sie ihm oder ihr die folgenden Fragen. Lassen Sie dabei die Augen geschlossen. Wenn Sie die Antworten erhalten, öffnen Sie die Augen und schreiben Sie sie auf. Lesen Sie dann die nächste Frage, schließen die Augen, atmen wieder tief ein und aus, stellen die Frage und warten auf die Antwort. Wenn Sie Ihrem Erwachsenen alle sieben Fragen gestellt und die Antworten notiert haben, fahren Sie mit dem Jugendlichen, dem Kind und den gesunden Eltern fort. Lesen Sie die aufgeschriebenen Antworten jetzt noch nicht durch.

Dies sind die sieben Fragen:
1. Was sind Deine Bedürfnisse, Wünsche und Sehnsüchte?
2. Was möchtest Du ausdrücken?
3. Wie sieht Dein Weg aus?

4. Welche Ergebnisse möchtest Du erzielen?
5. Warum willst Du das?
6. Wie trägst Du zum gemeinsamen Weg meiner inneren Familie bei?
7. Was ist Dein Ziel?

Zweiter Teil: Er besteht aus einer schriftlichen Übung.
1. Legen Sie jetzt die vier Blätter vor sich hin, und lesen Sie die Antworten durch.
2. Finden Sie die Gemeinsamkeiten der Familienmitglieder heraus.
3. Suchen Sie nach Wegen, wie die Familienmitglieder miteinander verhandeln und kooperieren können.
4. Nehmen Sie das fünfte Blatt Papier, und schreiben Sie ein Ziel auf, das Ihnen zur Zeit wichtig ist. Sie können auch mehrere Ziele für verschiedene Bereiche Ihres Lebens aufschreiben.

Dritter Teil: Visualisierungsübung mit geschlossenen Augen.
Es ist sehr wichtig, während dieser Übung konzentriert zu bleiben.
1. Schließen Sie die Augen und konzentrieren sich auf die Absicht, Ihre Ziele zu verwirklichen.
2. Machen Sie sich ein inneres Bild von der Verwirklichung Ihres Ziels oder finden Sie ein Symbol dafür.
3. Fühlen Sie die intensive Sehnsucht, die damit verbunden ist.
4. Lassen Sie jede Vorstellung darüber los, *wie* sich Ihr Ziel verwirklichen soll.
5. Erlauben Sie sich, offen zu sein und es anzunehmen.
6. Öffnen Sie dann Ihre Augen und bleiben Sie noch einige Minuten still sitzen, bevor Sie wieder ihre normale Tätigkeit aufnehmen.
Ich habe diese Übung häufig in meinen Seminaren eingesetzt. Sie wurde von den Teilnehmern immer als gutes und wirkungsvolles Werkzeug zur Konzentration und zur Festlegung eines Zieles erlebt. Sie alle haben Träume, Ziele und Dinge, die Sie gerne in Ihrem Leben verwirklichen wollen. Jeder Mensch ist kostbar, talentiert, kreativ und fähig, seine individuellen Fähigkeiten zu benutzen. Sie *können* einen befriedigenden Beruf,

einen Partner, materiellen Wohlstand, harmonische Beziehungen, Gelassenheit oder was sonst Sie sich wünschen mögen, haben. Glück und Erfüllung kommen von innen. Damit Sie sich Ihre Wünsche in der äußeren Welt erfüllen können, müssen Sie nach innen gehen. Ihre innere Familie wartet darauf, Ihnen zu helfen.

Kapitel 6

Sie müssen kein Jongleur sein, um Ihr Leben ins Gleichgewicht zu bringen

Ich glaube, der Schlüssel zu persönlicher Freiheit liegt darin, sein Leben ins Gleichgewicht zu bringen und dieses aufrechtzuerhalten. Auf dem Weg zu diesem begehrenswerten Zustand warten viele aufregende Abenteuer. Viele Patienten, die am Anfang ihres Genesungsprozesses von Co-Abhängigkeit oder anderen Süchten stehen, fürchten, daß ihr Leben jetzt langweilig würde. Oder sie sagen: "Es ist zu schwierig und zu kompliziert".

Ich kann Ihnen jedoch versichern, daß Sie, wenn Sie Ihren Genesungsprozeß aufrichtig und aktiv angehen, sich niemals wieder langweilen werden. Ich kann Ihnen nicht versprechen, daß Ihr Weg immer leicht sein wird, aber der Genesungsprozeß ist einfach. Und er funktioniert!

Es wird heute allgemein anerkannt, daß inneres Gleichgewicht für unser Wohlbefinden außerordentlich wichtig ist. Aber was ist dieses Gleichgewicht und wie kann man es erlangen?

Gleichgewicht ist ein Zustand der Ausgeglichenheit, des Ruhens im eigenen Zentrum, der Stabilität, der Harmonie und der Erfüllung. Die Energie des Gleichgewichts ist Liebe. Deshalb sehnen wir uns auch so sehr nach Liebe. Leider ist unser Verhalten, das dieser Sehnsucht nach Liebe entspringt, oft unausgeglichen. Ungleichgewicht ist ein Zustand der Instabilität, der Disharmonie, der Unsicherheit, extremer Verhaltensweisen, des Mangels an Erfüllung und Gleichgewicht.

Den meisten Menschen gelingt es nicht, in Ihrem Leben Gleichgewicht herzustellen, weil sie das Pferd von hinten aufzäumen. Der Weg zum Gleichgewicht führt von innen nach außen, nicht von außen nach innen.

Ich möchte das an einem Bild verdeutlichen:
Stellen Sie sich einen Jongleur im Zirkus vor. Es fasziniert uns, wie er mit verschiedenen Gegenständen jongliert, auf gespannten Seilen balanciert und auf dünnen Stäben gleich mehrere Teller

gleichzeitig rotieren läßt. Während er alles in Bewegung hält, scheint der Jongleur selbst über eine unwahrscheinliche Balance zu verfügen. Solange er sich schnell bewegt, kann er die Teller rotieren lassen. Dieser Jonglierakt dauert meist nur wenige Minuten und wenn er vorbei ist, applaudiert das Publikum, nicht nur aus Begeisterung, sondern auch aus Erleichterung.

Unsere Anstrengungen, ein erfülltes und ausgeglichenes Leben zu führen, gleichen manchmal einem solchen Jonglierakt. Im Unterschied zu dem Zirkusakrobaten, dehnen wir diesen Balanceakt jedoch oft über Jahre aus und erschöpfen uns dabei.

Warum tun wir das? Weil wir glauben, wir könnten andere beeindrucken und unserem Leben mehr Sinn geben, wenn wir so außerordentlich beschäftigt sind und mit so vielen Aufgaben und Menschen jonglieren können.

Unter diesem besessenen Jonglieren fühlen wir uns jedoch ungenügend. Einer meiner Lehrer sagte einmal zu mir: "Wenn Du denkst, Du genügst nicht ... dann bist Du schon zuviel".

Menschen, die das Gefühl haben, nicht zu genügen, glauben, daß sie dem abhelfen können, indem sie ständig mehr hinzufügen. Dadurch werden sie anderen oft zuviel. Wenn sie allein sind oder wenn es um sie herum still ist, bekommen sie Angst. Gedanken tauchen auf, wie: "Die anderen mögen mich nicht. Was denken sie über mich? Ich bin nicht gut genug. Was kann ich nur tun? Am besten jongliere ich noch ein paar Teller mehr".

"Jongleure" machen oft den Eindruck, ein erfülltes Leben zu führen. Zwanghaft füllen sie jeden Augenblick ihres Lebens, damit sie nicht allein sein und sich ihrer verzerrten und schmerzhaften Wirklichkeit stellen müssen.

Wenn wir auf diese Weise verbergen, wer wir wirklich sind, erzeugen wir Stress und Ungleichgewicht. Wir versuchen jedoch fälschlicherweise die Teller weiterhin zu jonglieren, ja fügen noch weitere hinzu '- auf der illusionären Suche nach Gleichgewicht. Stattdessen müßten wir aufhören, weitere Teller zu nehmen und unsere Gedanken und Gefühle überprüfen. Tun wir das nicht, wird der Streß immer größer werden, bis wir ausgebrannt und erschöpft sind, zusammenbrechen oder in die "Midlifekrise" kommen. An diesem Punkt angelangt, sind wir fast immer von unseren physischen Süchten ausgelaugt, leiden unter Depressionen und sind gereizt und negativ.

Dann suchen wir verzweifelt nach Abhilfe - und die Suche nach dem Sinn des Lebens beginnt. Wir wollen das Loch in unserem Inneren füllen und uns wieder ganz fühlen. Wenn wir religiös erzogen worden sind, finden wir vielleicht wieder auf diesen Weg zurück, oder wir beginnen, andere spirituelle Wege zu erforschen.

Die Suche nach dem Sinn beibt jedoch erfolglos, wenn Sie nicht zuvor Ihren "Eimer ausgeleert" haben (Ihre verzerrte Wirklichkeit erkannt und begonnen haben, sie zu heilen). Ohne dies reduziert sich die spirituelle Suche auf ein Ablenkungsmanöver, das ich den "Gottes-Fix" nenne. Die spirituelle Suche ist nicht die Lösung aller Probleme.

Wir können nur entdecken, wer wir sind und wie wir uns verwirklichen können, wenn wir alle vier Wirklichkeiten erforschen: die intellektuelle, die emotionale, die physische und die geistige Wirklichkeit, und lernen, sie ins Gleichgewicht zu bringen. Ein großer Lehrer sagte einmal: "Wir müssen in dieser Welt leben, doch nicht von ihr".

Das Gleichgewicht finden

Als Kinder lernten wir, unsere Wirklichkeit in uns zu verschließen und zu unterdrücken. Später haben wir sie dann ganz aus den Augen verloren. Wenn Sie in einem Umfeld aufgewachsen sind, in dem Sie Ihre Wirklichkeit nicht zeigen durften, dann müssen Sie heute als Erwachsener die Elternrolle für Ihr "inneres Kind" und Ihren "inneren Jugendlichen" übernehmen. Dies wird dadurch möglich, daß Sie die vier Wirklichkeiten ins Gleichgewicht bringen. Um dieses Gleichgewicht herstellen zu können, müssen Sie:

- sich Ihres eigenen Denkens und der Bedeutungen, die Sie Dingen geben, bewußt werden

- Ihre eigenen Gefühle kennenlernen (dazu gehört das Leeren des Eimers von all den Ängsten, die Sie daran hindern, das zu tun und zu bekommen, was Sie sich wirklich wünschen)
- auf Ihren Körper achten und lernen, ausgeglichen zu handeln
- Ihre Kreativität, Vorstellungskraft und Intuition entwickeln und eine Beziehung zu einer Höheren Macht herstellen.

Dies alles ist außerordentlich wichtig, wenn Sie ein Gefühl Ihres Selbsts entwickeln, ihre Bedürfnisse, Wünsche und Sehnsüchte entdecken und lernen wollen, inneres Gleichgewicht zu erreichen - von innen nach außen.

Wo fängt man an

Der Prozeß beginnt mit dem Überprüfen Ihrer negativen Gedanken, Haltungen und Überzeugungen und deren Ursprung.

Überzeugungen, Gedanken und Haltungen formen Ihre intellektuelle Wirklichkeit (Gedanken erschaffen Form). Aus unseren Gedanken, Überzeugungen und Haltungen entstehen Erfahrungen, die jene widerum verstärken. Weil so viele von uns unter verzerrtem Denken leiden, fällt es uns schwer, die Gedanken klar zu erkennen. Wenn Sie das bei sich feststellen, brauchen Sie sich nur Ihre Situation anzuschauen und sich die Frage zu stellen: "Wenn ich von dieser Situation ausgehe, was könnten die zugrundeliegenden Gedanken, Überzeugungen und Haltungen sein"? Haben Sie diese dann erkannt, nehmen Sie sie ehrlich an und schreiben Sie sie auf. Nun sind Sie bereit, ihnen mit Affirmationen (Bestätigungsformeln) entgegenzuwirken.

Unter Affirmationen versteht man positive Aussagen über Ihre Bedürfnisse, Wünsche, Sehnsüchte und Überzeugungen. Sie sollten die gleiche Satzstruktur haben, wie die entsprechenden negativen Aussagen.

Es gibt heute viel Information zu Affirmationen. Manche Menschen halten nichts von ihnen und behaupten, sie seien unwirksam. Das kann aber nur jemand behaupten, der die zugrundeliegenden Prinzipien nicht verstanden hat. Affirmationen wirken dann nicht positiv, wenn man sie aus der Perspektive der alten verzerrten Wirklichkeit heraus formuliert. In anderen Worten, wenn man eigentlich gar nicht weiß, was

man bestätigen will. Dann wählt man einfach ein paar Sätze aus, die gut klingen und los gehts. Das nenne ich "einen verdorbenen Kuchen neu dekorieren". Man versucht nur, die äußere Form zu verschönern. Affirmationen müssen individuell zugeschnitten sein. Sie bewirken zweierlei:
1. Sie wirken als Katalysator beim Aufrühren des "Schlamms" auf dem Boden Ihres "Eimers". In diesem Sinne repräsentieren die Affirmationen das saubere, klare Wasser (die Wahrheit über Sie selbst). Wenn Sie Affirmationen benutzen, gießen Sie frisches Wasser in Ihren Eimer. Dies bringt den Schlamm an die Oberfläche. Das ist der erste Schritt zur Genesung.
(Im nächsten Abschnitt werde ich eine Übung beschreiben, die Ihnen dabei hilft, den Eimer zu leeren und sich Ihren Ängsten zu stellen.)
2. Richtig formuliert, in dergleichen Satzstruktur wie die negative Aussage, helfen Ihnen die Affirmationen dabei, Ihre negativen Überzeugungen, Gedanken und Haltungen zu löschen und neue zu programmieren.
Ich will das an einem Beispiel zeigen. Hier sind einige weit verbreitete negative Gedanken und Überzeugungen:
- Ich bin dumm
- Ich habe nie genug Geld
- Ich bin ein Versager
- Mein Körper ist häßlich
- Ich erreiche nie, was ich will
- Männer sind nie für mich da
- Ich werde Frauen nie verstehen
- Liebe tut weh
- Ich bin nicht gut genug
- Die anderen lehnen mich ab, wenn ich ihnen sage, was ich wirklich will

Als Affirmationen neu geschrieben, würden diese Aussagen lauten:
- Ich bin klug
- Ich habe immer genügend Geld
- Ich bin erfolgreich

- Mein Körper ist schön
- Ich erreiche, was ich will
- Männer sind für mich erreichbar
- Ich verstehe Frauen
- Liebe heilt
- Ich bin gut genug
- Die anderen akzeptieren mich, wenn ich ihnen sage, was ich wirklich will.

Wenn Sie Ihre Gedanken durch ganz genaue, positive Affirmationen neu programmieren wollen, ist es wichtig, daß Sie diese *sehen* (indem Sie sie aufschreiben), sie *hören* (indem Sie sie laut aussprechen) und sie *fühlen* (indem Sie sie so oft wiederholen, bis sie sich stimmig anfühlen). Wiederholung ist ein wesentlicher Bestandteil des Programmierungsprozesses.

Je häufiger Sie die Affirmationen aussprechen und aufschreiben, desto näher werden Sie Ihrem geistigen Gleichgewicht kommen. Schreiben und sprechen Sie Ihre Affirmationen in der ersten, zweiten und dritten Person und fügen Sie jeweils Antworten hinzu. Notieren Sie die erste Antwort, die Ihnen einfällt, auch wenn sie Ihnen nicht sinnvoll erscheint. Diese Antwortspalte kann Ihnen Ihre negativen und verzerrten Gedanken bewußter machen. Machen Sie sich deswegen keine Vorwürfe, benutzen Sie sie stattdessen als Ausgangsmaterial für neue, lebensbejahende Affirmationen.

Affirmation	**Antwort**
1. Person	
Ich, Shirley, bin gut genug.	Nein, bin ich nicht.
Ich, Shirley, bin gut genug.	Und was ist mit all den Fehlern, die ich mache?
Ich, Shirley, bin gut genug.	Mag sein. Niemand ist vollkommen.

2. Person

Du, Shirley, bist gut genug.	Wer sagt das?
Du, Shirley, bist gut genug.	Ich hoffe, es merkt niemand, wie dumm ich bin.
Du, Shirley, bist gut genug.	Ich wollte, ich könnte es glauben.

3. Person

Shirley ist gut genug.	Auf jeden Fall bemühe ich mich.
Shirley ist gut genug.	Meinst Du wirklich?
Shirley ist gut genug.	Danke, ja, ich weiß.

Der heilenden und schöpferischen Kraft Ihres Geistes sind keine Grenzen gesetzt. Sie wird Ihnen immer, manchmal mit erschreckender Klarheit, all Ihre Gedanken, Haltungen und Überzeugungen präsentieren. Wenn Sie wirklich akzeptieren, daß Ihr Geist die Kraft hat, Ihre Situation zum Besseren zu verändern, werden Sie in der Lage sein, die Änderung Ihrer Haltungen ruhig anzugehen und mit Hilfe Ihrer Vorstellungskraft, neue Ideen zu etablieren.

Visionen, die Brücke zu einer besseren Zukunft

Wenn wir einmal die Kraft einer positiven Geisteshaltung kennengelernt haben, wird uns erregend klar, daß wir sie für die Erschaffung einer Vision benutzen können. Eine Vision ist ein geistiges Bild, das durch die Vorstellungskraft erschaffen wird und sich immer auf einen Zustand in der Zukunft bezieht, der jetzt noch nicht existiert. Mit unserer Vorstellungskraft halten wir Ideen fest und geben ihnen Inhalt. Eine Vision bildet die so wichtige Brücke zwischen unserer Gegenwart und der Zukunft.

Eine Vision wird durch unsere Bedürfnisse, Wünsche und Sehnsüchte inspiriert, durch unsere Vorstellungskraft und unsere Ziele geformt und durch Willenskraft, Hingabe, Ausdauer und Konzentration verwirklicht.

Wenn wir mit diesem Prozeß beginnen, müssen wir bereit sein, sowohl unsere Vergangenheit als auch unsere Zukunft zu umarmen. Umarmen bedeutet hier, sie willig anzunehmen und gefühlsmäßig zu akzeptieren. Wir umarmen in zwei Zusammenhängen, als Liebende oder als Ringer. Wenn wir unsere verzerrte Wahrnehmung heilen wollen, müssen wir uns fragen: "Kämpfen wir gegen die Fehler der Vergangenheit an oder wollen wir sie in Liebe annehmen? Sind wir dankbar für das, was wir aus ihnen lernen konnten? Haben sie uns angeregt, etwas Neues zu schaffen? Wenn wir unsere Vergangenheit nicht akzeptiert haben, haben wir sie auch noch nicht beendet. Mit der Vergangenheit abzuschließen, öffnet die Tür zu neuen Anfängen, so daß wir uns den zukünftigen Sehnsüchten widmen können.

Schreiben Sie es auf
Sobald Sie wissen, was Sie wollen, sollten Sie es aufschreiben. Wenn Sie das nicht tun, verheddern Sie sich in unnützen Einzelheiten, wie zum Beispiel: "Was soll ich tun? Wie kann das vor sich gehen? Wie kann ich das verwirklichen? Vielleicht, wenn ich versuche...". Mit anderen Worten, Sie werden davon besessen sein, *wie* alles geschehen wird. Diese Art zu denken, wird Ihnen nicht dabei helfen, Ihre Vision zu erfüllen, sondern

wird Sie steckenbleiben lassen. Deshalb müssen Sie Ihre Vision aus Ihrer Vorstellung herauslösen und aufschreiben.

Es geht, wenn Sie nur wollen
Nachdem Sie Ihre Intention aufgeschrieben haben, ist die nächste Stufe die, für die Verwirklichung Ihrer Vision *bereit zu sein*. Bereitschaft ist eine Haltung, in der man für jede Möglichkeit offen ist, ohne Beurteilung, Vorbehalt oder Ablehnung. Bereitschaft verlangt kein physisches Handeln, aber sie verlangt eine Haltungsänderung. Es gibt keine Übung, durch die man Bereitschaft erwerben kann. Man bekommt sie, indem man sie hat.

Es ist Zeit für Hingabe
Wenn Sie wissen, daß sie für die Verwirklichung Ihrer Vision bereit sind, ist es Zeit für Hingabe. Hingabe bedeutet nicht Pflicht oder etwas, das Sie einzwängt. Sie ist eine Haltung, die Ihre Fähigkeiten und all die Möglichkeiten hervorholt, die zur Verwirklichung Ihrer Vision notwendig sind. Hingabe gibt Ihnen Sicherheit, Freiheit und Lebensfreude. Wenn Ihre Kraft nachzulassen droht, bringt Hingabe sie zurück. Sie gibt Ihnen Selbstvertrauen und den festen Glauben daran, daß Ihre Vision so wichtig ist, daß Sie auch einen größeren Umweg in Kauf nehmen, um sie zu verwirklichen.

Ausdauer macht sich bezahlt
Eines scheint für die Verwirklichung einer Vision nötig zu sein, Disziplin. Die meisten nehmen Disziplin nicht wichtig genug und erreichen deshalb ihre Wünsche und Sehnsüchte nicht. Disziplin hat einen freudlosen Beigeschmack, denn die Disziplin unserer Kindheit war in den meisten Fällen ein Mißbrauch. Es gibt etwas Besseres, was wir zur Verwirklichung unserer Vision einsetzen können - und es ist einfach - *Ausdauer*. Ausdauer ist auch dann möglich, wenn es an Disziplin fehlt. Ausdauernd zu sein bedeutet, stetig weiter zu machen, besonders im Angesicht von Widerständen, fest und standhaft an einer Vision festzuhalten, trotz aller Hindernisse. Ausdauer reicht weiter als Glaube und Hoffnung. Sie macht einfach weiter, ganz gleich, was geschieht.

Manchmal, wenn ich niedergedrückt und mutlos war, ließ ich mich von den Worten des früheren US-Präsidenten Calvin Coolidge aufmuntern und inspirieren: "Nichts auf der Welt kann Ausdauer ersetzen. Nicht Talent - nichts ist häufiger als erfolglose Talente. Nicht Genie - das verkannte Genie ist sprichwörtlich. Nicht Bildung - die Welt ist voll von gebildeten Nichtstuern. Ausdauer und Zielstrebigkeit allein bringen Erfolg. Der Ausspruch: Weitermachen! hat bisher die Probleme der Menschheit gelöst und wird das auch weiterhin tun".

Worauf warten Sie noch?
Warum vermeiden wir unsere Visonen? Dafür gibt es viele Gründe:
1. Wir haben Angst zu versagen. Erinnern Sie sich, eine Vision ist etwas, was wir uns für die Zukunft erhoffen. Aufgrund der Beschränkungen unserer Vergangenheit, können wir uns nicht vorstellen, wie die Vision Wirklichkeit werden könnte. Deshalb versuchen wir es oft erst gar nicht.
2. Wir haben Angst vor dem Erfolg. Wenn alles in unserem Leben erfolgreich verlaufen würde, worüber würden wir dann mit unseren Freunden sprechen? Vielleicht befürchten wir, daß es auf dem Gipfel einsam und langweilig sein wird, oder daß wir unsere Freunde verlieren, wenn wir zu erfolgreich sind.
3. Wir haben Angst, durch unsere Vision festgelegt zu sein und die Freiheit zur Richtungsänderung zu verlieren.

Testen Sie Ihre Vision
Wie können Sie feststellen, ob eine Vision wirklich Ihre eigene ist oder ob Sie unbewußt die Ihrer Bezugsperson übernommen haben? Wollten Sie wirklich Arzt werden oder die sichere Stellung erreichen, in der Sie jetzt sind, - oder war das die Vision, die Ihre Eltern für Sie hatten? Wenn Ihre Vision folgende Eigenschaften hat, ist sie so gut wie sicher Ihre eigene:
1. Sie ist einfach (wenn auch nicht jeder Schritt dorthin leicht sein mag).
2. Sie ist leicht zu verstehen (Vision beeinhaltet auch Re-vision, das heißt, sie muß ständig den wechselnden Bedingungen angepaßt werden).

3. Sie ist eindeutig begehrenswert (Sie sind von ihr begeistert).
4. Sie erfüllt Sie mit Energie (auch wenn sie zeitweilig eine Herausforderung darstellt, werden Sie doch alles daransetzen, sie zu erreichen).

Entzünden Sie Ihre Vision
Eine Vision haben zu können, ist eine wunderbare Eigenschaft des Menschen, sie aber auch verwirklichen zu können, ist noch wunderbarer. Wenn Sie den Zündfunken für Ihre Vision nicht finden können, wird sie sich niemals verwirklichen. Was kann Ihre Vision entzünden und sie am Brennen halten? Leidenschaft! Leidenschaft ist die Energie, die intuitive Gefühle und Sehnsüchte in uns weckt, sie ist die Energie der Liebe. In unserer Gesellschaft wird Leidenschaft oft gleichbedeutend oder austauschbar mit Sexualität gesehen.

Leidenschaft unterscheidet sich von sexueller Energie. Sie ist ihr jedoch insofern ähnlich, als beides schöpferische Energien sind. Wenn wir für unsere Vision Leidenschaft empfinden, dann sind alle unsere Sinne wach und aufmerksam. In einem solchen Zustand ist es einfacher, uns auf die Vision zu konzentrieren. Leidenschaft entsteht, wenn Sie Ihren Gefühlen und Ihrer Intuition vertrauen und aus ihnen heraus leben. Wenn Sie Leidenschaft für Ihre Vision empfinden, fühlen Sie sich in jeder Zelle Ihres Körpers lebendig. Das ist ein großartiges Gefühl.

Die Geschenke unserer Gefühle

Wenn Sie noch nicht ganz verstehen, warum beim Co-Abhängigen die Gefühlswirklichkeit am meisten geschädigt ist, lesen Sie bitte den Abschnitt Gefühlswirklichkeit in Kapitel 3 noch einmal. Ohne unsere Gefühlswirklichkeit vollständig zur Verfügung zu haben, können wir nicht ausgeglichen sein. Wenn ich in meinen Seminaren die Grundgefühle aufzähle (Freude, Schmerz, Angst, Wut, Schuld, Lust und Scham), bitte ich die Teilnehmer, diejenigen zu kennzeichnen, die sie positiv bewerten. Die meisten nennen nur eins: Freude. Dann sage ich ihnen, daß alle unsere Gefühle einen positiven Sinn haben und jedes ein sein besonderes Geschenk für uns hat. Wir müssen lernen, mit unseren Gefühlen Freundschaft zu schließen, damit wir ihre Geschenke empfangen und ausgeglichene Menschen werden können. Freude gibt uns Heilung und Hoffnung. Wenn wir voller Freude sind, fühlen wir uns wohl und sind zuversichtlich.

Schmerz ermöglicht und Wachstum und Heilung. Schmerz bringt uns dazu, uns zu ändern, und Veränderung ist das einzig Konstante im Leben. Wenn wir uns nicht ändern und nicht wachsen, stagnieren wir und werden leblos. Um sich die Heilkraft des Schmerzes bewußt zu machen, denken Sie an den "guten Schmerz", den Sie unter den Händen eines Masseurs fühlen. Wenn er die verhärteten Muskeln bearbeitet, tut der Schmerz so gut, daß Sie nicht wollen, daß er aufhört, denn er ist eine Erlösung. Dasgleiche trifft für den emotionalen Schmerz zu. Obwohl unsere Bewertungen von Schmerz und Freude verschieden sind, ist doch das Gefühl an sich dasselbe. Man kann es z.B. als schmerzhafte Freude oder freudigen Schmerz erfahren.

Einsamkeit schenkt uns die Hinwendung zu anderen. Suchtprozesse machen einsam und isolieren die Menschen. Einsamkeit fühlt sich ähnlich an wie Schmerz. Sie ist aber nicht dasselbe wie Alleinsein. Sie hat ihre Wurzel in der Isolation. Oft benutzt man Fantasien als Ausweg aus der Einsamkeit und sie lindern den Schmerz. Wenn Sie das Geschenk der Einsamkeit annehmen und sich anderen zuwenden, können Sie wertvolle und lohnende Beziehungen finden und brauchen sich nicht auf Ihre Fantasien zu verlassen, um den Schmerz zu lindern.

Weisheit und Schutz sind die Gaben der Angst. Angst macht uns auf die Gefahren in unserer Umgebung aufmerksam. Viele Menschen setzen sich zum Ziel, all ihre Ängste zu beseitigen. Das wäre gar nicht sinnvoll. Wenn uns das Gefühl der Angst nicht zur Verfügung steht, verhalten wir uns vielleicht in einer Weise, die uns schaden könnte. Wir alle haben schon beobachtet, wie Menschen sich betrinken, ihre Hemmungen verlieren und törichte Dinge tun - z.B. Auto fahren oder in unbekannten Gewässern schwimmen. Dies hat oft schreckliche Folgen. Wir könen von unseren Ängsten viel lernen, wenn sie sich auch unangenehm anfühlen mögen. Wenn wir sie annehmen, erwerben wir große Weisheit.

Ärger verleiht uns Kraft, Ehre und Würde. Ärger ist ein starkes, energiespendendes Gefühl. Wenn wir Dinge vor uns herschieben, werden wir irgendwann ärgerlich auf uns selbst. Der gesunde Ärger bringt uns wieder in Bewegung. Wenn Sie verletzt oder gekränkt worden sind, wird der Ausdruck Ihres gesunden Ärgers Ihre Würde wiederherstellen. Ärger hilft uns, uns selbst zu respektieren. Leider würden sich die meisten Co-Abhängigen lieber ans Kreuz schlagen lassen und sterben, als ihren Ärger auszudrücken. So bleiben sie die Opfer, die es jedem recht machen wollen. In Zwölf-Schritte-Gruppen hörte ich dazu den Kommentar: "Steig vom Kreuz runter, wir brauchen das Holz".

Gesunde Schuldgefühle helfen uns, unsere Werte und unsere Integrität intakt zu halten. Sie halten uns dazu an, Dinge wiedergutzumachen, wenn das notwendig ist. Wenn wir durch unsere Handlungen unser eigenes Wertsystem verletzt haben, dann macht das nagende Schuldgefühl uns auf die Übertretung aufmerksam. Gesunde Schuldgefühle sind wie unser Gewissen und helfen uns, unsere Integrität zu bewahren.

Lust schenkt uns, im körperlichen Bereich, die Erhaltung unserer Art. Lust bezieht sich aber nicht nur auf unsere Sexualität. Lust ist die leidenschaftliche Gefühlsenergie unserer Sehnsücht. Sie ist eine Energie der Bewegung, die unseren Sehnsüchten Nahrung gibt und uns dabei hilft, sie zu verwirklichen. In diesem Sinne regt Lust auch unsere natürliche Kreativität an.

Scham gibt uns Verantwortlichkeit, Demut und Spiritualität. Wenn wir unsere gesunde Scham erfahren, sind wir bereit, die Wirkung unseres Handelns auf andere zu erkennen und zu akzeptieren. Gesunde Scham erinnert uns an unsere Fehlbarkeit und Fehler und gibt uns die Erlaubnis, menschlich zu sein. Sie gibt uns Demut, sagt uns, daß wir nicht Gott sind, daß wir Hilfe brauchen und daß wir Fehler machen dürfen und werden.

Einer der Schlüssel zu persönlicher Freiheit liegt darin, zu lernen, wie wir unsere gesunden Gefühle erkennen und ausdrücken können und wie wir uns denen stellen können, die unser Leben zu bestimmen scheinen.

Freunden Sie sich mit Ihren Gefühlen an
Wenn Sie sich nicht mit Ihren Gefühlen anfreunden, können Sie weder Ihre Gefühlswirklichkeit ins Gleichgewicht bringen, noch Ihre persönliche Freiheit erweitern.

Hier sind einige einfache Vorschläge, die Ihnen dabei helfen sollen:
- Wenn Sie Schmerz empfinden, lassen Sie ihn zu - vielleicht weinen Sie oder wollen mit jemandem darüber sprechen. Erlauben Sie anderen, Ihre Erfahrung zu bestätigen. Schauen Sie in Ihren Schmerz hinein und finden Sie heraus, welche Handlungen Ihnen helfen werden, sich zu verändern und zu wachsen.
- Wenn Sie sich einsam fühlen, raffen Sie sich dazu auf, hinauszugehen und Unterstützung zu suchen. Erlauben Sie sich, verletzlich zu sein und sagen Sie den Menschen, die Ihnen nahestehen, daß Sie einsam sind und gerne Gesellschaft hätten. Wenn Sie keinen festen Freundeskreis haben, könnten Sie vielleicht ein Zwölf-Schritte-Programm besuchen und dort über Ihre Einsamkeit sprechen. Bitten Sie mehrere Teilnehmer, zu denen Sie Zugang gefunden haben (vom gleichen Geschlecht) um ihre Telefonnummern.

- Wenn Sie sich ärgern, weil jemand Sie gekränkt hat oder eine Vereinbarung nicht einhält, sprechen Sie diese Person direkt darauf an.
- Co-Abhängige erzählen typischerweise allen möglichen Leuten von ihrem Ärger (außer der Person, über die sie sich ärgern). Wenn in Ihnen unterdrückter Ärger aus der Kindheit aufsteigt, erlauben Sie sich einen "kreativen Wutanfall". Schreien Sie oder schlagen Sie auf ein Kissen ein, werfen Sie sich aufs Bett und treten Sie wild in die Luft. Während Sie das tun, seien Sie sich darüber bewußt. daß Sie Ärger aus der Vergangenheit lösen.
- Wenn Sie sich schuldig fühlen, fragen Sie sich, ob Sie jemanden gekränkt haben und ihm Abbitte schulden (das schließt Sie selbst mit ein). Wenn Sie etwas getan haben, das außerhalb Ihres Wertesystems liegt, dann unternehmen Sie, was notwendig ist, um wieder auf Ihren Weg zu kommen. Wenn das alles nicht zutrifft, dann analysieren Sie nicht, *warum* Sie sich schuldig fühlen. Es ist wichtiger, zu erkennen, *wann* Sie sich schuldig fühlen. Dann müssen Sie etwas dagegen unternehmen. Wenn Sie Ihre Schuld nicht erkennen, wird das Ihre Co-Abhängigkeit verstärken und Sie für Süchte anfällig machen. Dasselbe trifft auch auf den Umgang mit Scham zu.
- Wenn Sie bei der Vorstellung eines Zieles oder eines Projekts gesunde Lust erleben, benutzen Sie diese als wirkungsvollen Katalysator für die Aktionen, die notwendig sind, um das angestrebte Ergebnis zu erzielen. Gesunde Lust bringt Sie auch in Kontakt mit Ihren Sehnsüchten.
- Wenn Sie Scham erleben, nehmen Sie sich die Zeit, eine Kassette mit Affirmationen zusammenzustellen, die der Scham entgegenwirken. Hören Sie sie täglich, bis Sie feststellen, daß die Schamattacken nachlassen. Scham fürchtet Bloßstellung. Deshalb müssen Sie mit einer anderen Person darüber sprechen, damit sie geheilt werden kann. Achten Sie darauf, sich dazu eine Person oder Gruppe auszusuchen, bei der Sie sicher sein können, daß Sie nicht verurteilt, sondern unterstützt werden.

Der fünfte Schritt im Zwölf-Schritte-Programm reduziert Scham. Weil giftige Scham so allumfassend und lähmend ist, brauchen Sie vielleicht die Hilfe eines Therapeuten, der Erfahrung in der Arbeit mit Scham hat.

Obwohl Scham und Angst ihre gesunden Aspekte haben, werden die meisten von uns von ihrer giftigen Scham und ihrer ungesunden Angst überwältigt und aus dem Gleichgewicht geworfen. Scham und Angst sind die Wurzeln unserer Unfähigkeit, unsere anderen Gefühle anzuerkennen und auszudrücken. Sie hindern uns auch daran, in unserem Leben das zu tun, was wir wirklich wollen.

Wie die Scham, so lähmt uns auch die Angst und hält uns gefangen. Um Freiheit erfahren zu können, müssen Sie Ihre Angst bewußt verstehen lernen. Dann werden Sie Ihre Angst nicht mehr Ihre Beziehungen, Ihre Karriere oder Ihre Finanzen bestimmen lassen. Es ist sehr wichtig, unsere Ängste und die von anderen auseinanderzuhalten. Oft sind die Ängste, die uns daran hindern, das zu tun oder zu haben, was wir wirklich wollen, von anderen übernommen oder konnten in der Kindheit nicht ausgedrückt werden. Wir mögen sie zwar sehr wirklich und intensiv erleben, doch stammen sie nicht aus unserer Erwachsenenrealität. Sie sind Reaktionen auf Vorfälle in unserer Kindheit, an denen wir immer noch unbewußt festhalten. Wenn Sie Ihre Ängste nicht erkennen, zugeben und annehmen, werden diese Sie überwältigen, einengen und Ihnen langsam alle Lebendigkeit nehmen.

Als mir am Anfang meines Genesungsprozesses jemand vorschlug, meine Ängste zu umarmen, klang das sehr gut. Leider hatte ich keine Ahnung, wie ich das anstellen sollte. Ich brauchte Jahre, es zu verstehen, zu lernen und zu üben. Das erste, was ich begreifen mußte, war, daß das Umarmen meiner Ängste bedeutete, die Liebe in ihnen begreifen zu lernen. In Kapitel 4, Abhängige Beziehungen, beschrieb ich Liebe als die Energie der Definition und des Gleichgewichts. Die Energie der Liebe in diesem Sinne einzusetzen, hat mir geholfen, Dinge klar zu definieren und sie - ohne Beurteilung - in einer ausgeglicheneren Perspektive zu betrachten. Wenn wir unsere Ängste annehmen, können sie uns Weisheit bringen, anstatt unser Leben zu kontrollieren. Die folgende Übung soll Ihnen dabei helfen.

Nehmen Sie Ihre Angst an

Was Sie brauchen:
Einen Stift und mehrere Blätter Papier, einen ungestörten Ort und etwa 30 Minuten Zeit.
(Nachdem Sie diese Übung mehrere Male gemacht haben, können Sie sie auch auf eine Kassette aufnehmen. Dann können Sie Ihre Augen die ganze Zeit geschlossen lassen. Achten Sie darauf, genügend lange Pausen einzubauen, damit Sie Zeit für Ihre Antworten haben.)

Vorgehensweise
Lesen Sie zuerst bitte alle Schritte genau durch. In einigen Teilen der Übung werden Sie die Augen schließen, auf die Antwort aus Ihrem Inneren horchen und sie dann aufschreiben.
Beginnen Sie die Übung, indem Sie die Augen schließen. Atmen Sie tief ein und zählen Sie dabei bis acht, halten dann den Atem an (ebenfalls bis acht), und atmen dann ebensolange aus. Wiederholen Sie dies, bis Sie sich entspannt, sicher und innerlich ruhig fühlen.
Dann denken Sie an eine Angst, die zur Zeit in Ihrem Leben eine Rolle spielt und die sich auf eine bestimmte Situation bezieht. Öffnen Sie die Augen und schreiben Sie sie auf.

Schritt eins
Machen Sie sich den Vorteil bewußt, der Ihnen aus dieser Angst entsteht. Nicht alle Ängste oder Situationen scheinen auf den ersten Blick ein positives Element zu haben. Wenn Sie jedoch genauer hinschauen, *gibt* es einen Aspekt, der Ihnen irgenwie nützt. Beachten Sie, wie die Angst Ihnen hilft, eine bestimmte Richtung einzuschlagen. Verurteilen Sie sich nicht. Vielleicht sieht es so aus, als gäbe es keine Alternative.
Stellen Sie sich nun die folgenden Fragen und schreiben Sie die Antworten auf. Wenn Sie die Frage gestellt haben, schließen Sie die Augen und konzentrieren sich auf die Antwort. Wenn Sie die Antwort erhalten haben, öffnen Sie Ihre Augen wieder und schreiben sie auf.

1. Wie erweist mir die Angst vor ... einen Dienst?
2. Wovor schützt sie mich? (Was sind die Payoffs?)
3. Welchen Vorteil habe ich, wenn ich mit Angst reagiere?
4. Gibt sie mir Macht über andere? Wenn ja, wie? (Oft ist es diese vermeintliche Macht, die wir uns unbewußt wünschen)

Schritt zwei

Die meisten unserer ungesunden Ängste sind Wiederholungen von Erlebnissen aus der Kindheit. In diesem Schritt können Sie in diese Zeit zurückgehen und sich an die Angst erinnern. Finden Sie eine Angst, die sich ähnlich anfühlt, wie die, die Sie jetzt haben. Schließen Sie die Augen und bitten Sie Ihr inneres Kind und Ihren Jugendlichen, Ihnen zur Seite zu stehen.
Gehen Sie genauso vor, wie in Schritt eins: Sie stellen die Frage, warten mit geschlossenen Augen auf die Antwort und schreiben diese dann auf.
1. Wann ist diese Angst zum ersten Mal aufgetreten?
2. Welchen Vorteil hatte ich damals davon?
3. Was waren meine wirklichen Sehnsüchte?
4. Betrachten Sie Ihre gegenwärtige Situation und fragen Sie sich selbst: "Bin ich noch dieselbe Person wie damals"?
5. Muß ich diese Angst heute immer noch haben?
6. Will ich mich immer noch von dieser Angst kontrollieren lassen?

Schritt drei

Als Erwachsener haben Sie jetzt mehr Wissen und Erfahrung als zu der Zeit, als Ihre Angst zum ersten Mal auftrat. Damals erschien Ihnen der Vorfall bedrohlich und Sie konnten vielleicht nicht mit ihm fertig werden. Heute ist er vielleicht nicht mehr bedrohlich, aber Sie tragen noch immer die *Reaktion auf ihn* mit sich herum. Sie wissen zwar heute, wie man mit einem solchen Vorfall umgehen könnte, doch jedesmal, wenn Sie damit konfrontiert werden, taucht die Angst wieder auf, *daß Sie es nicht schaffen werden.* Dies ist die zentrale Angst.
Nehmen wir ein Beispiel: Wenn Sie erkennen, daß Sie gerne andere Menschen kontrollieren, bedenken Sie die Möglichkeit, daß Sie Angst haben, von anderen kontrolliert zu werden. Wenn

Sie die anderen nicht kontrollieren, fühlen Sie sich dann hilflos, weil es so *aussieht,* als könnten andere Sie zu etwas zwingen? Schauen Sie sich die zentrale Angst an. Sie haben vielleicht Angst, zu etwas gezwungen zu werden, das Sie nicht tun möchten. Oder, vielleicht fürchten Sie nicht so sehr, von anderen kontrolliert zu werden als vielmehr, daß Sie anderen erlauben, Sie zu kontrollieren. Eines von beiden ist dann die zentrale Angst, die Sie annehmen müssen.

Das Annehmen der zentralen Ängste
Schreiben Sie einige Situationen auf, in denen Sie nicht von dieser Angst kontrolliert worden sind. Konzentrieren Sie sich jetzt auf Ihr heutiges Leben und stellen Sie sich folgende Fragen (so wie bei Schritt eins und zwei): Beschreiben Sie in Ihren Antworten, wie Sie sich heute verhalten würden.
1. Wenn ich diese vertraute Angst wieder erlebe, wie möchte ich heute damit umgehen?
2. Lasse ich zu, daß diese Angst mich kontrolliert? Wenn ja, was will ich unternehmen, um mich davon zu befreien?
3. Hat diese Angst mich in einer Weise geschützt, so daß sich meine wahren Sehnsüchte erfüllten oder hat sie mir Schmerz gebracht?
Finden Sie das Kernstück oder den Bodensatz jeder Angst, die Sie anschauen, heraus. Durch das Erkennen der zentralen Ängste werden Sie anfangen, aktiv die heutigen Ängste und die dazugehörigen Dramen, aus Ihrem Leben zu entfernen. Das ist ein gutes Zeichen! Erst wenn Sie die zentralen Ängste annehmen können, werden Sie fähig sein, nicht mehr auf die heutigen Ängste zu reagieren. Angst anzunehmen ist ein wichtiger Schlüssel zum Gleichgewicht.

Achten Sie auf Ihren Körper
Von unseren vier Wirklichkeiten - intellektuelle, emotionale, körperliche und geistige, ist die körperliche Wirklichkeit für uns die faßbarste. Durch unseren Körper drücken wir unsere Gedanken, Gefühle und Stimmungen aus. So gesehen ist der

Körper die äußere Ausdrucksform dieser zusammenhängenden Wirklichkeiten.

Unsere Süchte führen zu einer Verzerrung und einem Ungleichgewicht in unserer körperlichen Wirklichkeit. (Kapitel 7, *Nicht aufgeben, ... sich ergeben*) gibt Hinweise auf Möglichkeiten, mehr Gleichgewicht zu erreichen, wenn Sie süchtig sind.) Süchte mildern Stress und Schmerz. Anstatt jedoch unseren Körper als Instrument zu betrachten, das man von Streß und Schmerz befreien muß, können wir anfangen, ihn als Instrument zu sehen, durch das wir Energie, Freude und optimale Gesundheit ausdrücken können.

In den letzten Jahren hat die Definition von guter Gesundheit eine einschneidende Veränderung erfahren. Das alte Konzept von guter Gesundheit war die Abwesenheit von Krankheit. Heute wird gute Gesundheit hingegen mehr und mehr als unser angeborenes Recht betrachtet und als Zustand des Wohlbefindens definiert. Diese moderne Definition verlegt den Schwerpunkt von der heilenden auf die vorsorgende Medizin. Dadurch erlangen die ganzheitlichen Ansätze in der Medizin größere Beachtung und Anerkennung. In ihnen spielen Selbsthilfe wie Ernährung, körperliche Übungen und persönliche Vorsorgemaßnahmen eine große Rolle bei der Vermeidung von Krankheiten. Um unser körperliches Gleichgewicht zu erreichen, müssen wir täglich Prioritäten setzen: unser Tempo verlangsamen, regelmäßig Sport treiben, uns gesund ernähren und uns genügend Schlaf gönnen. Wenn wir es versäumen, in dieser Weise auf das Wohlbefinden unseres Körpers zu achten, müssen wir damit rechnen, daß sich unsere Gesundheit verschlechtert. Das beginnt mit kleinen Problemen wie Hautunreinheiten, Kopfschmerzen, Allergien, Verdauungsproblemen und anderen Beschwerden, für die die Ärzte nie eine Ursache finden können.

Im ganzheitlichen Ansatz ist es auch wichtig, daß wir uns aktiv an der Suche nach den Ursachen unserer Krankheit beteiligen. Viele von uns wurden in der Kindheit für das Stellen von Fragen beschämt und es wurde von uns erwartet, Autoritätspersonen für unfehlbar zu halten. Ärzte rangieren in unserer Gesellschaft hoch auf der Liste der Autoritätsfiguren, denn sie sind "Herr über Leben und Tod". Deshalb denken viele Menschen, sie hätten kein Recht darauf, ihrem Arzt Fragen zu stellen oder ihm Vorschläge zu machen. Wenn es um die Heilung unseres Körpers geht, ist es ganz wichtig, daß *wir*, gemeinsam mit unserem Arzt, die Verantwortung übernehmen. Wenn Sie zur Zeit bei jemandem in Behandlung sind, der dieser Sichtweise nicht offen gegenüber steht, würde ich Ihnen raten, den Arzt zu wechseln.

Es gibt inzwischen eine wachsende Anzahl wissenschaftlicher Untersuchungen, die den Zusammenhang zwischen der psychologischen Einstellung eines Menschen, seiner Fähigkeit, mit Streß fertigzuwerden und der Entstehung von Krebs aufzeigen. Dr. Carl Simonton, ein Arzt, der sich auf die ganzheitliche Behandlung von Krebs spezialisiert hat, ist der Ansicht, daß es eine "Krebspersönlichkeit" gibt. Ihre dominanten Eigenschaften sind: ein negatives Selbstbild, eine Tendenz zu Selbstmitleid und nachtragendem Verhalten, die Unfähigkeit, anderen zu vergeben und eine geringe Fähigkeit, tiefe und sinnvolle Beziehungen aufzubauen und aufrechtzuerhalten. (Beachten Sie die Ähnlichkeit mit der co-abhängigen Persönlichkeit). Dr. Simonton betont in seiner Arbeit, daß chronischer Streß das Immunsystem schwächt - das System, das die im Körper vorhandenen Krebszellen abtötet oder abwehrt. Er sagt: "Nicht die Krebszellen sind das Problem, sondern der Zusammenbruch der Fähigkeit des Körpers, mit ihnen fertig zu werden und sich von der Krankheit zu befreien."

Der verstorbene, bedeutende australische Psychiater Dr. Ainslie Meares betonte immer wieder, daß das Immunsystem bestimmt, ob sich Krebszellen entwickeln oder nicht. Er war auch der Meinung, daß das Immunsystem durch psychologische und geistige Prozesse beeinflußt werden könne.

Es wird allgemein anerkannt, daß das körperliche System nervöser, angespannter, deprimierter und gestresster Menschen, die unfähig sind, mit den Spannungen in ihrem Leben fertigzuwerden, einem starken Druck ausgesetzt ist. Dieser Druck kann zu Herzkrankheiten, Schlaganfällen oder Krebs führen. In seinem Buch, "Quantum Healing" unternimmt der

amerikanische Endokrinologe Dr. Deepak Chopra, M.D., eine faszinierende Entdeckungsreise in die Zusammenhänge zwischen Körper und Geist. Dr. Chopra macht deutlich, daß der menschliche Körper von einem intelligenten Energiesystem kontrolliert wird und daß hier das Potential für die "Quantum Heilung" liegt. Er schreibt:
"Quantum Heilung bewegt sich weg von äußeren, technischen Methoden hin zum tiefsten Kern des Körper-Geist-Systems. Dort beginnt der Heilungsprozeß... ein kleiner Teil, weniger als 1%, die an einer unheilbaren Krankheit erkranken, schafft es, sich selbst zu heilen. Ein größerer Teil, aber immer noch unter 5%, lebt länger als erwartet... Diese Ergebnisse beschränken sich nicht auf unheilbare Krankheiten...
Die erfolgreichen Patienten haben offenbar gelernt, ihre eigene Heilung in Gang zu setzen und die erfolgreichsten sind noch weiter gegangen. Sie haben das Geheimnis der Quantum Heilung entdeckt. Sie sind die Genies der Verbindung von Körper und Geist. Die moderne Wissenschaft ist nicht annähernd in der Lage, diese Heilungen nachzuahmen. Keine Behandlung, die auf Medikamenten oder Chirurgie beruht, kann zeitlich so abgestimmt, so wunderbar koordiniert, so sanft und so frei von Nebenwirkungen und Anstrengung sein, wie ihre."
(aus Quantum Healing, von Deepak Chopra, Bantam Books, New York)

Viele Fachleute sind der Meinung, daß Co-Abhängigkeit, wenn sie unbehandelt bleibt, zu körperlichen Krankheiten führt. Ich glaube das auch, doch möchte ich dies nicht als eine Verurteilung des Co-Abhängigen verstanden wissen. Eine solche Information ist für mich eher die Gelegenheit, die inneren Ursachen der Krankheit anzugehen und dadurch gute Gesundheit und ein längeres Leben zu erreichen.

Welcher Typ sind Sie?
Manchmal fühlen wir uns festgefahren oder körperlich nicht im Gleichgewicht. Das zieht gewöhnlich eine von zwei Verhaltensweisen nach sich: Hyperaktivität oder Apathie. In meinen Seminaren habe ich von vielen Teilnehmern gehört, daß sie nur

zwei Geschwindigkeiten kennen: entweder sie hetzen oder sie sind gelähmt. Beides verursacht Streß und Probleme und nimmt uns die Freude an den Dingen, die wir tun wollen. Wenn Sie fühlen, daß sie feststecken, denken Sie an das Motto: *Der Weg zu... ist der Weg durch...* Um ein ausgeglichenes Leben zu erreichen, müssen Sie Bewegung und Schönheit in Ihr Leben bringen. Wenn Sie sich das nächste Mal bedrückt, lethargisch oder überdreht fühlen, - *machen Sie sich Bewegung!* Es ist wichtig, daß Sie eine Bewegungsart finden, die zu Ihnen paßt, und daß Sie sich dazu eine schön gestaltete Umgebung schaffen. Wenn die blockierte Energie auf diese Weise wieder freigesetzt wird, wird Ihre natürliche Kreativität aufblühen. Damit werden auch Ihre Süchte und zwanghaften Verhaltensweisen langsam von Ihnen abfallen.

Bewegen Sie sich

Wenn Sie sich überreizt fühlen oder zu stark reagieren, versuchen Sie nicht, noch mehr aufzunehmen. Mit anderen Worten: Versuchen Sie nicht zu analysieren und fragen Sie auch niemanden um Rat. Ihr Gehirn wird eher mit einer Art Kurzschluß reagieren und Sie werden gar nichts mehr aufnehmen können. Wenn Sie sich andererseits träge und lustlos fühlen und unfähig, sich aufzuraffen, versuchen Sie, nicht in Fantasien oder ständige Analysen zu flüchten, etwas zu essen oder ein Beruhigungsmittel zu nehmen, um nichts mehr zu fühlen. Stattdessen ist es Zeit, sich zu bewegen. Ob Sie nun joggen, auf einem Trampolin springen, spazierengehen, Tennis spielen, ein Kissen verprügeln oder schwimmen gehen. Diese Aktivität kann 10 Minuten dauern oder mehr als eine Stunde. Hören Sie auf Ihren Körper! Er hat seine eigene Intelligenz und wird Sie wissen lassen, wann es genug ist. Diese körperliche Aktivität ist kein Selbstzweck, kein "Fix". Ich empfehle sie Ihnen nur als Mittel, das Ihnen auf dem Weg zum inneren Gleichgewicht helfen soll. Es wäre nicht angemessen, körperliche Aktivitäten dazu zu benutzen, sich von der Beschäftigung mit der Ursache Ihrer Probleme abzulenken. Körperliche Bewegung ist ein Weg, um Ihre blockierte Energie wieder in Fluß zu bringen, so daß Sie Ihre Probleme lösen und Ihr Freiheitsgefühl vergrößern können.

Wenn Sie einmal mit dem Lösen der blockierten Energie begonnen haben, wird Ihnen vieles klarwerden. Vielleicht müssen Sie eine Angst "umarmen", sich mit einem Mitglied Ihrer inneren Familie unterhalten oder mit übernommener Scham fertigwerden. Denken Sie daran: Handeln verringert Angst. Manchmal sind Ihre Probleme und Sorgen viel kleiner, als Sie Ihnen durch Ihre verzerrte Wirklichkeit erscheinen. Wenn Sie anfangen, sich zu bewegen, können Sie das oft klar erkennen.

Schönheit verhilft zu Gleichgewicht

Wir haben alle unseren eigenen Sinn für Schönheit und sind fähig, Schönheit um uns herum zu schaffen, ganz gleich, welche Mittel uns zur Verfügung stehen. Wir können unsere Zimmer, Häuser, Büros und Gärten verschönern. Schönheit inspiriert und muntert uns auf. Sie kann auf drei Ebenen erfahren werden - im Sehen, (visuell), Hören (auditiv) und Empfinden (kinesthetisch).

Visuelle Schönheit ist das, was wir sehen. Für manche Menschen verkörpert ein Wald Schönheit, andere ziehen das Meer oder die Stadt vor. Umgeben Sie sich mit Farben, die Sie lieben - an den Wänden, in Ihrer Kleidung oder Ihrem Auto.

Auditive Schönheit ist das, was wir hören. Für einige ist das Rock 'n Roll Musik, für andere sanfte, klassische Musik. Sie mögen vielleicht beides, zu unterschiedlichen Zeiten. Manche Menschen lieben die Stille, andere das Getriebe der Stadt.

Kinesthetische Schönheit bezeichnet das, was wir empfinden, innerlich oder äußerlich. Ein neuer Haarschnitt, ein Kleidungsstil, der *Ihnen* gefällt, statt der Mode zu folgen, können Ihnen ein gutes Gefühl geben. Um eine Umarmung bitten oder sich lang und genüßlich in einem Schaumbad zu entspannen, kann Ihnen das Gefühl von Schönheit vermitteln.

Beim Schreiben dieses Abschnittes kamen mir zwei frühere Patientinnen aus einer Therapiegruppe in den Sinn. Sie arbeiteten beide im gleichen Friseursalon. An einem besonders arbeitsreichen Tag kamen beide morgens unglücklich zur Arbeit. Die eine hatte sich am Abend zuvor mit ihrem Mann gestritten und steckte voller Angst, die andere fühlte sich apathisch und litt an allgemeinem Weltschmerz. Sie vertrauten sich einander an und da sie noch eine halbe Stunde Zeit hatten, beschlossen Sie, durch Bewegung und Schönheit, ihre Stimmung zu verbessern. In einem Hinterzimmer setzten sie die Kopfhörer ihrer Walkmans auf und bewegten sich zum Klang ihrer Lieblingsmusik. Die lethargische Frau machte langsame, fließende Tai-Chi ähnliche Bewegungen zu sanfter, meditativer Musik. Ihre angespannte Kollegin benutzte Discomusik und machte Aerobic. Beide fühlten, wie sich die angestaute Energie löste und sie beendeten mit einigen Minuten schweigender Reflektion. Danach konnten sie mit frischen Kräften an die Arbeit gehen. Wenn wir die Fähigkeit, auf unseren Körper und unsere Umgebung einzugehen, immer mehr verfeinern, kann sie uns eine große Hilfe auf der Suche nach unserem Gleichgewicht werden.

Das Wiederentdecken der Spiritualität

Die Genesung von Co-Abhängigkeit oder anderen Süchten beruht auf Spiritualität. Die Zwölf-Schritte-Programme, die die höchste Erfolgsrate bei der Behandlung von Süchten und zwanghaften, abhängigen Verhaltensweisen zeigen, haben ihre Wurzeln in der Spiritualität.

Ich unterscheide zwischen Spiritualität und Religion. Religion ist ein von Menschen entwickeltes Konzept mit festen Regeln und basiert auf der Bibel oder anderen religiösen Büchern. Religion ist voller Rituale und Zeremonien. Manchmal können

Rituale und Zeremonien uns zu spirituellen Erlebnissen verhelfen, aber sie sind nicht die einzige Möglichkeit, unsere Spiritualität zu erleben. Bill W., einer der Mitbegründer der Anonymen Alkoholiker hatte ein sehr starkes spirituelles Erlebnis während er im Krankenhaus war und rührte danach keinen Tropfen Alkohol mehr an.

Die Grundlage echter Spiritualität ist die Demut. Viele Menschen verwechseln Demut mit Demütigung. Dies ist der Hauptgrund für ihren Kampf mit ihrer Spiritualität. Demütig sein heißt, frei zu sein von falschem Stolz und Arroganz. Demut befreit uns auch von dem "besser als - schlechter als" Syndrom, das die eigentliche Ursache für das mangelnde Selbstwertgefühl des Co-Abhängigen ist. Im Buch der Anonymen Alkoholiker, "Die Zwölf Schritte und zwölf Traditionen", wird Demut beschrieben als ..."der Weg zur wahren Freiheit des menschlichen Geistes" und "der nährende Bestandteil, der uns Heiterkeit und Gelassenheit gibt." (Abdruck mit Genehmigung des AA World Services Inc. New York.).

Unsere gesunde Scham ist die psychologische Grundlage der Demut. Sie ist ein natürliches menschliches Gefühl. Wenn wir unsere gesunde Scham anerkennen, wird uns klar, daß wir nicht alle Antworten haben und daß wir manchmal Hilfe brauchen. Gesunde Scham erlaubt uns, menschlich zu sein und zu wissen, daß wir Fehler machen können und werden. Sie kommt zum Vorschein, wenn wir unsere Fehlbarkeit anerkennen und zulassen, daß auch andere sie sehen. Indem wir uns anderen zeigen, so wie wir wirklich sind, ob das nun bedeutet, unsere gesunde Scham zu zeigen oder unsere Stärken und Fähigkeiten, erleben wir unsere Spiritualität und fühlen uns mit dem Leben verbunden.

Entdecken Sie Ihre Höhere Macht

Durch mein Philosophiestudium und meine Ausbildung in Theologie habe ich viele spirituelle Wege erforscht. Ich sehe das Geschenk der Zwölf-Schritte-Programme darin, daß sie den Menschen helfen, eine praktische Beziehung zu einer Höheren Macht zu entwickeln. In meinen Augen ist diese Art der Hinwendung zur Spiritualität befreiend. Sie ermöglicht es dem Einzelnen, eine Beziehung zu einer Höheren Macht, so wie er sie versteht, zu entwickeln. Ich bin bei Menschen im Genesungsprozeß einer unglaublichen Vielfalt von Konzepten einer Höheren Macht begegnet. Diese schließen Gott, das Höhere Selbst, Buddha, Jesus, Mohammed, Gottselbst, Natur, die unendliche Macht der Liebe, universale Intelligenz und so weiter, ein. Es gibt viele Atheisten und Agnostiker auf dem Genesungsweg und diese wählen oft ihre Zwölf-Schritte-Gruppe als ihre Höhere Macht. Es kommt nicht darauf an, wie Ihr Konzept einer Höheren Macht aussieht, doch ist es *für Ihre Genesung entscheidend, daß Sie an die Existenz einer Macht glauben, die größer ist als Sie selbst.*

Die Beziehung zu einer Höheren Macht kann aus verschiedenen Gründen gestört sein. Manchen wurde Religion von Heuchlern aufgezwungen, die wenig von dem lebten, was sie verkündeten. Andere fühlen sich aufgrund Ihrer Scham- und Schuldgefühle nicht frei, über Gott zu sprechen. Dieses Problem wird noch durch traditionelle Konzepte verstärkt, die Gott als gerecht, heilig, höherstehend, urteilend oder zürnend beschreiben. Viele von uns hörten von einem kontrollierenden Gott einem weißbärtigen Mann, der auf seinem himmlischen Anwesen sitzt, jede unserer Bewegungen verfolgt und eine Liste unserer "guten" oder "bösen" Taten führt. Ähnelt er nicht einer anderen, weißbärtigen väterlichen Figur, "der weiß wann du gut oder böse bist. Also sei gut, um Himmels willen"? Andere Höhere Mächte, denen wir begegnet sind, waren vielleicht: *der liebe Gott* (gib mir was ich will, dann wann ich es will), *der Feuerwehrmann* (man braucht ihn in Notfällen), der *Party-Gott* (er erscheint nur bei besonderen Gelegenheiten, Weihnachten, Ostern...), *der Sport Fan* (man findet ihn in Umkleidekabinen und auf der Seite der

Sieger), und der *Gott der Gosse* (Freund aller Ausgestoßenen und derer, die in Selbstmitleid schwelgen). Wir haben einige dieser Götter gekannt, ihnen an ihren Altären gehuldigt und waren am Ende von ihnen enttäuscht, denn sie konnten unser tiefes Bedürfnis nach Genesung und Gesundheit nicht befriedigen.

Wenn wir bisher ein ziemlich bedeutungs- und sinnloses Leben geführt haben, erscheint es unwahrscheinlich, daß plötzlich ein abstrakter Gott erscheint und die Lücken in unserem Leben füllt. Wenn wir uns vor der Zukunft fürchten, kann diese Angst uns so lähmen, daß wir uns völlig der Möglichkeit verschließen, daß irgendjemand oder irgendetwas unsere Zukunft kontrollieren oder lenken könnte. Auf jeden Fall müssen die meisten von uns sich über ihre Gefühle dazu klarwerden. Wir müssen einen ehrlichen Blick auf unsere Geschichte in Hinblick auf Gott oder dem Konzept einer Höheren Macht werfen, denn unsere Süchte oder unsere unbehandelte Co-Abhängigkeit schneiden uns vom Licht der Spiritualität ab. Ohne Zugang zu unserer Spiritualität sind wir unausgeglichen und können unsere persönliche Freiheit nicht erlangen.

Gehen Sie eine Partnerschaft mit Ihrer Höheren Macht ein
Bei meiner Suche nach spiritueller Ausgeglichenheit habe ich herausgefunden, daß meine Beziehung zu einer Höheren Macht partnerschaftlich sein muß. Es ist eine universale Wahrheit, daß "Glaube ohne Taten toter Glaube" ist. Eine Geschichte illustriert dies sehr schön: Es war einmal ein Bauer, dem ein großer Acker gehörte. Er arbeitete viele Stunden am Tag, pflügte, düngte und wässerte den Boden, um eine gute Ernte zu bekommen. Eines Tages kam ein Nachbar vorbei und bewunderte den Zustand des Ackers. Er sagte: "Sieh nur, wie dein Getreide gedeiht. Gott ist wirklich mit dir." "Jaja," antwortete der Bauer trocken, "du hättest den Acker sehen sollen, als ich ihn nur Gott überließ."

Das Erlangen des Gleichgewichts in unserem spirituellen Leben, setzt voraus, daß wir die Beziehung zu unserer Höheren Macht ins Gleichgewicht bringen. Dies ist ein lebenslanger

Lernprozeß durch Versuch und Irrtum. Einerseits müssen wir lernen, unseren Teil durch eigene Handlungen zu übernehmen und andererseits, der Höheren Macht ihren Teil zu überlassen (Loslassen und Gott lassen). Mit anderen Worten, wir werden zu Mitschöpfern Gottes.
Viele Menschen strengen sich bei ihren Versuchen eine Verbindung zu ihrer Höheren Macht herzustellen, zu sehr an. Es genügt, seine Intention klar zu setzen und einen entspannten Fokus zu bewahren.

Natürliche Kreativität

In der spirituellen Wirklichkeit liegen unsere Vorstellungskraft und unsere Kreativität. Mit der Vorstellungskraft formen wir Ideen. Der Geist in uns bringt Leben in diese Vorstellungskraft, die wiederum unsere Kreativität aktiviert. Nehmen Sie z.B. einen Comicstrip: Der Künstler stellt sich zunächst Bilder einer Figur oder einer Situation vor. Durch seine Kreativität werden diese dann für uns lebendig. Kreativität ist aktiv gewordene Vorstellungskraft.
Es ist für den Menschen ebenso natürlich, regelmäßig wahrhaft kreativ zu sein, wie es für die Sonne natürlich ist, zu scheinen. Wenn wir als Kinder ermutigt worden wären, Vertrauen in unsere eigenen Ideen zu haben und in die Fähigkeit, sie auszuführen, dann stünde unsere Kreativität heute in voller Blüte.
Gesellschaftliche Konditionierung diktiert aber, daß nur einige von uns kreativ sein können und daß der Rest sich sichere Arbeitsstellen suchen und froh sein soll, diese zu behalten. Diese Botschaften sind von Generationen von Menschen aufgenommen worden und werden an die Kinder weitergegeben - und beschränken damit deren Kreativität. Ich bin überzeugt davon, daß unsere Süchte und unser zwanghaftes Verhalten allmählich von uns abfallen, wenn wir uns unserer Kreativität öffnen und sie immer häufiger benutzen. Ich habe in meinem eigenen Leben

beobachtet, daß ich, wenn ich einen Bereich meiner Kreativität unterdrückte, kurz darauf eine neue Sucht entwickelte.

Süchtige scheinen immer mehr zu wollen, und zwar *sofort!* Für einen Süchtigen bedeutet "mehr" auch "besser". Viele im Genesungsprozeß erkennen dies und nehmen es als Charakterfehler an. Ich möchte gerne die positive Seite dieses Wunsches nach "mehr und das sofort" herausstellen. In meiner engen Zusammenarbeit mit Menschen habe ich entdeckt, daß sich alle im Inneren danach sehnen, zu wachsen, alle ihre Möglichkeiten zu verwirklichen und einen Beitrag in der Welt zu leisten. Mit anderen Worten, sie möchten in jedem Augenblick *mehr* ihres authentischen Selbsts verwirklichen, also *jetzt.* Anstatt diesen Wunsch nach "mehr und zwar jetzt" durch zwanghaftes süchtiges Verhalten befriedigen zu wollen, können wir ihn durch den Gebrauch unserer Kreativität befriedigen. Unsere Kreativität kann auch den Schmerz lindern, wenn wir uns in der Entzugsphase einer Sucht befinden.

Tage des Weins und der Rosen

Ich möchte diesen Abschnitt mit einer persönlichen Geschichte beenden. Manche Menschen könnten annehmen, ich sei erniedrigt und von Gott verlassen worden. Für mich war es hingegen eine große Lektion in Demut. Sie entwickelte meine innere Stärke und einen engeren und dichteren Kontakt zu meiner Höheren Macht. Außerdem lernte ich besser verstehen, wie die Beziehung zu meiner Höheren Macht funktioniert.

Ich hatte in den frühen achtziger Jahren gerade meine Stellung als Verkaufsleiterin einer Weingroßhandlung aufgegeben. Ich wollte mich ganz meinem Studium widmen und das letzte Semester beenden. Ich war für das beste Verkaufsgebiet verantwortlich gewesen und hatte die Firma und meine Kunden in gutem Einvernehmen verlassen. Viele wünschten mir Glück für die Zukunft.

Einige Monate nach Abschluß meines Studium führte mich meine Höhere Macht auf einen neuen Weg - den der Nüchternheit. In den ersten Monaten meiner Nüchternheit trennte ich mich von allem, auch meiner Stelle. Ich begab mich in Behandlung und verpflichtete mich, in 90 Tagen zu 90 Treffen zu gehen. Mein Geld wurde knapp und ich brauchte dringend eine Arbeit, um meine Rechnungen zu bezahlen. Eine Freundin erzählte mir von einer Frau, die noch Blumenverkäuferinnen für Lokale suchte. Ich wurde auf der Stelle angestellt. Nach einer kurzen Einführung, bekam ich mein Gebiet zugewiesen: mein früheres Weinverkaufsgebiet, genauer gesagt, die eleganteste Straße dieses Stadtteils. Als ich beim ersten Restaurant ankam (in dem ich noch vor einigen Monaten die Weinkarte zusammengestellt hatte), saß ich zitternd und kettenrauchend in meinem Auto. Ich konnte es kaum ertragen, der Erniedrigung ins Auge zu sehen, die mir bevorstand. Ich wollte nach Hause gehen, doch die Miete war fällig. Ich war an einem Wendepunkt angelangt und bat meine Höhere Macht um Schutz und Fürsorge, ohne Vorbehalte damit zu verknüpfen. Die Antwort kam: "Wenn Du jemals lernen willst, Dich selbst zu lieben und anzunehmen, Shirley, dann ist dies eine gute Gelegenheit, damit anzufangen." Also stieg ich aus dem Auto, nahm meinen Korb mit den Rosen, klebte ein Lächeln auf mein zitterndes Gesicht und ging los. Obwohl sich meine Beine wie Pudding anfühlten, ging ich weiter. Im Restaurant ging ich von Tisch zu Tisch. Auf halbem Wege traf ich den Besitzer, der mich gut kannte. Er lächelte und sagte: "Hallo, Shirley, Du siehst reizend aus, heute Abend. Es ist schön, Dich wiederzusehen." Ich konnte gar nicht glauben, daß er kein Wort über meine neue Position verlor. Er tat, als hätte ich schon immer Rosen verkauft. Im Verlauf des Abends erlebte ich dieselbe Situation wieder und wieder. Nicht einer, der mich kannte, fragte mich, warum ich Rosen verkaufte. Am Ende des Abends spürte ich, daß sich mehr übernommene Scham gelöst hatte, als es in Monaten von Therapie möglich gewesen wäre. Dies bedeutete einen großen Einschnitt in meinem Leben. Ich fühlte mich von meiner Höheren Macht geführt und beschützt, wie ich es noch nie zuvor erlebt hatte.

P.S. Ich wurde die erfolgreichste Blumenverkäuferin und verdiente immer genug Geld, um meine Rechnungen in diesem schwierigen Lebensabschnitt zu bezahlen.

Bringen Sie Ihre Wirklichkeit ins Gleichgewicht

Eine ausgeglichene Wirklichkeit setzt voraus, daß Sie wissen, wer Sie sind - intellektuell, emotional, körperlich und spirituell. Obwohl diese Aspekte Ihrer Wirklichkeit miteinander verbunden sind, müssen Sie jeden einzeln und direkt angehen, damit Sie sich kennenlernen können. Wenn Sie ihre verschiedenen Wirklichkeiten indirekt angehen, bringen Sie Verwirrung und Unausgeglichenheit in Ihr Leben. Nehmen wir an, Sie haben ein starkes Bedürfnis nach emotionaler Sicherheit. Wenn Sie dies nun im physischen Bereich erreichen wollen, indem Sie etwa ein neues Haus oder Auto kaufen, können Sie damit nicht Ihre emotionale Unsicherheit "reparieren". Stattdessen werden sie weiterhin materiellen Besitz als Maßstab für das Vorhandensein oder den Mangel an Sicherheit betrachten. Der Weg des Gleichgewichts ist der direkte Weg. Stellen Sie zunächst fest, in welchem Bereich Ihr Problem liegt. In diesem Falle war es der emotionale. Sie müßten sich dann fragen: "Was würde mir das *Gefühl* der Sicherheit geben?" und entsprechend handeln. Vielleicht brauchen Sie mehr emotionale Zuwendung von Ihrem Partner anstatt materieller Dinge.

Wenn Sie dagegen Ihre Wohnung verloren und kein Geld mehr haben (physische Wirklichkeit), dann hat es wenig Sinn, einen Freund um *emotionale* Unterstützung zu bitten, um diese Angst zu behandeln. Sie brauchen eine neue Einnahmequelle und eine Wohnung.

Nach meiner Erfahrung gibt es zwei extreme Formen von aus dem Gleichgewicht geratenen Wirklichkeiten: 1. Man weiß, welche Wirklichkeit betroffen ist, mag dies anderen gegenüber aber nicht zugeben. Sie haben sich z.B. von anderen

zurückgezogen und fühlen sich einsam. Sie wünschen sich Gesellschaft, bringen es aber nicht über sich, darum zu bitten.
2. Man weiß nicht, um welche Wirklichkeit es sich handelt. Sie erleben das vielleicht als Verwirrung in Ihrem Denken, Fühlen, was Sie tun oder nicht tun wollen (Um Klarheit zu erhalten, vergessen Sie alle "ich sollte", "ich müßte").

Um Ihre Wirklichkeit wieder ins Gleichgewicht zu bringen, müssen Sie erkennen, in welchem dieser Zustände Sie sich befinden. Dann können Sie die erforderlichen Schritte unternehmen, um einen Ausgleich zu schaffen. Wenn Sie herausgefunden haben, um welche Wirklichkeit es sich handelt, müssen Sie sich überwinden und es den entsprechenden Menschen gegenüber ausdrücken - jedoch nur, wenn dies in Ihrem besten Interesse liegt. Sie können z.B. der Meinung sein, daß Ihr Chef einen schlechten Geschmack in Bezug auf seine Kleidung hat. Es wäre aber nicht immer klug, das auch zu sagen, besonders, wenn er Sie nicht um Ihre Meinung gebeten hatte.

Wenn Sie nicht wissen, um welche Wirklichkeit es sich handelt, stellen Sie eine Vermutung an oder erfinden Sie etwas. Wenn Ihre Vermutung falsch war, wird Ihnen vielleicht Ihr Körper durch einen Adrenalinstoß oder starkes Herzklopfen ein Signal geben. Auf einer tiefen, unbewußten Ebene wissen wir alle, welches unsere Wirklichkeit ist. Vielleicht brauchen Sie aber auch die Hilfe eines Therapeuten, der Sie beim Finden, Annehmen und Ausdrücken Ihrer Wirklichkeit unterstützt.

Die einzige Möglichkeit Ihre Wirklichkeit herauszufinden, besteht darin, zu handeln. Wenn Sie später merken, daß Sie sich geirrt hatten, brauchen Sie nur zurückzugehen und es mit der entsprechenden Person zu klären. So lernen Sie Ihre Wirklichkeit anzunehmen. Angenommen eine Frau sagt ihrem Mann, daß sie sich über ihn geärgert hat und allein in Urlaub fahren will. Am nächsten Tag wird ihr klar, daß sie eigentlich eher traurig und verletzt über die mangelnde Intimität in ihrer zehnjährigen Ehe ist. Ihr nach außen gezeigter Ärger und der Wunsch nach Abstand von ihrem Mann, soll nur ihre Traurigkeit und Angst vor Zurückweisung überdecken. Im Grunde will sie mehr Nähe zu ihrem Mann. Um ihre Wirklichkeit anzuerkennen und auszudrücken, sagt sie ihrem Mann, daß sie verwirrt war und einen Fehler gemacht hat. Dann erklärt sie ihm, was sie wirklich fühlt und was sie möchte.

Wenn Sie aber Ihre Wirklichkeit kennen und sich davor fürchten, sie auszudrücken, sollten Sie sich dazu durchringen. Wenn Ihnen jemand ein Kompliment macht und Sie im Grunde Ihres Herzens wissen, daß es wahr ist, weisen Sie es nicht zurück. Sagen Sie, "danke".

Wenn Sie beginnen, Ihre Wirklichkeit ins Gleichgewicht zu bringen, können Sie sich oft unbehaglich fühlen oder denken, daß Sie etwas falsch machen. Das ist normal. Allerdings kehren viele Menschen aufgrund dessen zu ihren alten gestörten Verhaltensweisen zurück, nämlich verwirrt zu sein oder sich zu weigern, ihre Wirklichkeit mitzuteilen. Es ist deshalb wichtig, daß Sie sich eine unterstützende Gruppe oder einen Berater suchen, die Ihre Gefühle annehmen und eventuell Hinweise geben können.

Meditation statt Medikamente

Ich halte Meditation für eine der besten Möglichkeiten, mit Ihrem inneren Informationssystem in Verbindung zu treten und Gleichgewicht zu erreichen. Ich kenne viele Menschen, die zwar angefangen haben zu meditieren, aber es schnell wieder aufgaben. Warum? Wenn sie aufhören sich zu betäuben (mit Sex, Sport, Drogen, Essen, Geschäftigkeit usw.) müssen sie sich mit dem "Schlamm auf dem Boden ihres Eimers" auseinandersetzen. Nach meiner Erfahrung fällt Meditieren leichter und bringt bessere Ergebnisse, wenn man mit dem Prozeß des "Eimerausleerens" begonnen hat.

Meditation bringt den ständigen inneren Monolog zum Schweigen, verstärkt die Konzentrationsfähigkeit, bringt Klarheit in die Gedanken, beruhigt die überwältigenden Gefühle und führt Sie ins Innere und damit zu Ihren wahren Gefühlen. Meditation löst auch körperliche Verspannungen, entspannt das gesamte körperliche System und verbessert die Widerstandskraft gegen Streß und Krankheit. Meditation verlangsamt Ihr Tempo, so daß Sie die Stimme Ihrer Höheren Macht vernehmen können.

Gebet ist Aussage, Bestätigung und Bitte. Meditation ist Hören. In der Stille erfahren wir das Selbst am tiefsten.
Es gibt viele verschiedene Methoden der Meditation. Sie können sich durch Bücher, Kassetten und persönliche Gespräche darüber näher informieren. Es ist wichtig, daß Sie die Methode finden, die Ihnen am meisten zusagt und diese dann regelmäßig anwenden.

Die Wirklichkeit ins Gleichgewicht zu bringen ist der Schlüssel zur Befreiung des wahren Selbst - ein Schlüssel, der Ihnen die Tür zu persönlicher Freiheit öffnen wird.

Kapitel 7

Nicht aufgeben.... sich ergeben

In unserer Gesellschaft ist eine falsche Vorstellung darüber verbreitet, wie man sich von einer Sucht befreit. Süchtige werden für schwach und unmoralisch gehalten und es wird angenommen, daß sie nur ihren Willen einzusetzen brauchten, um mit ihrer Sucht aufzuhören. Dann wären alle Probleme gelöst.

Ein Süchtiger mag zwar in anderen Bereichen seines Lebens Willenskraft haben, - aber nicht, wenn es um seine Sucht geht. Der Süchtige versucht vielleicht immer wieder, die Sucht aufzugeben, um zu beweisen, daß er nicht süchtig ist. Dies hält aber nur für eine kurze Zeit an oder er beginnt, die eine Droge durch eine andere zu ersetzen. Einer hört vielleicht mit Alkohol auf, nur um den Haschischverbrauch zu erhöhen; oder jemand hört auf zu rauchen und fängt stattdessen an, übermäßig zu essen. Wir alle kennen das Märchen, daß Ex-Raucher plötzlich wieder ihre Geschmacksnerven zur Verfügung haben und das Essen so herrlich schmeckt, daß sie im Handumdrehen 10 Kilo zunehmen. Andere befreien sich vielleicht von einer abhängigen Beziehung und betäuben dann ihre Einsamkeitsgefühle mit übermäßigem Essen, um sich ein Gefühl innerer Wärme zu geben. Dann gibt es die, die sich spirituellen und holistischen Bewegungen zuwenden. Sie geben Drogen, Alkohol, Nikotin, Koffein, Zucker und rotes Fleisch auf, nur um seminarabhängig, übergewichtig, untergewichtig oder beziehungsabhängig zu werden. In diesen Gruppen habe ich oft sagen hören: "Beteilige Dich an einem Projekt, das größer ist als Du selbst und Deine Probleme werden dabei von selbst verschwinden." Liegt die Anziehungskraft solcher Gruppen vielleicht darin, daß sie den Menschen ermöglichen, ihre Aufmerksamkeit von sich selbst weg auf andere Inhalte umzuleiten?

Wenn ein Süchtiger eine Sucht aufgibt, findet er wahrscheinlich schnell etwas anderes, mit der er sie genauso zwanghaft ersetzen kann. Es läuft darauf hinaus: Man kann Süchte nicht aufgeben.

Doch die damit verbundene Zwanghaftigkeit und Besessenheit kann durch eine Macht, die größer ist, als man selbst und der man sich ergibt, entfernt werden. Durch diese spirituelle (nicht religiöse) Erfahrung sind schon Hunderttausende von ihrer Sucht befreit worden.

Sich ergeben ist nicht einfach

Unglücklicherweise wird sich ergeben oft mit einer Niederlage gleichgesetzt. In unserer Vergangenheit haben wir damit meist negative Erfahrungen gemacht. Als Kinder haben wir vielleicht gefühlt, daß wir unsere Identität und Ausdrucksfreiheit unseren Bezugspersonen zuliebe aufgegeben haben. Als Erwachsene haben wir unsere Kreativität möglicherweise unserem Arbeitgeber geopfert. In der Ehe haben wir unsere Bedürfnisse zugunsten der Bedürfnisse unseres Partners zurückgestellt. In diesen Zusammenhängen haben wir "sich ergeben" (oder loslassen) als Verlust erlebt oder fühlten uns gezwungen, etwas aufzugeben.

Viele Menschen haben Schwierigkeiten, sich zu ergeben, denn sie verwechseln Ergebung mit Unterwerfung. Das ist aber nicht dasselbe. Wenn wir uns ergeben, kämpfen wir nicht länger gegen das Leben, sondern nehmen es an. Ergebung ist erst vollständig, wenn sie auf den bewußten *und* unbewußten Ebenen vollzogen ist. Wenn wir uns auf der bewußten Ebene ergeben, kommt das einem Eingeständnis gleich. Auf unbewußter Ebene hören Grandiosität und Widerstand auf zu funktionieren und machen einem inneren Loslassen Platz.

Unterwerfung bedeutet, das Leben *nur unbewußt* anzunehmen. Wir geben oberflächlich nach, doch bleibt eine Spannung bestehen. Wahre Ergebung erzeugt ein Gefühl der Einheit und die inneren Konflikte hören auf. Unsere Fähigkeit zur Ergebung kann auch durch Fügsamkeit blockiert werden. Fügsamkeit bedeutet, den Anordnungen, Wünschen oder Forderungen anderer Folge zu leisten, gefällig oder gehorsam zu sein, zu dulden. Fügsamkeitkeit erscheint oft als Ergebung. Wenn wir fügsam sind, sind wir zwar bereit, etwas mitzumachen oder jemandem zu folgen, doch ist unsere Zustimmung halbherzig und widerwillig. Es gehört nicht viel dazu, diese Art von Fügsamkeit zu erschüttern.

Ergebung enthält widersprüchliche Elemente, was vielleicht ein weiterer Grund für unsere Schwierigkeiten ist. Sie kann sowohl als *einfach* als auch *schwierig, sicher* als auch *riskant, tröstlich* als auch *angsterzeugend* gesehen werden.

Wenn wir Ergebung als Verlust erleben, sehen wir nicht, was wir durch sie gewinnen können. Dann erleben wir sie angstbesetzt oder negativ. Sie erscheint schwierig, risikoreich und angstmachend. Man kann Ergebung aber auch anders wahrzunehmen. Die amerikanische Psychotherapeutin Ann D. Clark schlägt vor, Ergebung als eine Art Austausch zu betrachten. Wir können uns z.B. vorstellen, daß wir unsere alten Autopapiere übergeben, wenn wir ein neues kaufen, daß die Bank uns Banknoten für einen Scheck gibt und daß sich eine geschlagene Armee im Austausch für gewisse Schutz und Landgarantien ergibt.

Das Karussell von Kontrolle und Freisetzung

In ihrem Buch "Facing Shame" beschreiben die Autoren Fossum und Mason einen Mechanismus, den sie den Kontroll-Freisetzungs-Zyklus (control/release cycle) nennen, der uns in unserem zwanghaften, süchtigen Verhalten gefangen hält. Als ich das zum erstenmal las, wurde mir klar, warum so viele Menschen Schwierigkeiten haben, sich zu ergeben. Dieser Zyklus verneint Ergebung, hält die Verleugnung der eigenen Süchte aufrecht und verhindert jegliche Einsicht, daß es vielleicht notwenig sei, sich zu ergeben.

Kontrolle und Freisetzung haben mit Festhalten und Loslassen zu tun. Zwischen Kontrolle und Freisetzung existiert eine Spannung, die eine Stimmungsänderung bewirken kann. Im

Erwachsenenleben gibt es viele Situationen, in denen das Wechselspiel von Kontrolle und Freisetzung angebracht ist. Ich erlebe das bei meinen öffentlichen Vorträgen. Wenn ich meine Rede vorbereite, mache ich zuerst einen detaillierten Plan und schreibe meine Gedanken in logischer Reihenfolge auf. Wenn ich diesen Entwurf mehrfach durchgelesen habe, fühle ich mich mit dem Material so vertraut (bin so in Kontrolle), daß ich mich während des eigentlichen Vortrages entspannen kann und das Erlebnis meiner natürlichen Kreativität und Spontaneität genieße, während ich spreche (freisetze). Dies ist ein gesundes Beispiel von Kontrolle und Freisetzung, frei von Scham.

Ist jedoch Scham an diesem Ablauf beteiligt, wird der gesamte Ablauf verstärkt. Scham will sich verstecken und erzeugt dadurch ein stark kontrollierendes Verhalten. Man wird versuchen, sich selbst und die Reaktion der anderen zu kontrollieren. Je stärker man kontrolliert, umso stärker wird auch das Bedürfnis nach Ausgleich durch Freisetzung. Ich habe diesen Zyklus in Aktion gesehen, wenn Leute zwischen Freßanfällen und Fastenkuren, Einkaufsorgien und Pfennigfuchserei, Überarbeitung und wochenlangem Nichtstun hin und herschwanken. Wenn wir in der Kontrollphase sind, sind wir zwanghaft, versuchen unser Leben oder Teile davon unter Kontrolle zu bekommen und sind oft schwierig im Umgang. Unser Verhalten kann verschiedene Formen annehmen, wie Perfektionismus, Diätkuren, Putzen, Kritiksucht, es allen recht machen zu wollen, Leistungszwang, Selbstgerechtigkeit und Veränderungskampagnen. In der Freisetzungsphase suchen wir Freiheit von einengenden Regeln und der Spannung der Kontrolle. Wir suchen Entspannung und Erlösung von unserem bewußten Willen.

Der Nachteil dieser Art von Freisetzung liegt darin, daß wir gleichzeitig den Terror des Kontrollverlusts fühlen. Es spielt keine Rolle welche Form das freisetzende Verhalten annimmt, ob Sex, Alkohol, Spiel, Essen, Geldausgeben, Mißbrauch anderer, Wutanfälle, Egozentrik, Verweigerung, Besessenheit mit anderen - immer folgen darauf Schuldgefühle, Scham und Reue.

Fossum und Mason schreiben: *"Je mehr man zu kontrollieren versucht, desto größer ist der Drang zur Freisetzung. Je stärker man sich in die Freisetzung flüchtet, desto unkontrollierter fühlt man sich und wird das mit mehr Kontrolle zu kompensieren versuchen."*

So dreht sich das Karussell immer weiter, bis wir für uns selbst oder andere so negative Konsequenzen verursachen oder so von Schmerz überwältigt werden, daß wir den absoluten Tiefpunkt erreichen, das Gefühl der persönlichen Machtlosigkeit. An diesem Punkt erscheint Ergebung vielleicht erstrebenswert, wird jedoch aus den zuvor genannten Gründen oft nicht erreicht. Das Erreichen des Tiefpunkts führt zu keinem guten Ergebnis, wenn es nicht von Ergebung gefolgt wird. An dieser Stelle sind die Menschen dann bereit, den Schritt 1 des Zwölf-Schritte-Programms anzunehmen.

Die Vorteile der Ergebung

Ergebung ist die Brücke zum Akzeptieren. Akzeptieren ist außerdem einer der Hauptvorteile der Ergebung. Akzeptieren ist der Schlüssel zu Nüchternheit und Gelassenheit. Im Zustand der Akzeptanz hört der Widerstand auf, man ist aufnahmebereit und fähig zu kooperieren. Wirkliche Annahme finden Sie nicht durch die Analyse Ihres zwanghaften Verhaltens. Annahme geht darüber hinaus. Wir erfahren sie, wenn wir uns vollständig ergeben, unsere Machtlosigkeit über unsere Sucht eingestehen und unsere Höhere Macht um Hilfe bitten.

Durch den Vorgang der Ergebung erreichen wir einen starken, bewußten Kontakt mit unserer Höheren Macht. Das Ergebnis ist eine spontane neue Ehrlichkeit und Bewußtheit. Es ist, als ob plötzlich Scheuklappen von unseren Augen abfallen. Wir fühlen uns von Stress befreit, erhalten oft Antworten und Hinweise darauf, was wir tun sollen und häufig verschwinden unsere Probleme ohne unser Zutun. Ergebung zeigt eine tiefe Veränderung der unbewußten Haltung und Einstellung an und ist somit ein entscheidender Schlüssel zur Freiheit.

Wie ich das Zwölf-Schritte-Programm fand

Ich lernte das Zwölf-Schritte-Programm mit 19 Jahren kennen. Ich war verheiratet, hatte eine kleine Tochter und war außerdem hochgradig co-abhängig und anorexiegefährdet. Mein Mann und ich freundeten uns mit unseren Nachbarn Joe und Sarah an. Eines Morgens trank ich mit Sarah Kaffee und klagte über meine Depression und die Probleme, die ich mit meinem Mann hatte. Sarah fragte mich: "Wenn es ein Erdbeben geben würde, und Du Deinen Mann, Deine Tochter, Deine Mutter, Deinen Vater, Deine Schwester, Deinen kleinen Hund und allen Besitz verlieren würdest, was bliebe übrig?" Ich dachte kurz nach und sagte dann: "Nichts." "Falsch", sagte Sarah, "Du hättest dich selbst." Ich runzelte die Stirn und dachte: "Na ja, das ist doch nichts." Sie sehen also, wo ich mit 19 stand. Sarah sprach dann mit mir über allerhand Ideen und Weisheiten, die ich wie ein durstiger Schwamm aufsog. Als ich sie fragte, wo sie das alles gelernt hatte, sagte sie mir, daß sie und ihr Mann Drogensüchtige und Alkoholiker in Genesung und Mitglieder bei den AA und NA (Anonyme Alkoholiker und Anonyme Drogensüchtige)seien.

Sarah sagte, daß sie und ihr Mann aufgrund ihrer Süchte dem Programm beigetreten seien, daß das Zwölf-Schritte-Programm aber jedem guttuen könnte. Sie lud uns beide ein, an einem Abend mitzukommen (Zu dieser Zeit waren Co-abhängigkeit und Erwachsene Kinder von Alkoholikern noch nicht einmal klinisch identifiziert worden und es gab keine Programme für sie). Als Erz-Co-Abhängige und Meisterin im Manipulieren, gelang es mir ohne Weiteres, meinen Mann zum Mitkommen zu bewegen. Obwohl ich nicht trank und keine Drogen nahm, konnte ich eine Verbindung zu all den Anwesenden sehen. Ich konnte mich zwar nicht mit ihren Trink- und Drogengeschichten identifizieren, aber die emotionalen Fehlhaltungen erkannte ich klar wieder. Das verwirrte mich - einerseits fühlte ich, daß ich dazugehörte, andererseits aber auch nicht. Auf jeden Fall fühlte ich mich ruhiger und glücklicher, wenn ich an diesen Treffen und anderen Programmen teilnahm. Der Genesungsprozeß begann auf mich einzuwirken. Ich kann heute sehen, daß diese frühe Erfahrung mit dem Zwölf-Schritte-Programm ein Geschenk meiner Höheren Macht war.

Inzwischen sind wir in der glücklichen Lage, über viel mehr Information und eine Menge Zwölf-Schritte-Programme zu verfügen, die Menschen bei ihren vielfältigen Problemstellungen helfen können. Jeder kann heute ein Programm finden, dem er sich zugehörig fühlt.

Was ist das Zwölf-Schritte-Programm?

Das Zwölf-Schritte-Programm ist ein Genesungsweg, der auf einer spirituellen, aber nicht religiösen Grundlage beruht. Das Durcharbeiten der einzelnen Schritte und die Anwendung der Prinzipien in allen Lebensbereichen kann uns von unseren Leiden befreien, unsere innere Leere ausfüllen und uns dabei helfen, uns selbst und den Gott in uns zu entdecken.

Die Programme sind nicht vollgestopft mit Regeln oder "Du mußt"-Anweisungen. Die 12 Traditionen bieten Anleitung und Führung für die einzelnen Gruppen. Die Zwölf-Schritte halten den einzelnen Menschen im Gleichgewicht, die Zwölf-Traditionen garantieren das Gleichgewicht der Gruppen. Jeder folgt dem Programm und bearbeitet die einzelnen Schritte im eigenen Tempo. Ehrlichkeit, Offenheit und Bereitschaft sind die Eigenschaften, die man braucht, um dem Programm zu folgen und die Schritte in ausgeglichener Weise durchzuarbeiten. Es ist wichtig, auf andere Mitglieder zu hören, die die Schritte schon durchgearbeitet haben. Sie können uns Einsichten vermitteln und Vorschläge machen, wie wir die Schritte auf unser Leben anwenden können, - aber sie geben keinen Rat und keine Anweisungen.

Insbesondere dürfen Neulinge nicht vergessen, daß die anderen Teilnehmer auch nicht alle Antworten haben und daß auch sie ihr eigenes Leben heilen wollen. Es ist daher gut, sich an die Tradition zu halten, die besagt: "Prinzipien gehen vor Persönlichkeit". Wenn jemand Sie bei einem Treffen anspricht und Ihnen Ratschläge gibt, wie Sie die Probleme in Ihrem Leben angehen sollen, dann danken Sie ihm ruhig, ziehen Sie sich zurück und lassen Sie sich nicht beeinflußen. In manchen Menschen ist der Zwang, sich um andere zu kümmern zu müssen und sich selbst für das Zentrum der Weisheit zu halten, so stark und das unbewußte Bedürfnis, gebraucht zu werden, so groß, daß sie anderen unkontrolliert ihren unangemessenen Rat aufdrängen.

Es gibt keinen Mitgliedsbeitrag, Sie brauchen keine Pflichten zu übernehmen, keinen Eid zu schwören oder Bürgschaften zu übernehmen. Die einzige Voraussetzung für die Mitgliedschaft ist der starke Wunsch, das zwanghafte Verhalten oder die Sucht, die Ihr Leben bestimmen, beenden zu wollen. Die Programme sind für jeden zugänglich, unabhängig von Rasse, Religion, Alter, Geschlecht, Hautfarbe oder sozialem Status. Die Treffen sind keine Gruppentherapiesitzungen und auch keine Vereinssitzungen mit Tagesordnungen und Protokoll. Die Mitglieder tauschen ihre Erfahrungen, Stärken und Hoffnungen aus, indem sie beschreiben, wie ihr Leben war, was geschah und wie es heute für sie ist.

Die Treffen verlaufen unterschiedlich. Manche sind Studiengruppen, in denen die einzelnen Schritte diskutiert werden; andere nehmen sich für einen Abend ein bestimmtes Thema vor. Wieder andere sind Identifikations-Treffen (man identifiziert spezifische Symptome und Verhaltensweisen der speziellen Sucht - z.B. Alkohol, Drogenabhängigkeit, Eßsucht, Sexsucht usw.). Gemeinsam ist allen Treffen, daß die Mitglieder ihre eigenen Erfahrungen und Einsichten mitteilen. Die einzige Ausnahme bilden Treffen, zu denen ein Sprecher für den Abend eingeladen wird. Die Treffen finden zu unterschiedlichen Tageszeiten, in größeren Städten fast täglich, auf dem Land weniger häufig, statt.

Wenn Sie kein Treffen in Ihrer Nähe haben, das Ihnen zeitlich zusagt, so ist es auch nicht schwer, selber eine Gruppe zu aufzubauen. Das erfordert allerdings etwas Durchhaltevermögen. Sie können an die Hauptgeschäftsstelle schreiben und um Information und ein Starterpaket bitten.

Sie sind nicht verpflichtet, eine bestimmte Anzahl von Treffen zu besuchen, obwohl die meisten ernsthaften Mitglieder regelmäßig, oft dreimal die Woche oder mehr, teilnehmen. Wenn die Teilnehmer ihre Geschichte erzählen, erfahren sie sehr viel Unterstützung und Zuwendung von den anderen Mitgliedern. Sie werden ermutigt, so ehrlich wie möglich über sich und ihre Situation zu berichten. Dadurch wird Scham reduziert und eine spirituelle Verbindung hergestellt. Niemals wird jedoch jemand unter Druck gesetzt, mehr mitzuteilen, als er zu diesem Zeitpunkt bereit ist.

Jedes neue Mitglied sollte sich einen Sponsor (Begleiter) suchen, der ihm beim Durcharbeiten der Zwölf-Schritte hilft. Bei der Wahl des Sponsors sollten Sie zunächst Ihre Höhere Macht um Führung bitten. Dann halten Sie nach jemandem Ausschau, mit dem Sie sich identifizieren können und der Eigenschaften hat, die Sie entwickeln möchten. Es ist ratsam, eine Person des gleichen Geschlechts auszuwählen, die schon alle Schritte bearbeitet hat. Ein Sponsor ist jemand, von dem Sie bereitwillig Anleitung und Vorschläge annehmen würden, jemand, dem Sie vertrauen können. Er kann Ihnen aber nicht vorschreiben, wie Sie Ihr Leben führen sollen. Er begleitet Sie nur bei der Arbeit an den Zwölf-Schritten. Die Idee, die hinter dem Prinzip des Sponsors steht, heißt: "Um unsere Genesung aufrechterhalten zu können, müssen wir sie weitergeben."

Ein Sponsor, der dieses Prinzip versteht, weiß, daß er das neue Mitglied nicht bemuttern soll, sondern ihm im Grunde das beibringt, was er selber lernen möchte. Ein guter Sponsor wird selbst oft mehr durch diesen Prozeß lernen als das neue Mitglied. Wenn die Beziehung zu Ihrem Sponsor aus irgendeinem Grund schwierig oder unbefriedigend wird, haben Sie das Recht, sich einen anderen zu suchen. Bedenken Sie dabei aber auch, daß die Ursache für die Schwierigkeiten vielleicht an Ihrem Problem mit Autoritätspersonen oder Ihrem Ego liegen kann. In diesem Fall müssen Sie lernen, sich zu ergeben und bereit sein, Anleitung von anderen anzunehmen.

Die Beziehungen, die ich im Laufe der Jahre mit meinen verschiedenen Sponsoren hatte, waren für mich die kostbarsten Geschenke in meinem Genesungsprozeß. Mehr als durch irgend-

etwas anderes habe ich durch sie gelernt, mich selbst zu lieben und anzunehmen. Viele Männer haben gesagt, daß sie in der Beziehung zu ihren Sponsoren zum erstenmal Intimität und Liebe zu einem Mann erlebt haben.
Das Zwölf-Schritte-Gruppen sind die einzig wirklich egalitäre Organisation, die ich kenne. Ich glaube, daß das Zwölf-Schritte-Programm ein Weg zum Frieden in der Welt ist. Um Frieden und Zusammenarbeit in der Welt zu erreichen, müssen wir ihn zuerst in uns haben - was wir durch die Zwölf-Schritte erreichen können. Ich habe auf meinen Reisen in andere Länder überall Treffen besucht. Ich bin jedesmal akzeptiert worden und habe spirituelle Verbindungen mit Menschen aus allen Lebensbereichen gefunden.

Die zwölf Schritte zur Freiheit

Es gibt schon viele gute Bücher mit Anleitungen zum Gebrauch der Zwölf-Schritte. Ich werde deshalb hier keine langen Erklärungen geben. In der Bibliographie am Ende des Buches finden Sie mehrere Titel, die ich empfehlen kann. Mein Anliegen ist es, Ihnen eine allgemeine Definition und mein persönliches und ein allgemeines Verständnis der Schritte zu vermitteln. Wahrscheinlich ist dies für manchen Leser die erste Begegnung mit diesem Programm.
(Die folgenden Schritte wurden mit Erlaubnis des Alcoholic Anonymous World Service Inc. New York, gedruckt).

Schritt eins
Wir gaben zu, daß wir dem ... gegenüber machtlos sind und unser Leben nicht mehr meistern konnten.
Füllen Sie die Lücke mit der Sucht oder dem zwanghaften Verhalten aus, in dem sie gefangen sind. Schritt eins ist die Grundlage für alle zwölf Schritte. In diesem Schritt ergeben wir uns, indem wir zugeben, daß unser bestes Wissen und unsere Fähigkeiten uns dahin gebracht haben, wo wir heute sind. Im Schritt eins geht es um Ehrlichkeit. Wenn wir unsere

Abhängigkeit ehrlich zugeben und zu unseren Süchten stehen, lassen wir die Maske des falschen Selbsts fallen. Wenn wir diesen ersten Schritt tun, sind wir bereit, loszulassen und nicht mehr alles und jedes - uns selbst eingeschlossen - steuern zu wollen. Stattdessen lernen wir, unser Verhalten urteilsfrei zu beobachten und die Wirkung wahrzunehmen, die es auf unser Leben hat. Wir sehen ehrlicherweise, daß wir mit unserem Leben nicht zurechtkommen. Es ist chaotisch geworden, weil wir es allein schaffen wollten. Wenn wir unsere Machtlosigkeit erfahren, haben wir die Kontrolle *verloren*. Wenn wir die Unmöglichkeit erleben, unser Leben zu meistern dann deshalb, weil wir *es kontrollieren wollen.* Schritt eins ist das Eingeständnis, daß wir Hilfe brauchen.

Wenn wir diesen Schritt eins zum erstenmal tun, beenden wir eine Phase unseres Lebens (in der wir uns auf unser Ego und unseren Willen verließen) und beginnen die Phase, in der wir langsam lernen, uns auf unsere Höhere Macht zu verlassen. Der erste Schritt bringt uns der Demut näher. Sie ermöglicht uns, uns der spirituellen Führung zu öffnen, die uns in unserem Leben neue Wege zeigen wird. Um von unseren Problemen befreit zu werden, müssen wir erst zugeben, daß wir mit ihnen alleine nicht fertig werden. Es ist von größter Wichtigkeit, daß wir diesen ersten Schritt ernst nehmen und uns unsere Machtlosigkeit und das Chaos in unserem Leben im Innersten eingestehen.

Schritt Zwei
"Wir kamen zu dem Glauben, daß eine Macht - größer als wir selbst - uns unsere geistige Gesundheit wiedergeben kann."
Für manche Menschen beinhaltet dieser Schritt zwei große Hindernisse: den Glauben an eine Höhere Macht und das Eingeständnis der Krankheit (Verrücktheit). Eine Definition von Verrücktheit ist: "Das gleiche Verhalten immer und immer wieder zu wiederholen und jeweils ein anderes Ergebnis zu erwarten". Wenn man von dieser Definition ausgeht, gibt es wohl keinen Menschen auf der Welt, der in diesem Sinne nicht ein kleines bißchen verrückt oder krank ist. Es ist ebenfalls krankes Verhalten, wenn wir zwanghaft sind und versuchen, alles um uns herum zu kontrollieren.

Was die Beziehung zu einer Höheren Macht angeht, so heißt es ja "...kamen zum Glauben.." Dies bedeutet den Glauben zu stärken oder zu erneuern. In einem Treffen sagte eine Frau einmal etwas, was mir ein gutes Bild für diesen Prozeß zu sein scheint. Sie sagte: "Zuerst *kam ich zu dem Treffen*. Nachdem ich eine Zeitlang an dem Programm teilgenommen hatte, tauchte ich aus dem Nebel der Verleugnung auf und *kam zu mir*. Und seitdem ich die Grundsätze des Zwölf-Schritte-Programms in allen Lebensbereichen anwende, *kam ich zum Glauben*.

Der zweite Schritt ist der Schritt der Hoffnung. Hoffnung kommt zu uns, wenn wir zum Glauben kommen.

Schritt Drei
Wir faßten den Entschluß, unseren Willen und unser Leben der Sorge Gottes - wie wir ihn verstehen - anzuvertrauen.

Durch unsere Arbeit mit den ersten beiden Schritten ist unser Bewußtsein gewachsen und wir sind jetzt bereit, dies durch Handlung zu bestätigen. Schritt drei ist der Schritt der Entscheidung und des Glaubens. Er gibt uns die Gelegenheit, eine neue Stufe der Ergebung zu erreichen, unser Vertrauen zu vergrößern, noch mehr Kontrolle aufzugeben und eine Partnerschaft mit unserer Höheren Macht aufzubauen.Weil es beim dritten Schritt darum geht, eine Entscheidung zu treffen, liegt der Schlüssel in unserer Bereitschaft, unser Leben zu übergeben. Bei so vielen von uns hat der eigene Wille unser Leben gesteuert (und wenn möglich auch das von anderen). Das hat uns dahin gebracht, wo wir heute sind. Die meisten von uns erleben ihr Leben als nicht gerade glücklich, fröhlich und frei. Wenn wir die beiden ersten Schritte erfolgreich durchgearbeitet haben, sind wir offen dafür, einen neuen Manager für unser Leben zu akzeptieren. Wir sind zum dritten Schritt bereit.

Der dritte Schritt beinhaltet ein Gebet (aus dem Großen Buch der Anonymen Alkoholiker). Es hilft uns in wirkungsvoller Weise, täglich unsere Absicht, unser Leben der Sorge unserer Höheren Macht zu übergeben, neu zu formulieren. Es heißt:
Gott, ich bin Dein. Verfüge über mich. Dein Wille geschehe. Erlöse mich von den Fesseln meines Ichs, damit ich Deinen Willen besser ausführen kann. Nimm meine Schwierigkeiten

hinweg, damit der Sieg über sie Zeugnis ablegen möge von Deiner Macht, Deiner Liebe, Deiner Führung, gegenüber den Menschen, denen ich helfen möchte. Möge ich immer Deinen Willen ausführen.

Schritt Vier
Wir machten eine gründliche und furchtlose Inventur in unserem Inneren.

Obwohl viele von uns aus gestörten Familien kommen und verschiedene Formen von Mißbrauch erlebt haben, geht es hier nicht um die Geschichte unserer Kindheit. Inventur machen heißt hier, unser Leben zum gegenwärtigen Zeitpunkt anzuschauen. Sie soll uns dabei helfen, uns selbst und die Personen, mit denen wir in Beziehung stehen, nicht zu verletzen. Wir waren nicht verantwortlich für das, was in unserer Kindheit geschah. Als Erwachsenen sind wir dagegen für die Qualität unseres Lebens verantwortlich. Im vierten Schritt machen wir eine Inventur der Verhaltensweisen, mit denen wir als Erwachsene, andere Erwachsene und Kinder verletzt haben. Wir machen uns auch unsere verletzenden Verhaltensweisen und Verurteilungen bewußt. Es ist wichtig, dabei so gründlich wie möglich zu sein, denn das Material, das wir hier sammeln, ist die Grundlage für einige der folgenden Schritte. Der vierte Schritt hilft uns, die Verleugnung aufzugeben, die eine Überlebensstrategie war. Verleugnung half uns beim Überleben, aber sie machte uns auch unfähig zur Selbsterkenntnis.

Der vierte Schritt ist der Schritt des Mutes. Im Gelassenheitsspruch bitten wir um Mut, daß wir die Dinge ändern, die wir ändern können. Wir haben nicht die Macht, andere Menschen zu ändern, aber wir können uns ändern. Die Einsicht, die durch eine furchtlose und ehrliche Inventur entsteht, ist der Vorläufer der Veränderung und Veränderung erfordert Mut.

Schritt Fünf
Wir gaben Gott, uns selbst und einem anderen Menschen gegenüber unverhüllt unsere Fehler zu.

Schritt Fünf ist der Schritt der Integrität und ermöglicht unsere Wiederherstellung. Es heißt: "Wir sind nur so krank, wie unsere Geheimnisse". Nachdem wir im vierten Schritt uns selbst und unsere Charakterfehler ehrlich angeschaut haben, sind wir bereit, uns von der Einsamkeit und der Isolation, die durch unsere Geheimnisse und unsere Scham entstanden sind, zu befreien. Der fünfte Schritt hilft uns, unsere vergiftete Scham zu verringern und führt uns aus der Erniedrigung zur Demut.

Schritt Sechs
Wir waren völlig bereit, all diese Charakterfehler von Gott beseitigen zu lassen.

Durch das Durcharbeiten der ersten fünf Schritte haben wir eine neue Stufe des Vertrauens in eine Macht, die größer ist als wir selbst, erreicht. Wir sind nun bereit, unsere Charakterfehler entfernen zu lassen. Nahezu jeder Mensch möchte seine gröbsten Charaktermängel loswerden, aber nicht jeder ist "tatsächlich schon soweit". Schritt sechs ist der Schritt der Bereitschaft. Seien wir ehrlich, wir hängen sehr an manchen Charakterfehlern. Charakterfehler dienen uns im Grunde als Selbstschutz. So verstanden, ist es nicht überraschend, daß wir uns davor fürchten und deshalb zögern, Gott um ihre Beseitigung zu bitten. Vollkommen bereit zu sein, heißt zu wissen, daß man danach nicht mehr dieselbe Person sein wird. Der sechste Schritt ist notwendig, wenn wir auf dem Weg zu spirituellem Wachstum und Gelassenheit weitergehen wollen.

Schritt Sieben
Demütig baten wir Ihn, unsere Mängel von uns zu nehmen.

Der siebte Schritt ist der Schritt der Demut. Er prüft unsere Bereitschaft zur Demut, wenn wir unsere Höhere Macht bitten, unsere Fehler von uns zu nehmen. Ohne Demut kann niemand auf Dauer von seinen Süchten geheilt werden. Mit mehr Demut sind wir glücklicher und ohne sie könnten wir nicht den Glauben aufbringen, der uns hilft, Krisen und Notfälle durchzustehen. Demut ist letztlich die Sehnsucht danach, Gottes Willen zu erkennen und zu erfüllen. Solange wir uns immer noch zuerst auf uns selbst verlassen, vertrauen wir nicht wirklich unserer

Höheren Macht. Demut befreit uns von Stolz und Arroganz und führt uns zur wahren Freiheit des menschlichen Geistes. Allerdings müssen wir unseren Teil dazu beitragen, um unsere Mängel loszuwerden. Indem wir diese Arbeit leisten, zeigen wir unsere Bereitschaft. Wenn wir nicht bereit sind, unser Verhalten zu ändern, dann halten wir unbewußt daran fest und weigern uns, loszulassen. Wenn wir gemeinsam mit unserer Höheren Macht diesen Schritt gehen, benutzen viele von uns das Gebet des siebten Schrittes aus dem Großen Buch der Anonymen Alkoholiker:

Mein Schöpfer, ich bin nun willig, mich Dir ganz auszuliefern, mit allen meinen guten und schlechten Seiten. Ich bitte, die Charaktermängel jetzt von mir zu nehmen, die mich daran hindern, Dir und meinen Mitmenschen gegenüber nützlich zu sein. Gib mir die Kraft, von jetzt an Deinen Willen auszuführen. Amen.

Schritt Acht
Wir machten eine Liste aller Personen, denen wir Schaden zugefügt hatten, und wurden willig, ihn bei allen wieder gut zu machen.

Die Schritte vier und sieben helfen uns dabei, die Beziehung zu unserer Höheren Macht zurückzugewinnen. Die Schritte acht und neun tun dies für unsere Beziehung mit anderen Menschen. In Schritt vier und sieben haben wir einen persönlichen Hausputz gehalten, in acht und neun einen sozialen. Wir befreien uns dabei von den Schuldgefühlen, die aus dem Wissen darüber entstanden waren, daß wir andere verletzt hatten. Doch bevor wir Schritt neun tun können und tatsächlich Abbitte leisten können, müssen wir uns erst einmal darüber klar werden (durch das Erstellen einer Liste), wem wir Abbitte schulden. Dann bitten wir unsere Höhere Macht um die Bereitschaft, diesen Schritt zu tun.

Schritt acht ist der Schritt der brüderlichen Liebe. Hier sehen wir wieder, daß Bereitschaft der Schlüssel ist, der uns zu Schritt neun führt. Wenn wir fühlen, daß wir mit Schritt acht nicht weiterkommen, müssen wir vielleicht noch einmal zurückgehen und die Schritte vier bis sieben wiederholen. Vielleicht war unsere Inventur nicht ausführlich genug.

Schritt Neun
Wir machten bei diesen Menschen alles wieder gut - wo immer es möglich war - es sei denn, wir hätten dadurch sie oder andere verletzt.
   Wir leisten nicht Abbitte, damit andere uns vergeben, sondern vielmehr um unsere Fehler aus der Vergangenheit zu korrigieren. Das Leisten der Abbitte selbst ist die wahre Belohnung. So gesehen ist der Schritt neun der Schritt der Gerechtigkeit. Abbitte leisten ist nicht dasselbe wie zu sagen: Es tut mir leid. Auch wenn uns unser vergangenes Verhalten leid tut, ist es jetzt nicht angesagt, in Erniedrigung und Selbstmitleid zu versinken. Mit Demut Abbitte zu leisten, erfordert großen Mut und es ist wichtig mit Umsicht daranzugehen. Obwohl wir nicht zögern sollten, ist es oft auch nötig, geduldig zu sein und Gottes Zeitplan zu vertrauen.
   Dies erinnert mich an eine Erfahrung, die ich am Anfang meines Genesungsprozesses gemacht habe. Ich hatte eine abhängige Beziehung zu einem Mann beendet. Er wollte mich aber nicht loslassen und ließ mich einfach nicht in Ruhe. Sein verletzendes Verhalten regte mich auf und machte mich wütend. Als ich mich darüber bei meiner Sponsorin beklagte, meinte sie, daß, wenn wir so stark reagieren, wir oft dem anderen Abbitte schuldig sind. Zunächst konnte ich überhaupt nicht fassen, daß ich *ihm* vielleicht Abbitte schulden könnte, konnte aber eine ganze Reihe von Fällen aufzählen, in denen er *mir* Abbitte schuldete. Meine Sponsorin schlug vor, daß ich darüber zu Hause noch einmal nachdenken solle. Als ich das tat, stellte ich fest, daß sie recht hatte. Zähneknirschend machte ich mich bereit, ihn zu finden und Abbitte zu leisten, damit ich meine Schuldgefühle loswerden konnte. Ich machte einige Versuche, ihn anzurufen, doch er war plötzlich nirgends mehr zu finden. Es war, als habe er sich in Luft aufgelöst. Das war sehr schwer für mich, denn obwohl ich auf ihn wütend war, war ich immer noch stark mit ihm beschäftigt und fühlte den Schmerz des Rückzugs.

So vergingen einige Monaten. Eines Abends, als ich mit einer Freundin in einem Waschsalon war, ging er plötzlich am Fenster vorbei. An seinem Arm war eine Frau. Mein Herz klopfte wie wild und ich versteckte mich hinter der Tür. Meine Freundin lächelte und fragte: "Willst Du Dich verstecken oder ihm ins Gesicht sehen?" Ich erinnerte mich an die Abbitte, die ich ihm schuldete und nahm meinen Mut zusammen. Ich ging zum Parkplatz, um ihn zu suchen. Als ich aus der Tür trat, wartete er dort auf mich, allein. Wir begrüßten einander etwas gehemmt. Dann sagte ich ihm, daß ich mich freute, ihn zu sehen, da ich ihn schon eine Weile treffen wollte, um die Abbitte zu leisten, die ich ihm schulde. Als ich meine Abbitte geleistet hatte, traten Tränen in seine Augen und er fragte, ob er mich umarmen dürfe. Während er mich im Arm hielt, fühlte ich zu meinem Erstaunen, wie all meine Besessenheit mit ihm und seine Attraktion für mich verschwanden. Ich fühlte mich als freie Frau und nach dieser Begegnung habe ich ihn nie wieder gesehen oder gesprochen.

Die Versprechen
Wenn wir Schritt neun bearbeitet haben, verspricht uns das Programm einige Belohnungen für den gehaltenen Hausputz. Diese Versprechungen stammen aus dem Großen Buch der Anonymen Alkoholiker.
Durch meine Arbeit mit Schritt eins bis neun, habe ich sie wieder und wieder erfahren. Sie lauten folgendermaßen:
Wenn wir in diesem Abschnitt unserer Entwicklung sehr gewissenhaft sind, werden wir verblüfft sein, noch bevor wir den Weg zur Hälfte zurückgelegt haben. Wir werden eine neue Freiheit und ein neues Glück kennenlernen. Wir wollen die Vergangenheit weder beklagen noch die Tür hinter ihr zuschlagen. Wir werden verstehen, was das Wort Gelassenheit bedeutet und erfahren, was Frieden ist. Wie tief wir auch gesunken waren, wir werden merken, daß andere aus unseren Erfahrungen Nutzen ziehen können. Das Gefühl der Nutzlosigkeit und des Selbstmitleids wird verschwinden, unsere Ichbezogenheit wird in den Hintergrund treten, das Interesse an unseren Mitmenschen wachsen. Unser Egoismus wird dahinschmelzen. Unsere Einstellung zum Leben und unsere

Erwartungen werden sich verändern. Angst vor den Menschen und vor wirtschaftlicher Ungewißheit werden schwinden. Ohne lange nachzudenken werden wir jetzt mit Situationen fertig, die uns früher umgeworfen haben. Plötzlich wird uns bewußt, daß Gott für uns das erledigt, wozu wir allein nicht in der Lage sind.

Schritt Zehn
Wir setzten die Inventur bei uns fort, und wenn wir Unrecht hatten, gaben wir es sofort zu.
  Schritt zehn ist der Schritt der Ausdauer. Nachdem wir die Schäden der Vergangenheit in Ordnung gebracht haben, möchten wir unsere neugefundene spirituelle Freiheit erhalten. Dazu brauchen wir den zehnten Schritt. Durch das ständige Fortführen der persönlichen Inventur, berichtigen wir alle neu auftretenden Fehler. Dieser Vorgang entfaltet sich von Tag zu Tag in unserem Leben. Während wir diesen Weg gehen, müssen wir auf Egoismus, Unehrlichkeit, Groll und Angst achten. Sobald diese auftauchen, bitten wir unsere Höhere Macht, sie sofort von uns zu nehmen. Wir leisten sofortige Abbitte bei den Menschen, die wir verletzt haben. Den menschlichen Willen richtig zu gebrauchen, bedeutet, ihn in diesem Sinne zu entwickeln und zu üben und der Versuchung zu widerstehen, uns auf unseren Lorbeeren auszuruhen,

Schritt Elf
Wir suchten durch Gebet und Besinnung, die bewußte Verbindung zu Gott - wie wir ihn verstanden - zu verbessern. Wir baten ihn nur, uns seinen Willen erkennen zu lassen, und um die Kraft, ihn auszuführen.
  Schritt elf ist der spirituelle Schritt. Durch ihn bereichern und erweitern wir unsere Spiritualität und unseren bewußten Kontakt zu unserer Höheren Macht. Im Gebet bekräftigen, bitten und geloben wir. In der Meditation werden wir still, horchen und wenden uns nach innen. Manche sagen, daß sie im Gebet zu Gott sprechen und in der Meditation die Antwort bekommen. Mit

fortschreitender Genesung werden unsere Gebete im allgemeinen demütiger und einfacher.

Schritt Zwölf
Nachdem wir durch diese Schritte ein geistiges Erwachen erlebt hatten, versuchten wir, diese Botschaft an Alkoholiker weiterzugeben und unser tägliches Leben nach diesen Grundsätzen auszurichten.

Im zwölften Schritt geht es um das Dienen. Wenn wir bis zu diesem Schritt gekommen sind, befinden wir uns in einer stärkeren Position. Wir sind deshalb auch in der Lage, die Botschaft weiterzutragen, statt die Krankheit weiterzugeben. Der ganze Sinn dieses Schrittes liegt darin daß wir, um unsere Genesung erhalten zu können, sie weitergeben müssen. Doch um etwas weitergeben zu können, muß man es erst einmal besitzen. Spirituelles Erwachen wird nicht immer von einem "brennenden Dornbusch" begleitet. Dieser Schritt will uns sagen, daß wir durch das Durcharbeiten der Zwölf Schritte spirituell erwachen. Mit dem Erreichen des zwölften Schrittes sind wir bereit, die Grundsätze des Programms in allen Bereichen unseres Lebens anzuwenden.

Durch das Bearbeiten der Zwölf Schritte kommen wir in den Genuß des Nutzens aus der Heilung der Schäden unserer Vergangenheit und der daraus folgenden Transformation. Die Zwölf-Schritte-Gruppen bieten uns die Gelegenheit, von anderen Unterstützung zu erhalten ohne uns von ihnen abhängig fühlen zu müssen.

Zusammenfassung
Die Zwölf Schritte der Anonymen Alkoholiker

1. Wir gaben zu, daß wir dem Alkohol gegenüber machtlos sind und unser Leben nicht mehr meistern konnten.
2. Wir kamen zu dem Glauben, daß eine Macht - größer als wir selbst - uns unsere geistige Gesundheit wiedergeben kann.
3. Wir faßten den Entschluß, unseren Willen und unser Leben der Sorge Gottes - wie wir ihn verstehen - anzuvertrauen.
4. Wir machten eine gründliche und furchtlose Inventur in unserem Inneren.
5. Wir gaben Gott, uns selbst und einem anderen Menschen gegenüber unverhüllt unsere Fehler zu.
6. Wir waren völlig bereit, all diese Charakterfehler von Gott beseitigen zu lassen.
7. Demütig baten wir ihn, unsere Mängel von uns zu nehmen.
8. Wir machten eine Liste aller Personen, denen wir Schaden zugefügt hatten, und wurden willig, ihn bei allen wiedergutzumachen.
9. Wir machten bei diesen Menschen alles wieder gut - wo immer es möglich war - es sei denn, wir hätten dadurch sie oder andere verletzt.
10. Wir setzten die Inventur bei uns fort, und wenn wir Unrecht hatten, gaben wir es sofort zu.
11. Wir suchten durch Gebet und Besinnung die bewußte Verbindung zu Gott - wie wir ihn verstanden - zu verbessern. Wir baten ihn nur, uns seinen Willen erkennen zu lassen, und um die Kraft, ihn auszuführen.
12. Nachdem wir durch diese Schritte ein geistiges Erwachen erlebt hatten, versuchten wir, diese Botschaft an Alkoholiker weiterzugeben und unser tägliches Leben nach diesen Grundsätzen auszurichten.
(Originalzitat der 12 Schritte der AA-Gruppen)

Ein Wort zu Therapie

Die Arbeit mit den Zwölf Schritten ist ein Weg zur Genesung, doch kann sie Therapie nicht ersetzen. Genausowenig kann Therapie die Bearbeitung der Schritte oder den Besuch der Treffen ersetzen. Viele Ärzten und Laien, die Erfahrung mit beidem haben, stimmen darin überein, daß sie einander ergänzen.

In einer Therapie für Co-Abhängigkeit übernimmt der Patient eine aktive Rolle. Er arbeitet mit dem Therapeuten zusammen. Der Therapeut benutzt Techniken, die dabei helfen, verdrängte Informationen aus der Kindheit zugänglich zu machen. Manchmal muß man allerdings auch warten, bis sie von alleine an die Oberfläche kommen. Es ist ein Prozeß des Vertrauens, der Geduld und des Zulassens. Die Patienten werden gebeten, die Geschichte ihres Mißbrauchs aufzuschreiben. Dadurch erkennen sie die Verantwortung ihrer Bezugspersonen für die Co-Abhängigkeitssymptome ihres Erwachsenenlebens (nicht im beschuldigenden Sinne). Der Therapeut arbeitet mit dem Patienten daran, sich seinem verzerrten Denken und seinen übernommenen und eingefrorenen Gefühlen zu stellen. Manche Menschen haben größere Schäden davongetragen als andere. Deshalb dauern Therapien unterschiedlich lange.

Falls Sie eine Therapie machen wollen, schlage ich Ihnen vor, daß Sie zuerst an den Problemen aus Ihrer Herkunftsfamilie arbeiten, dem ursprünglichen Schmerz des Verlassenseins. Danach können Sie an der Balance des Selbstwertgefühls, an Grenzen, Realität, Abhängigkeitsbedürfnissen und der Mäßigung arbeiten. Dann beenden Sie die Therapie und leben Ihr Leben.

Bei Ihrer Suche nach einem Therapeuten sollten Sie nicht vergessen, daß Sie Rechte haben. Es ist durchaus angebracht, die Therapeuten zu fragen, ob sie in der Behandlung von Co-Abhängigkeit und Süchten ausgebildet sind und Erfahrung besitzen. Ein Therapeut ist nicht Gott und weiß nicht alles, aber er hat Erfahrung im Behandeln von verzerrter Wirklichkeit. Wählen Sie jemanden, dem Sie vertrauen können und von dem Sie Vorschläge annehmen würden, jemanden, der Ihnen dabei hilft, Ihre eigenen Antworten zu finden. Ihr Therapeut wird für Sie zu Beginn des Prozesses verstärkt in der Elternrolle sein und

Ihnen dann nach und nach helfen herauszufinden, wie Sie selber für sich sorgen können. Oft sind Menschen, die kein Geld für eine Therapie ausgeben wollen, so voller Scham, daß sie im Grunde nicht glauben, daß sie es wert sind, diese Hilfe zu erhalten. Man kann immer Ausflüchte finden, wie: "nicht genug Geld", "keine Zeit", "ich schaff das schon allein", "ich habe nur gerade eine schlechte Phase". Solchen Leuten sage ich meistens: "Die beste Geldanlage ist die in Ihre eigene geistige, emotionale, körperliche und spirituelle Gesundheit. Wenn Sie die nicht haben, was haben Sie dann überhaupt?"

Kapitel 8

Gesunde Beziehungen aufbauen

Die Hauptursache für unsere Schwierigkeiten, gesunde Beziehungen aufzubauen liegt darin, daß wir noch keine zu uns selbst gefunden haben (Genesung von Co-Abhängigkeit). Erst wenn wir damit begonnen haben, sind wir bereit für den Aufbau von gesunden Beziehungen zu anderen. Wie Henry der Grashüpfer, müssen wir unseren eigenen Weg im Leben finden und pflegen. Wenn wir eine Partnerschaft suchen und nicht nur auf den Weg eines anderen springen wollen, dann müssen wir mit dem Partner einen gemeinsamen Weg bauen. Dieser gemeinsame Weg wird unsere Partnerschaft und es ist wichtig, sie als separate Einheit mit einem eigenen Leben zu betrachten. Wenn wir nur den Pfad wechseln, erzeugen wir verwickelte Beziehungen mit all der dazugehörigen Verwirrung und dem Schmerz.

Mangelnder Fokus führt auch zu verwickelten Beziehungen. Um ihn in unserer Beziehung nicht zu verlieren, müssen wir auf zwei Dinge achten:
1. Wir müssen unsere Bedürfnisse, Wünsche und Sehnsüchte in Bezug auf unsere Partnerschaft erkennen.
2. Wir müssen entscheiden, was wir in die Partnerschaft einbringen wollen.

Wenn wir den Fokus in diesen beiden Dingen halten können, verhindern wir Verstrickungen und Verwirrung. Wenn wir ihn verlieren, legen wir unbewußte Erwartungen auf unsere Beziehungen. Diese unbewußten Erwartungen halten uns in der Verwirrung und ohne Fokus werden unsere Beziehungen chaotisch. Wenn das geschieht, reagieren wir meist mit noch mehr unbewußten Erwartungen und Beurteilungen, die wir meistens uns selbst aufbürden. Dies wiederum holt unsere Zweifel hervor und erzeugt Ängste. Anstatt nun unsere Zweifel klar zu erkennen und uns unseren Ängsten zu stellen, übertragen wir sie auf unsere Beziehung, obwohl sie dort gar nicht hingehören. So erschaffen wir uns "Beziehungsmonster". Kein Wunder, daß so viele vor ihnen davonlaufen möchten.

Wenn wir erwarten, daß unsere Beziehungen uns unsere Identität liefern (wer wir sind), anstatt zu überlegen, was wir in eine Beziehung hineingeben können, führt das auch zu Chaos und Verwirrung. Wenn wir also unseren Wert aus der Beziehung beziehen, statt unseren Wert in eine Beziehung zu geben, fühlen wir uns nur soviel wert, wie die Beziehung wert ist. Deshalb fühlen sich so viele als absolutes Nichts oder wertlos, wenn die Beziehung endet.

Um eine neue Tür zu öffnen, muß man die alte schließen

Viele meiner Patienten, die sich nach einer glücklichen Beziehung in ihrem Leben sehnen, scheinen anzunehmen, daß diese durch einen geheimnisvollen, unergründlichen Vorgang nur wenigen Menschen zuteil werde. "Manche Menschen haben eben einfach Glück", sagen sie mir. Ich antworte dann, daß viele nicht die Beziehungen haben, die sie sich wünschen, weil sie nicht gelernt haben, ihre vergangenen Beziehungen abzuschließen. Die wichtigsten Beziehungen aus unserer Vergangenheit, die wir abschließen müssen, sind die mit unseren Eltern und Geschwistern. Vollständige Genesung und Freiheit geht damit einher, daß wir die Beziehungen zu unserer Herkunftsfamilie abschließen. Wenn wir erwachsen sind, haben wir meist noch andere Beziehungen, die wir abschließen müssen.

Ich meine damit nicht, daß die Beziehung tatsächlich beendet werden soll. Es ist vielmehr wichtig, daß man die Vergangenheit annimmt und verarbeitet, so daß diese Tür geschlossen werden kann. Dieser Prozeß ermöglicht dann das Öffnen vieler neuer Türen.

Manchmal, wenn wir eine vergangene Beziehung abschließen, sagen wir dieser Person tatsächlich Lebewohl und gehen getrennte Wege. Aber es ist genausogut möglich, in einer bestehenden Beziehung einen neuen Anfang zu machen, indem man die *vergangene* Beziehung, die man mit diesem Menschen hatte, beendet. Dies geschieht häufig bei Paaren, die im Genesungsprozess sind. Wenn ihre Genesung fortschreitet, sehen sie die süchtigen und kranken Anteile ihrer Beziehung. Wenn sie diese beenden und heilen können, ergeben sich viele neue Möglichkeiten. Dies erscheint wie ein einfacher, gradliniger Prozeß und doch haben viele Menschen große Schwierigkeiten damit. Warum? Folgende Gründe werden angegeben: "Ich würde mich schuldig fühlen". "Es würde weh tun". "Ich bin es ihm/ihr schuldig, zu bleiben". "Es ist einfacher, nicht darüber nachzudenken und weiterzumachen wie bisher". Ich hörte einmal einen sehr passenden Spruch zu diesem Thema: "Mein Schmerz kommt daher, daß ich immer die Finger in Türen lasse, die zufallen".

Wenn Sie in Ihrem Leben weder Möglichkeiten für neue Beziehungen noch für Verbesserungen bestehender sehen, dann sollten Sie überlegen, in welcher Tür Sie Ihre Finger stecken haben. Sobald Ihnen das klargeworden ist und Sie genug von den Schmerzen haben, können Sie Ihre Finger zurückziehen und die Tür schließen. Wenn wir unsere Vergangenheit auf diese Weise abschließen, *erlösen* wir sie, anstatt sie immer wieder zu *erleben*.

Übung zum Beenden von Beziehungen
Diese Übung ist sicherlich nicht ausreichend für das Ausmaß an Arbeit, das die meisten Menschen leisten müssen, um mit der Beziehung zu ihren Eltern abzuschließen, doch sie hilft ein großes Stück weiter. Sie können sie auf jede Person anwenden, mit der sie eine Beziehung hatten oder haben (Eltern, Kinder, Geschwister, Freunde, Liebhaber, Ehepartner, Kollegen, Vorgesetzte usw.).

Es ist eine schriftliche Übung. Suchen Sie sich einen ruhigen Platz und nehmen Sie sich viel Zeit. Wählen Sie die Person aus, mit der Sie die Beziehung abschließen wollen. Sie sollen dieser Person sechs verschiedene Briefe schreiben. Diese Briefe werden nicht abgeschickt oder irgendwem gezeigt, (es sei denn, Sie möchten sie Ihrem Therapeuten oder Sponsor zeigen).

Machen Sie sich zunächst Ihre feste Absicht deutlich, diese Beziehung abzuschließen. Die Stärke ihrer Absicht ist in diesem Prozeß das wichtigste Element. Bevor Sie mit dem Schreiben beginnen, sollten Sie Ihre Höhere Macht bitten, Ihnen beizustehen, so daß Sie diese Briefe so ehrlich und vollständig wie möglich, schreiben können.

Erster Brief: In diesem Brief drücken Sie ohne Hemmungen alle Ihre Gefühle von Wut, Ärger und Haß dieser Person gegenüber aus. Zensieren Sie und verbessern Sie nichts während Sie schreiben. Erlauben Sie diesen kathartischen Prozeß und lassen Sie die Gefühle ungehemmt auf das Papier fließen.
Zweiter Brief: In diesem Brief drücken Sie Ihre Gefühle von Verletzung und Schmerz aus. Erlauben Sie Ihren Gefühlen zu fließen. Viele Menschen weinen dabei und beginnen bei diesem Brief Ihre Trauerarbeit. Schreiben Sie auf, in welcher Weise Sie sich verraten, verletzt und gekränkt fühlen.
Dritter Brief: In diesem Brief schreiben Sie über die Angst, die Sie vor dem Abschließen der Beziehung haben, aber auch über Ihre Ängste in Beziehungen allgemein. Zum Beispiel könnten Sie schreiben: "Ich habe Angst, daß ich verbittert werde". "Ich habe Angst davor, Mauern aufzubauen und nie wieder jemandem zu vertrauen". "Ich habe Angst, daß ich niemals wahre Intimität erleben werde". "Ich habe Angst, daß ich Dich nie aus meinen Gedanken streichen kann". "Ich habe Angst, daß ich mich nie ändern kann". "Ich habe Angst, daß Du Dich nie ändern wirst". "Ich habe Angst davor, daß ich Dich mit einem neuen Partner/in sehen könnte". " Ich habe Angst davor, Dir zufällig zu begegnen und die Fassung zu verlieren", usw. Seien Sie beim Verfassen dieser Liste so genau wie möglich. Durch das Annehmen Ihrer Ängste verlieren diese viel von ihrer Macht. Sollte irgendeiner der befürchteten Fälle eintreten, werden Sie nicht mehr so stark reagieren. Wenn Sie Ihre Ängste angenommen haben, können Sie die Übung aus dem Kap. 6 "Die Angst annehmen" anwenden.
Vierter Brief: In diesem Brief erkennen Sie Ihre Rolle und Beteiligung an den Störungen in der Beziehung an. Notieren Sie Ihre Fehlentscheidungen und erkennen Sie, wann Sie sich um einer schnellen Befriedigung willen "verkauft" haben. Schreiben

Sie auf, wo Ihre Wirklichkeit verzerrt war und Sie Situationen Ihre eigenen Bedeutungen gegeben haben (z.B. "Er hat mich seiner Mutter vorgestellt, also will er mich heiraten". "Jetzt, wo wir verheiratet sind, brauche ich meine Hemden nicht mehr selber in die Wäscherei zu bringen").

Fünfter Brief: Beschreiben Sie in diesem Brief Ihre Bedürfnisse, Wünsche und Sehnsüchte in Bezug auf diese Beziehung - in anderen Worten - wie Sie sie gerne hätten. Wenn Ihr Briefpartner jemand ist, mit dem Sie in Kontakt bleiben möchten, sollten Sie sich viel Zeit für diesen Brief nehmen und sich sehr sorgfältig und genau ausdrücken. Vielleicht ist es jemand, mit dem Sie sich keine weitere Freundschaft wünschen, dem Sie aber freundlich begegnen würden, wenn sich Ihre Wege einmal kreutzten. Wenn Sie die entsprechende Person allerdings nicht mehr wiedersehen wollen, dann wünschen Sie ihr Glück und Frieden für den weiteren Lebensweg, aber machen Sie klar, daß Sie keinen weiteren Kontakt wünschen.

Sechster Brief: Dies ist ein Brief der Anerkennung und der Liebe. In ihm beschreiben Sie die guten Seiten der Beziehung und die Erkenntnisse und die Weisheit, die Sie aus ihr gewonnen haben, also das, was Sie über sich selbst und andere gelernt haben. Die Absicht dieses Briefes ist es, die Beziehung abzuschließen, so daß Sie endlich die Tür hinter der Vergangenheit zumachen können (sie annehmen und loslassen können). Dann können Sie vorwärts gehen und eine gesunde Beziehung schaffen, entweder mit einem neuen oder dem jetzigen Partner.

Unterschätzen Sie nicht die Kraft dieser einfachen Übung. Sie hat für mich und für viele meiner Klienten Wunder bewirkt. Viele haben mir von radikalen Veränderungen und Wundern in ihrem Leben berichtet, nachdem sie diese Übung gemacht hatten. Manchmal wird durch diese Übung deutlich, daß Sie der betreffenden Person noch etwas sagen müssen. In diesem Fall sollten Sie jetzt genügend Klarheit gewonnen haben, um einen weiteren Brief schreiben zu können (den Sie absenden). In dem drücken Sie aus, was Sie wirklich sagen wollen, ohne zu kränken oder abzuladen.

Die Behandlung der Liebesabhängigkeit

Die meisten Techniken zur Behandlung von Liebesabhängigkeit habe ich von Pia Mellody gelernt. Ihre Arbeit ist einfach, klar und leicht anzuwenden (sogar für eine Liebesabhängige im Entzug). Wenn Sie sich als liebesabhängig erkannt haben, dann ist der erste Schritt der, die Sucht zu stoppen. Dies setzt den Entzug in Gang. In diesem Prozeß können Sie dann mit der Behandlung Ihrer darunterliegenden Co-Abhängigkeit beginnen.

Eine Aussage von Al-Anon (12 Schritte Gruppe für Angehörige von Süchtigen) beschreibt meines Erachtens den Prozeß des Entzugs sehr gut:
1. "Sitzt ihnen nicht im Nacken" (hier geht es um Abstand).
2. "Macht ihren Weg frei (hier sind Grenzen angesprochen).
3. "Dreht Euch um und lebt Euer Leben" (hier geht es um die Genesung von Co-Abhängigkeit).

Wenn Sie im Entzug sind, ist es wichtig, so schnell wie möglich, Ihre Grenzen zu definieren. Dies hilft Ihnen dabei, das Auf und Ab der Gefühle zu stabilisieren, das Ihnen sonst das Gefühl einer Achterbahnfahrt vermittelt. Viele Liebesabhängige müssen ihren Genesungsprozeß damit beginnen, eine Wand der Freundlichkeit aufzubauen. Diese "Wand der Freundlichkeit" bedeutet, daß man lächelt, freundlich und höflich ist und seine Kommunikation auf das Oberflächliche beschränkt. Die Zeit ist noch nicht reif für das Mitteilen tiefer Erkenntnisse und Gefühle. Dieses Verhalten nimmt die giftige Energie aus der Kommunikation mit den Menschen, von denen Sie abhängig sind. Wut, Verzweiflung, übernommener Schmerz, Angst und Scham, sowie Panikanfälle, Gefühle des Betrogenseins und der Eifersucht sind häufige Gefühle während der Entzugsphase der Liebesabhängigkeit. Tatsächlich ist der Entzug von Liebesabhängigkeit der schmerzhafteste Entzug überhaupt (sogar schmerzhafter als der von Heroin). Deshalb ist es so wichtig, die einzelnen Stadien zu verstehen, so daß Sie wissen, daß Sie nicht verrückt sind. Sie wissen, was Sie erwartet und daß es ein Ende gibt.

Der Grund für den überwältigenden Schmerz dieses Entzugs liegt darin, daß der Schmerz des Verlassenwerdens wieder aktiviert wird, nicht nur vom gegenwärtigen Partner, sondern von allen Kindheitserfahrungen. Dies ist zwar ein äußerst schmerzhafter Prozeß, aber er wird Sie in eine tiefgreifende Transformation führen. Er ermöglicht einem Teil von Ihnen, der schon lange an die Oberfläche kommen wollte, aufzutauchen. Sie müssen durch diesen Entzug gehen, um eine ganze Person zu werden, um sich selbst genau kennenzulernen und eine intime Beziehung zu sich selbst haben zu können. Der Entzug ist der Anfang Ihrer Genesung und Ganzheit. Der Endeffekt davon ist das Aufhören von abhängigem sexuellem und emotionalen Verhalten.

Die Stadien des Entzugs

Stadium 1
Wachsende Angst (bis zu Panik) und Schmerz. In diesem Stadium sind Selbstmord oder Mordgedanken möglich.

Stadium 2
Besessenheit: Der Abhängige macht zwanghaft Pläne und Fantasien, wie er die verlorene Person wiederbekommen könnte. Damit wird die Gefühlswirklichkeit vermieden. Man ist im Kopf und entgeht dem vorhandenen Schmerz und der Panik.

Stadium 3
Zwang: In diesem Stadium agiert der Abhängige seine Besessenheit aus, um die Aufmerksamkeit oder eine Reaktion der Person zu erhalten, von der er abhängig ist. Dieses Stadium ist meist von Drama und Intensität gekennzeichnet, was für kurze Zeit Erleichterung verschafft. Da Liebesabhängige Angst vor Intimität haben, lernen sie, Kontakt durch Intensität herzustellen und können beides nicht voneinander unterscheiden.
Stadium 1, 2 und 3 des Entzugs sind eindeutig ein Suchtkreislauf in dem viele Menschen steckenbleiben. Wenn Sie mit Ihrem Genesungsprozeß vorankommen wollen, müssen Sie im Besessenheitsstadium einhaken. Sie können ruhig in besessenen

Gedanken schwelgen, doch beißen Sie die Zähne zusammen, atmen Sie tief durch und handeln Sie auf keinen Fall. Sagen Sie sich: "Wer sie/er ist, geht mich nichts an". Wenn Sie das getan haben, werden Angst und Panik stärker werden. Jetzt ist es gut, ein Mantra zu benutzen oder zu beten. Manche Menschen benutzen den Gelassenheitsspruch oder Sie könnten sagen: "Ich empfinde zu jeder Zeit warme, persönliche Achtung für alle Menschen". oder "Jeder hat das Recht, auf seine Weise in der Welt zu sein". Dies wird Ihnen helfen, sich zu beruhigen und zu zentrieren. Sie können sich auch eine Zeit festlegen, in der Sie Ihre Besessenheit leben wollen. Wenn Sie z.B. bei der Arbeit sind und nicht aufhören können, über Ihre Beziehung nachzudenken, nehmen Sie sich einen Zeitpunkt vor (und schreiben ihn in Ihr Tagebuch), an dem Sie ausgiebig in Ihrer Besessenheit schwelgen wollen, vielleicht um 18.oo Uhr. Wenn Sie das tun, werden Sie merken, daß um 18.oo Uhr das Ganze vielleicht nicht mehr so wichtig ist. Vielleicht können Sie dann sogar den Humor in der Situation sehen.

Nach diesem Stadium sind sie bereit:
1. die andere Person, um das zu bitten, was Sie brauchen und sich wünschen.
2. Ihren Mund zu halten und durchzuatmen.
3. Wahrzunehmen, was Sie bekommen.
4. das "Nein" zu feiern.

Wenn Sie dann nach einiger Zeit feststellen, daß Ihre Bedürfnisse in dieser Beziehung nicht erfüllt werden, wissen Sie, daß es an der Zeit ist, weiterzugehen. Allerdings, wenn Sie gelernt haben, den Mund zu halten, durchzuatmen und wahrzunehmen, was Sie bekommen, werden Sie feststellen, daß Sie oft mehr bekommen, als Sie vorher wahrgenommen haben.

Jetzt können Sie eine klarere und ehrlichere Inventur Ihrer Liebesabhängigkeit machen. Schreiben Sie zuerst auf, wie Sie dem anderen zuviel Zeit, Aufmerksamkeit und Wichtigkeit geben. Dann schreiben Sie auf, wie Sie zuviel bedingungslose, positive Zuwendung vom anderen erwarten. Schreiben Sie drittens auf, wie Ihr Partner Sie verführen und in Erregung bringen kann (was Sie an die Intensität der Beziehung bindet).

Wenn Sie dies gründlich gemacht haben, erhalten Sie neue Erkenntnisse, über die Art Ihrer verzerrten Wirklichkeit. Dann können Sie die geeigneten Schritte planen, die Ihnen helfen können, Ihr Selbstwertgefühl wiederherzustellen, Grenzen zu ziehen, Ihre Wirklichkeit ins Gleichgewicht zu bringen, Ihre Bedürfnisse zu erfüllen und Ihr Leben maßvoll zu leben. Dies sind die Inhalte der Genesung von Co-Abhängigkeit.

Richtlinien für Paare, die Ihre Beziehung während des Genesungsprozesses aufrechterhalten wollen.
Es ist möglich, von Liebesabhängigkeit zu genesen, ohne die Beziehung beenden zu müssen. Es ist eine große Herausforderung, aber auch eine enorme Gelegenheit für persönliches Wachstum. Allerdings müssen beide Partner bereit sein, den Richtlinien zu folgen, damit die Arbeit gelingen kann.
Am besten schließt man einen wechselseitigen Koexistenzvertrag. Er läuft meistens über ein Jahr, in welchem beide Partner sich verpflichten, die Beziehung nicht zu beenden. Sie können z.B. beschließen, weiterhin zusammenzuleben, aber zwischendurch "Freizeiten" zu haben. Diese "Freizeiten" (einige Tage bis zu einer Woche ohne einander) können von jedem Partner für sein persönliches Wohl genommen werden. Sie können übereinkommen, für ein Jahr auf Sexualität zu verzichten (besonders, wenn einer oder beide sexsüchtig sind). Wenn Sie zusammenleben, können Sie eventuell ein Zimmer bestimmen, das der Partner nicht betreten darf. Sie können jede Vereinbarung treffen, die Sie wollen, solange Sie beide zustimmen und die Abmachung mindestens die folgenden Regeln enthält:
1. Keine Beschuldigungen während eines Streits
2. Sammeln Sie keine Minuspunkte für Ihren Partner.
3. Drohen Sie nicht mit Verlassen.
4. Streiten Sie nicht über Situationen oder deren Wahrnehmung, um recht haben zu können.
5. Halten Sie Ihrem Partner keine Vorträge, beraten ihn nicht oder geben ihm Ratschläge, wenn Sie nicht um Rat oder Vorschläge gebeten werden.

6. Wenn Sie verletzt sind, können Sie das meist in vier Sätzen mitteilen, die Feststellungen sind anstatt Fragen. Es ist wichtig, bei der eigenen Wahrnehmung zu bleiben und die Sätze in der "Ich-Form" zu formulieren.
Was ist es, das ich
- sehe und höre
- interpretiere
- fühle
- möchte/wünsche

Zum Beispiel: "Ich habe gehört, daß Du die Tür zugeschlagen hast. Daraus schließe ich, daß Du Dich über irgendetwas ärgerst, vielleicht auch über mich. Ich fürchte mich vor Deinem Ärger und habe Angst, daß Du mich verlassen könntest. Ich wünsche mir, daß Du mir sagst, was los ist". Wenn wir so miteinander sprechen, werden wir überrascht sein herauszufinden, daß es, bildlich gesprochen, nur der Wind war, der die Tür zugeschlagen hat. Nachdem Sie diesen Kontrakt miteinander geschlossen haben und angefangen haben, die Regeln zu befolgen, wird es sehr viel weniger Gespräche in Ihrer Beziehung geben. Es wird eine gewisse Leere eintreten. Diese Phase des Genesungsprozesses ist oft von Angst und Panik gekennzeichnet, da das süchtige Verhalten (die Pseudointimität, die nur eine falsche Verbindung ist und durch Streit und Intensität hergestellt wird), aufgehört hat.

Jetzt können Sie herausfinden, ob zwischen Ihnen und Ihrem Partner genug vorhanden ist, um die Beziehung fortzuführen. Dies ist auch der Zeitpunkt, an dem Sie Ihrem Partner neu mitteilen müssen, welches Ihre Bedürfnisse, Wünsche und Sehnsüchte sind. Nachdem einige Zeit vergangen ist, schreiben Sie auf, welche der gesunden Bedürfnisse, Wünsche und Sehnsüchte in Ihrer Beziehung befriedigt werden.

Der Schlüssel zum Aufbau einer gesunden, intimen Beziehung mit Ihrem derzeitigen Partner (auch wenn sie abhängig war), liegt in der Bereitschaft beider Partner, die zur Genesung notwendigen Schritte zu tun.

Meiner Erfahrung nach ist der wirksamste Weg, Paare in abhängigen Beziehungen zu behandeln der, sie einen gegenseitigen Koexistenzvertrag schließen zu lassen, wie oben beschrieben. Danach sollen sie zunächst einmal eine "Mauer der Höflichkeit" errichten, damit sie sich emotional distanzieren können. Dann behandele ich sie einzeln, wobei wir an den Themen aus den Herkunftsfamilien arbeiten, ihren gegenwärtigen Symptomen der Co-Abhängigkeit oder wir behandeln die bestehende Sucht. Dann schlage ich ihnen vor, daß sie zusätzlich zur Therapie die entsprechenden Zwölf-Schritte-Gruppen besuchen. Idealerweise besuchen sie getrennte Gruppen. Wenn sie dann beide ein gutes Stück Genesung hinter sich haben (dies ist individuell verschieden und kann zwischen sechs Monaten und zwei Jahren dauern), sind sie so weit, wieder gemeinsam in Therapie zu kommen und zu lernen, wie sie die neuen Fähigkeiten einsetzen können, um eine ausgeglichene Beziehung zu ermöglichen. Kurz gesagt, für die meisten Paare, besonders wenn sie co-abhängig sind, ist die herkömmliche Ehetherapie ungeeignet.

Liebesabhängige Beziehungen sind Prozeßsüchte. Eine der wirksamsten Behandlungsmethoden für Sucht sind die Zwölf-Schritte-Gruppen. Obwohl ich die Zwölf-Schritte in den vorhergehenden Kapiteln erklärt habe, möchte ich sie noch einmal zitieren, wie sie für die Anonymen Sex und Liebessüchtigen umformuliert wurden.

1. Wir gaben zu, daß wir Sex und abhängigen Beziehungen gegenüber machtlos sind und unser Leben nicht mehr meistern konnten.
2. Wir kamen zu dem Glauben, daß eine Macht - größer als wir selbst - uns unsere geistige Gesundheit wiedergeben kann.
3. Wir faßten den Entschluß, unseren Willen und unser Leben der Sorge Gottes - wie wir ihn verstehen - anzuvertrauen.
4. Wir machten eine gründliche und furchtlose Inventur in unserem Inneren.
5. Wir gaben Gott, uns selbst und einem anderen Menschen gegenüber unverhüllt unsere Fehler zu.
6. Wir waren völlig bereit, all diese Charakterfehler von Gott beseitigen zu lassen.
7. Demütig baten wir ihn, unsere Mängel von uns zu nehmen.

8. Wir machten eine Liste aller Personen, denen wir Schaden zugefügt hatten, und wurden willig, ihn bei allen wieder gut zu machen.
9. Wir machten bei diesen Menschen alles wieder gut - wo immer es möglich war - es sei denn, wir hätten dadurch sie oder andere verletzt.
10. Wir setzten die Inventur bei uns fort, und wenn wir Unrecht hatten, gaben wir es sofort zu.
11. Wir suchten durch Gebet und Besinnung die bewußte Verbindung zu Gott - wie wir ihn verstanden - zu verbessern. Wir baten ihn nur, uns seinen Willen erkennen zu lassen, und um die Kraft, ihn auszuführen.
12. Nachdem wir durch diese Schritte ein geistiges Erwachen erlebt hatten, versuchten wir, diese Botschaft an Sex und Liebesabhängige weiterzugeben und unser tägliches Leben nach diesen Grundsätzen auszurichten.

Grenzen, der Schlüssel zum Selbstschutz

Grenzen sind für das Erreichen gesunder Beziehungen elementar wichtig. Pia Mellody definiert sie als: "Ein System von Abgrenzungen, die die Fähigkeit einer Person verstärken, ein Gefühl des Selbsts zu erleben und den Einfluß der Realität auf sich selbst und andere zu kontrollieren". Der Sinn von Grenzen liegt darin, Ihre Wirklichkeit zu erhalten und zu schützen und Sie davor zu schützen, andere zu verletzen und zu kränken.

Grenzen vermitteln Ihnen ein Empfinden Ihrer Identität. Sie helfen Ihnen dabei wahrzunehmen, wo Sie selbst enden und ein anderer beginnt. Durch Grenzen können Sie sich in einer gesunden Art von anderen distanzieren, ohne sich zu isolieren. Erst wenn Sie dazu fähig sind, können Sie Intimität mit sich selbst erleben. Sie können keine intime Beziehung zu jemand anderen haben, solange Sie keine zu sich selbst haben.

Grenzen schützen Sie davor, sich in Beziehungen zu verstricken und sich zu verlieren. Wenn Sie verstrickt sind, sind Sie auch verwirrt, was alles schwierig oder überwältigend erscheinen läßt. Dann ist es so gut wie unmöglich, sich selbst zu definieren und auf gesunde Weise von anderen abzugrenzen. Sie beginnen sich eingeengt zu fühlen, als ob Sie keinen eigenen Raum hätten. Dies führt dazu, Mauern aufzurichten und sich von anderen zu isolieren, weil es die einzige Lösung zu sein scheint.

Grenzen sind aber keine Mauern. Manchmal benutzen wir Mauern der Angst, des Ärgers, des Redens, des Lächelns usw. um uns Leute fernzuhalten und uns zu schützen. Dieses Verhalten ist dysfunktional. Solange man hinter diesen Wänden ist, kann man keine Intimität erleben und man wird nach einer Weile sehr einsam und isoliert. Dies bringt dann leicht Ihre Angst vor dem Verlassenwerden zum Vorschein. Dann sagen Sie vielleicht zu sich: "Ich möchte wieder versuchen zu vertrauen. Vielleicht lasse ich mich wieder auf eine Beziehung ein. Vielleicht ist Intimität doch nicht so schlecht". Da die meisten von uns jedoch nicht gelernt haben, wie man sich abgrenzt, reißen wir unsere Mauern ein und öffnen uns völlig, ohne jeden Schutz, was uns sehr verletzbar macht. Co-Abhängige bewegen sich normalerweise von einem Extrem zum anderen. Wir sind entweder völlig offen und ungeschützt oder isoliert und einsam.

Anders als unbewegliche Mauern, sind Grenzen flexibel. Sie wirken als Schutz und Filter gegen Angriffe, Eingriffe und Mißbrauch. Grenzen helfen Ihnen, ihre Wirklichkeit zu definieren, zu erhalten und gegenüber der Wirklichkeit anderer abzugrenzen. (Physische Wirklichkeit - wie Sie Ihre Umgebung wahrnehmen; intellektuelle - wie Sie sie Ihre Wahrnehmung interpretieren; emotionale - die Gefühle die aufgrund Ihrer Gedanken entstehen; -spirituelle - Ihre Intuition und religiösen Überzeugungen).

Wirklichkeit ist eine Frage der Wahrnehmung und jeder von uns ist für seine eigene Wirklichkeit verantwortlich. Es gibt keinen anderen Menschen auf der Welt, dessen Wirklichkeit genau dieselbe ist wie Ihre, da niemand in Ihren Schuhen steckt. Wenn Sie co-abhängig sind, haben Sie gelernt, die Gedanken, Gefühle und Verhaltensweisen anderer zu übernehmen und hatten dadurch nicht die Freiheit der bewußten Wahl. Grenzen helfen uns, wirkliche Freiheit zu erlangen. Sie geben uns ein Gefühl für unsere eigene Wirklichkeit. Dadurch können wir feststellen, was unsere Bedürfnisse, Wünsche und Sehnsüchte sind und wir können uns die Erlaubnis geben, sie erfüllt zu bekommen. Ohne Grenzen, die Ihre Wirklichkeit schützen und erhalten, werden Sie entweder zum Opfer, Täter oder zu beidem.

Durch die Abgrenzung arbeiten Sie an Ihrer Identität. Wenn Sie in einer gesunden Familie aufgewachsen sind, haben Sie das seit Ihrer Pubertät geübt. Je besser Sie fähig sind, gesunde Grenzen zu ziehen und aufrechtzuerhalten, desto besser können Sie in Ihren Beziehungen die Kontrolle loslassen. Liebesabhängige haben schwache Grenzen und deshalb sind Ihre Beziehungen so stark von Kontrolle und Manipulation geprägt. Es ist allerdings auch nicht angebracht, die Kontrolle einfach loszulassen, ohne sich in geeigneter Weise schützen zu können. In dem Maße, wie Sie sich auf gesunde Weise schützen können, können Sie sich auch entspannen, loslassen und endlich sich selbst und anderen vertrauen, weil Ihr Abgrenzungssystem funktioniert.

Grenzen sind unerläßlich, wenn wir lernen wollen, loszulassen und zu vertrauen, besonders in unseren intimen Beziehungen.

Die Arten der Abrenzung
Es gibt drei grundlegende Arten von Grenzsystemen: das innere, das äußere und das spirituelle. Innerhalb dieser gibt es vier Komponenten. Die äußeren Komponenten sind: körperliche und sexuelle; sie funktionieren außerhalb des Körpers und bestimmen den Abstand zu anderen Menschen und die Berührungen mit ihnen. Körperliche Berührungen drücken Fürsorge aus, während sexuelle Berührungen der Erregung oder der Lust dienen. Viele Liebesabhängige bringen diese beiden durcheinander.

Die inneren Komponenten sind: emotionale und intellektuelle. Innere Grenzen sind wie ein Filter. Sie lassen Eindrücke hinein und hinaus. Sie schützen Ihre Gedanken- und Gefühlswelt und erlauben Ihnen, Dinge abzulehnen, die sie nicht als Wahrheit erleben. Wenn jemand Sie z.B. beschuldigt, ihn verletzt zu haben, können Sie, mit einer gesunden Abgrenzung, die Information aufnehmen, darüber nachdenken, Ihre Gefühle dazu wahrnehmen und dann entscheiden, ob es der Wahrheit entspricht. Vielleicht haben Sie diese Person nicht angegriffen, aber sie fühlt sich verletzt, weil ihre versuchte Manipulation bei Ihnen nichts genützt hat (z.B. beklagt sich Ihre Mutter, daß sie sich verletzt fühlt, weil Sie sie am Sonntag nicht besuchen kommen).

Eine innere Grenze gibt Ihnen die Kraft, anderen ihre eigene Wirklichkeit zu lassen, auch wenn diese mit der Ihren nicht übereinstimmt. Dies zeigt sich in zwei Formen:

1. Jemand gibt z.B. eine Beurteilung über Sie ab, die Sie als unwahr erleben. Sie müssen sich nicht verteidigen oder darüber streiten. Sie können dem anderen seine Meinung lassen - solange sie keine Beleidigung beinhaltet (wie z.B."Sie sind dumm" statt "Ich glaube nicht, daß Sie für diese Arbeit geeignet sind").

2. Sie und eine andere Person sind über etwas unterschiedlicher Meinung ("Der Film war großartig" gegenüber "Der Film war lausig"). Mit gesunden inneren Grenzen, können Sie übereinstimmen, daß Sie nicht übereinstimmen.

Wenn die Wirklichkeit eines anderen mit der Ihren nicht übereinstimmt und Sie fest bei Ihrer bleiben wollen, können Sie dies tun, indem den Mund halten und sie für sich im Stillen noch einmal bestätigen. Dadurch nehmen Sie Ihre Wirklichkeit in Besitz und schätzen sich selbst. Dies können Sie nicht tun, wenn Sie keine guten inneren Grenzen haben. Denn ohne solche können Sie sich nicht genug vom anderen abgrenzen, um der Übernahme seiner Wirklichkeit widerstehen zu können, auch wenn diese nicht für Sie paßt.

Therapeuten, Sponsoren und Menschen, die Sie gebeten haben, Ihnen ihre Meinung zu sagen und Ihnen dabei zu helfen, Klarheit über Ihre Wirklichkeit zu erhalten, können Sie von dieser Vorgehensweise ausnehmen. Wie Sie sich vorstellen können, ist dies nicht über Nacht zu erreichen, da die inneren Grenzen bei Co-Abhängigen am meisten beschädigt sind.

Eine spirituelle Grenze zeigt sich dann, wenn zwei Menschen miteinander intim sind und beide ihre inneren und äußeren Grenzen beachten. Dies ermöglicht ihnen zu expandieren und Spiritualität, das Wesen ihrer Ganzheit, gemeinsam zu erfahren.

Wie man Grenzen setzt

Körperliche Grenzen
Als erstes stellen Sie sich vor, daß Sie geschützt sind (vielleicht durch weißes Licht, oder durch eine Glasglocke, oder Sie sind von Kopf bis Fuß von mehreren goldenen Ringen umgeben). Diese körperliche Grenze ist flexibel und verändert sich, je nachdem mit wem Sie zusammen sind - sie schrumpft vielleicht, wenn Sie jemanden umarmen und dehnt sich aus, um Sie stärker zu schützen, wenn Sie in einer Menschenmenge sind. Wenn Sie diese Grenze ziehen, müssen Sie sich folgende Aussage merken: "Ich habe das Recht zu bestimmen, wann, wo, wie und von wem ich berührt werden möchte und wie nah du mir kommen darfst. Du hast mir gegenüber das gleiche Recht".

Sexuelle Grenzen
Sexuelle Grenzen sind den körperlichen ähnlich. Es ist aber wichtig, zu wissen, daß Sie, auch wenn Sie mit jemandem körperlich intim sind, noch immer eine Grenze haben... Ihre Haut. Der Merksatz hier lautet: "Ich habe das Recht zu bestimmen, mit wem, wo, wann und wie ich mit jemandem sexuell intim werde. Und du hast das gleiche Recht mir gegenüber". Das heißt, daß wenn Sie mit jemandem eine sexuelle Beziehung haben möchten und derjenige lehnt ab, Sie die Entscheidung akzeptieren müssen. Also... Mund zu und durchatmen. Feiern Sie das "Nein". Eine sexuelle Grenze ermöglicht Ihnen, sich sexuell angemessen zu verhalten und sich selbst zu schützen.

Emotionale und intellektuelle Grenzen
Sie können die inneren Grenzen nicht ziehen, wenn Sie nicht zuvor die äußeren gezogen haben. Wenn Sie sich die inneren Grenzen vorstellen, machen Sie sich ein Bild von etwas, das wie ein Filter wirkt. Der Merksatz hier lautet: "Ich erschaffe, was ich denke und fühle, und ich kontrolliere, was ich tue oder nicht tue. Das gleiche gilt für dich". Sie können sich außerdem daran erinnern: "Meine Wirklichkeit ist stärker von meiner Geschichte

abhängig als von dem, was du sagst oder tust. Das gleiche gilt auch für dich".

Eines dürfen Sie dabei allerdings nicht vergessen. Obwohl Sie nicht für die Reaktionen anderer Menschen verantwortlich sind, müssen Sie sich doch der Auswirkung bewußt werden, die Ihr Verhalten auf andere hat. Wenn Sie jemanden kränken, sind Sie dafür verantwortlich und schulden ihm Abbitte. Nehmen Sie einmal an, jemand behandelt Sie mit Schweigen und ignoriert Sie offensichtlich. Sie teilen ihm mit, daß Sie sich von diesem Verhalten verletzt fühlen. Der andere sagt, Sie haben sich Ihre eigene Wirklichkeit geschaffen (dies ist eine beliebte Entschuldigung bei New Age Anhängern). Wenn jemand einen anderen Menschen körperlich, sexuell, intellektuell, emotional oder spirituell mißbraucht, ist *er* dafür verantwortlich.

Nur durch die Entwicklung gesunder Grenzen werden Sie fähig, die Grenzen anderer zu respektieren und gesunde Beziehungen aufzubauen.

Schlüssel zur Gegenseitigkeit

Wenn Sie wissen, daß Sie in bestimmten Bereichen Ihres Lebens zu abhängig sind oder daß Sie zu vollkommener Abhängigkeit neigen, werden die nachfolgenden Hinweise Ihnen helfen können, weniger abhängig zu werden und Gegenseitigkeit zu lernen.

- Als erstes müssen Sie die Entscheidung treffen, daß Sie fähig sind, unabhängig zu sein. Setzen Sie sich hin und schreiben Sie Ihre "Unabhängigkeitserklärung". Diese Kombination von Absicht setzen und Schreiben ist ein sehr wirksamer therapeutischer Vorgang. Überlegen Sie, was Sie in Ihrem Leben zulassen wollen und was nicht und legen Sie eine Liste der verschiedenen Bereiche an: Karriere, Ihr Körper, die Beziehung zu Ihrem Partner, Eltern, Kinder, Geld, Sex usw. Beschreiben Sie dann, wie Sie sich in all diesen Beziehungen verhalten wollen. Seien Sie zu Verhandlungen und Kompromissen bereit, aber schließen Sie jegliche Form der Manipulation aus. Schreiben Sie in der ersten Person, z.B.: "Ich, Shirley, möchte mehr Ausgeglichenheit und Freiheit in meinem Leben erreichen und erkläre deshalb..."

- Sprechen Sie mit jedem Menschen, von dem Sie sich in irgendeiner Weise psychologisch abhängig fühlen. Sprechen Sie über Ihr Ziel, sich unabhängiger verhalten zu wollen und darüber, wie Sie sich fühlen, wenn Sie Dinge aus einem Gefühl der Aufopferung und Verpflichtung heraus tun. Vielleicht möchten Sie sagen, daß Sie sich mehr Intimität in Ihrer Beziehung wünschen und daß Abhängigkeit Intimität zerstört. (Gewöhnlich geben wir, weil wir uns verpflichtet fühlen, denn wir haben unbewußte und unausgesprochene Erwartungen). Wenn Sie das einander ehrlich mitteilen, bekennen Sie sich zu Ihrer eigenen Abhängigkeit. Das ist ein guter Anfang, denn die betreffenden Personen sind sich wahrscheinlich gar nicht darüber im klaren, daß Sie sich abhängig fühlen.

- Experimentieren Sie mit Ihrem Verhalten gegenüber den dominierenden Personen in Ihrem Leben. Dies sind die Leute, denen Sie nicht gut "nein" sagen können. Versuchen Sie "Nein, ich will nicht" zu sagen, ohne eine Begründung anzugeben und beobachten Sie die Reaktion des anderen. Machen Sie sich klar, daß dies ein Experiment ist. Das wird Ihnen helfen, "nein" zu sagen, wenn Sie nein meinen und "ja" zu sagen, wenn Sie ja meinen. Wenn Sie ständig Erklärungen für Ihre Entscheidungen abgeben, bleiben Sie in der Abhängikeit und verschwenden eine Menge Energie. Im Grunde werden wir alle von unseren Wünschen und Sehnsüchten motiviert und nicht von Gründen. Wir handeln oder handeln nicht, weil wir es so wollen, Punkt. Sie müssen die Konsequenzen Ihrer Entscheidungen als Erwachsener tragen und haben deshalb das Recht, zu tun, was Sie wollen.

- Vereinbaren Sie eine Planungssitzung mit Ihrem dominierenden Partner. Wählen Sie eine ruhige Zeit, in der Sie beide nicht zu aufgeladen oder über etwas besonders erregt sind und wenn Sie sich nicht bedroht fühlen. Erklären Sie Ihrem Partner, wie Sie sich manchmal manipuliert und unterdrückt fühlen. Vereinabren Sie ein non-verbales Zeichen, das Sie anwenden können, wenn Sie sich unterdrückt fühlen, aber im Augenblick nicht darüber sprechen möchten (z.B., am Ohrläppchen ziehen oder mit zwei Fingern auf die Herzgegend klopfen).

• Sobald Sie sich herumgeschubst fühlen, machen Sie sich Ihre Gefühle klar und handeln dann so, wie Sie es sich wünschen (dieses "so tun als ob" ist oft die einzige Möglichkeit, wie Sie anfangen können, Ihre abhängigen Verhaltensmuster zu verändern).

• Machen Sie sich immer wieder klar, daß Ihre Eltern, Ehepartner, Freunde, Vorgesetzte, Kinder und andere Ihr Verhalten oft mißbilligen werden. Dies hat aber nichts damit zu tun, wer oder was Sie sind. In jeder Beziehung werden Sie mit irghendeinem Verhalten auf Ablehnung stoßen. Wenn Sie lernen, damit zu rechnen, werden Sie von dieser Ablehnung nicht mehr überrascht. Auf diese Weise können Sie sich von vielen Abhängigkeiten befreien, die Sie gefangen halten.
Wenn Sie absichtlich den Kontakt mit dominanten Menschen vermeiden, lassen Sie sich immer noch von ihnen kontrollieren, da Sie sich von ihnen lähmen lassen.

• Wenn Sie sich verpflichtet fühlen, bestimmte Menschen zu besuchen, fragen Sie sich, ob Sie wollen würden, daß man Sie nur aus Pflichtgefühl besucht. Wenn dies der Fall ist, sprechen Sie mit dem Betreffenden darüber und teilen Sie die Angstgefühle mit, die dieses Pflichtverhalten in Ihnen weckt.

• Fassen Sie den festen Entschluß, sich aus Ihrer abhängigen Rolle zu befreien. Übernehmen Sie eine ehrenamtliche Tätigkeit, lesen Sie mehr, leisten Sie sich einen Babysitter (auch wenn Sie ihn sich nicht leisten können), finden Sie eine Arbeit (auch wenn Sie das Geld nicht unbedingt brauchen). Sich ein eigenes Einkommen zu schaffen, gibt ein gutes Gefühl der Unabhängigkeit.

- Erkennen Sie Ihren Wunsch und Ihr Bedürfnis nach Alleinsein an und geben Sie die Vorstellung auf, Sie müßten alles, was Sie erleben, jemandem mitteilen. Sie sind ein einzigartiger und besonderer Mensch. Wenn Sie glauben, alles teilen zu müssen, haben Sie keine Wahlmöglichkeiten und sind abhängig.

Sieben Schritte zum Aufbau gesunder Beziehungen

Gesunde Beziehungen werden nicht im siebten Himmel gemacht. Sie benötigen Zeit, Arbeit und werden allmählich, Schritt für Schritt aufgebaut. Für jemanden, der auf der Suche nach einem schnellen Fix ist, klingt das wahrscheinlich eher langweilig. Doch liegen auf dem Weg eine Menge Abenteuer, Spaß, Gelächter und persönliche Erkenntnisse. Dies sind die sieben Schritte zu einer gesunden Beziehung:

Schritt 1
Malen Sie sich die Beziehung aus, die Sie sich wünschen. Sehen Sie die Beziehung als eigenständige Einheit, als gemeinsamen Weg und fragen Sie sich, was Sie beitragen wollen. Dann fragen Sie sich: "Was will ich in dieser Beziehung zulassen und was nicht"? Es ist wichtig, dies ganz klar zu haben. Also schreiben Sie es auf. Vielleicht möchten Sie auch eine ideale Szenerie für diese Beziehung entwerfen, die sowohl Ihre Bedürfnisse, Wünsche und Sehnsüchte einschließt, als auch Ihren Beitrag zum gemeinsamen Weg. Häufig erleben wir negative Situationen in unseren Beziehungen, nicht, weil wir sie wollten, sondern weil wir uns nicht die Zeit genommen hatten, uns klarzumachen, was wir *nicht* wollten. Klarheit ist in beiden Fällen sehr wichtig.

Schritt 2
Denken Sie darüber nach, welche Schritte Sie unternehmen möchten, um die Beziehung aufzubauen (z.B. geselliger sein, angesichts einer drohenden Zurückweisung mehr Risiken eingehen, einen Kurs besuchen, um sich besser ausdrücken zu lernen). Fragen Sie sich, mit welcher Art Mensch Sie sich zusammentun möchten und wie (suchen Sie einen Liebhaber, einen Freund usw?). Ein Wort der Vorsicht hierzu: Dieser Schritt muß aus Ihren Sehnsüchten kommen, nicht aus Ihren Ängsten. Wenn Furcht die Motivation ist, sich mit jemandem zusammenzutun, könnten Sie jemanden nehmen, nur aus Angst, niemanden anderes zu finden. Wenn Sie schon einen Partner haben, könnten Sie zusammensitzen und gemeinsam die nächsten Schritte entscheiden.

Schritt 3
Bei diesem Schritt geht es um Kontrolle und Zusammenarbeit. Finden Sie heraus, wie Sie emotionale Kontrolle ausüben und wie Sie emotional kontrolliert werden können. Für jeden von uns ist es wichtig zu lernen, wie wir uns positiv kontrollieren und in Kontrolle unserer eigenen Wirklichkeit bleiben können. Wir müssen lernen, zusammenzuarbeiten ohne uns selbst aufzugeben. Wenn wir uns nicht kontrollieren können, senden wir unbewußt die Botschaft aus, daß wir Kontrolle von außen brauchen und geben so unsere eigene Macht ab. Wenn sich das in Ihrer Beziehung abspielt, ist die Kooperation unausgeglichen. Besprechen Sie mit Ihrem Partner, in welchen Bereichen Sie beide gewillt sind zusammenzuarbeiten und in welchen nicht.

Schritt 4
Legen Sie genau fest, wie eng oder locker Sie sich die Beziehung wünschen. Finden Sie heraus, was im Augenblick für Sie richtig ist. Zu diesem Schritt gehört auch das Einüben des Getrenntseins (die Erhaltung Ihrer Wirklichkeit) während Sie mit Ihrem Partner einen gemeinsamen Weg gehen - ohne daß Sie sich dessen Ängste, Ärger, Schmerz oder Ansichten zu eigen machen. Abgrenzungen helfen Ihnen bei diesem Schritt.

Schritt 5
Fragen Sie sich, wie Sie am besten Ihre Talente, Fähigkeiten und Handlungen einsetzen können, um Ihr Ziel zu erreichen. Überlegen Sie, wie die Bedürfnisse, Wünsche und Sehnsüchte innerhalb der Beziehung in Einklang kommen können. Erarbeiten Sie Ihre eigene ausgeglichene Mischung.

Schritt 6
Überprüfen Sie Ihre Vergangenheit und lernen Sie aus Ihren Erfahrungen, so daß Sie nicht die alten dysfunktionalen Muster wiederholen müssen. Erinnern Sie sich, daß Fehler die Gelegenheiten für neue Möglichkeiten sind. Ziehen Sie also Stärke und Weisheit aus den Fehlern der Vergangenheit. Beschäftigen Sie sich aber auch nicht zu lange mit der Vergangenheit. Nehmen Sie sie an und benutzen Sie sie als Hilfe für Ihr jetziges Leben. Ihre Ängste stammen aus der Vergangenheit. Um eine gesunde, ausgeglichene Beziehung herzustellen, müssen Sie vielleicht die Ängste loslassen, die Ihnen im Weg stehen. Benutzen Sie dazu die Übung aus Kapitel 6: "Ängste annehmen".

Schritt 7
In diesem letzten Schritt richten Sie Ihren Blick auf die Vergangenheit, die Gegenwart und die Zukunft. Wenn Sie Ihre Beziehungen von dieser Perspektive aus anschauen, sehen Sie alle Möglichkeiten. Vielleicht gibt es Erfahrungen, die Sie in Ihren Beziehungen noch nicht gemacht haben, die Sie aber gerne machen möchten. Wenn Sie sich in dieser Weise öffnen und einen übergeordneten Standpunkt einnehmen, kann das Ihre Vorstellungskraft anregen und neue Sehnsüchte hervorrufen. Um wirklich befriedigende Beziehungen zu haben und Ihre Sehnsüchte zu erfüllen, müssen Sie bereit sein, Ihre Ängste loszulassen und im Innersten Ihres Herzens überzeugt sein, daß Sie diese Beziehungen verdienen.

Wenn Sie sich bei diesem Schritt blockiert fühlen, müssen Sie vielleicht noch mehr nach innen gehen und die zentrale Angst aufdecken, die Sie daran hindert, das zu verwirklichen und zu bekommen, was Sie wirklich wollen. Vielleicht fühlen Sie sich tief innen nicht wert genug, eine ausgeglichene, liebevolle, sorgende, gesunde Beziehung zu haben. Vielleicht würden Sie dann das Drama und die Intensität in Ihrem Leben vermissen. Wie wüßten Sie dann, ob Sie wirklich lebendig wären?

Wenn Sie die sieben Schritte in der angegebenen Reihenfolge durchgehen und Ihre Beziehungen in dieser Weise aufbauen, werden Sie ausgeglichene gesunde Beziehungen schaffen können. Wenn Sie mit jemandem zu schnell zusammenkommen, schafft das nur Chaos in Ihrem Leben. Wenn Sie dagegen einen Schritt nach dem anderen machen und sich langsam annähern, werden Sie das Gleichgewicht und die Intimität erreichen, die Sie sich wünschen.

Um mit jemandem Intimität zu erreichen, muß man Jahre gemeinsam verbringen. Intimität wächst aus der gemeinsamen Geschichte. Es gibt keine Intimität ohne gemeinsame Geschichte. Sie können auch keine Intimität mit einem anderen Menschen erreichen, wenn Sie nicht zuvor Intimität mit sich selber erleben. In einer intimen Beziehung kann jeder der Partner seine inneren Erfahrungen mit dem anderen teilen, der zuhören und das Mitgeteilte aufnehmen und anerkennen kann.

Unsere abhängigen Beziehungen sind aufgebaut worden, indem wir die sieben Schritt in der umgekehrten Reihenfolge machten - von Schritt 7 zu Schritt 1. Das Szenario eines Liebesabhängigen sieht ungefähr so aus:

Schritt 7
Sie setzen sich hin und schreiben eine Liste von den Eigenschaften Ihres Idealpartners. Sie lassen Ihre Vorstellungskraft von Ihren Sehnsüchten treiben und erinnern sich nur an die Vergangenheit, um das auszuschließen, was Sie *nicht* wollen. Sie öffnen sich allen Möglichkeiten - jetzt! Und dann lernen Sie ihn oder sie kennen.

Schritt 6
Sobald Sie ihn oder sie kennengelernt haben, setzen Sie alles daran, um sicherzustellen, daß es die richtige Beziehung ist. Weil Sie so schnell zusammengekommen sind, sind die Flitterwochen

schnell vorüber und die vertrauten Ängste aus der Vergangenheit tauchen wieder auf.

Schritt 5
Sie haben Ihr Gleichgewicht verloren. In Ihrem Inneren sieht es chaotisch aus und Sie haben keine Ahnung, welche Ihrer Talente und Fähigkeiten, Sie in die Beziehung einbringen könnten. Also konzentrieren Sie sich auf Ihren Partner um sein/ihr Rezept für inneres Gleichgewicht zu entdecken - in der Hoffnung, daß es auf Sie abfärben möge.

Schritt 4
Weil die Beziehung so übereilt zustandegekommen ist und Ihnen nun so viel bedeutet, verlieren Sie allmählich Ihre Identität und verstricken sich mehr und mehr. Sie nehmen nicht mehr klar wahr, wo Sie aufhören und wo Ihr Partner beginnt.

Schritt 3
Sie sind inzwischen so verstrickt, daß Sie alles und jeden kontrollieren wollen, auch sich selbst, denn Sie haben Angst, nicht das zu bekommen, was Sie wollen. Sie haben keine Ahnung von Verhandlungen und Zusammenarbeit und lassen sich oft von anderen kontrollieren, weil Sie sich so ungenügend vorkommen.

Schritt 2
Ihnen wird klar, daß Ihr jetziger Partner überhaupt nicht Ihrer ursprünglichen Wunschliste entspricht, und daß Sie sich mit ihm/ihr eher aus Angst als aus Sehnsucht zusammengetan haben. Sie entschließen sich, etwas zu unternehmen! Sie suchen nach einem Selbsthilfebuch oder einem Kurs, der Ihnen helfen könnte. Vielleicht fangen Sie eine Therapie an oder zerren Ihren Partner zur Eheberatung. Vielleicht gefällt Ihnen aber auch eine schnelle Lösung besser und Sie trennen sich von Ihrem Partner, um einen passenderen zu finden.

Schritt 1
Sie sind jetzt wirklich süchtig und Ihre Angst vor dem Verlassenwerden ist so groß, daß Sie nicht mehr wissen, was Sie

in einer Beziehung zulassen wollen und was nicht. Wahrscheinlich wissen Sie auch nicht, was Sie wollen, wie Sie Ihre Bedürfnisse befriedigen können oder was Ihre Sehnsüchte sind.

Kommt Ihnen das alles bekannt vor? Ich habe diese Information in mein Buch aufgenommen, damit Sie sich selbst beobachten können, nicht, damit Sie sich beschuldigen sollen. Was ich Ihnen hier ans Herz legen will ist: Putzen Sie sich nicht herunter. Wenn Sie das nächste Mal den "Liebestanz" tanzen, sorgen Sie dafür, daß Sie die Schritte in der richtigen Reihenfolge machen!

Eine Mahlzeit, auf die Sie gut verzichten können

Inzwischen ist wohl klargeworden, daß wir beim Aufbau einer gesunden Beziehung die Beziehungen zu unseren Familienmitgliedern berücksichtigen müssen. Wenn die einzelnen Familienmitglieder keine eigenen gesunden Grenzen und Wirklichkeiten haben, dann zieht die Familieneinheit eine einzige große Grenze um sich herum und alle, die darin sind, sind verstrickt. Lassen Sie mich das an einer Geschichte verdeutlichen:

Ein Mann kommt sehr besorgt nach Hause, denn er fürchtet um seinen Arbeitsplatz. Da er aber von seinem Vater gelernt hat, daß "richtige" Männer keine Angst haben, kann er seine Angst seiner Frau und seinen Kindern nicht mitteilen. Also schüttet er seine Angst in Gedanken in den "Brei" der Familie. Dann zieht er sich mit der Zeitung zurück und ist für die Familie nicht ansprechbar.

Seine Frau ist gekränkt, weil er sie ausschließt und sowieso niemals etwas mit ihr bespricht. Sie wiederum hat von ihrer Mutter gelernt, daß es nicht ladylike ist, Ärger zu zeigen und dies unter allen Umständen vermieden werden muß. Anstatt ihren Ärger zu zeigen, schmeißt sie ihn ebenfalls in den Brei und geht Wäsche waschen.

Etwas später kommt der Sohn von der Schule, rennt in sein Zimmer und schmeißt die Tür hinter sich zu. Er hatte in der Mathestunde einen Fehler gemacht und der Lehrer hat ihn vor allen Kameraden gerügt. Er erzählt es niemandem zu Hause, weil er vom Vater die Botschaft bekommen hat, daß Jungen keine Weichlinge sind und ihre Unsicherheiten nicht zeigen Er läßt sich also nichts anmerken, nimmt seine Scham, schmeißt sie ebenfalls in den Familienbrei und geht raus zum Spielen.

Seine Schwester ist traurig und fühlt sich einsam, weil die Mutter dauernd mit der Wäsche beschäftigt ist und der Vater ständig Zeitung liest und nicht gestört werden will. Sie versucht, der Mutter zu sagen, wie sie sich fühlt. Die schreit sie an: "Einsam? Was hast du für einen Grund einsam zu sein? Dein Vater und ich sind ständig hier und du hast einen großen Bruder, einen Hund, eine Katze und einen Vogel und das Fernsehen, das ewig läuft. Du hast nicht den geringsten Grund, einsam zu sein!" Also verläßt die Tochter beschämt das Zimmer und wirft ihre Einsamkeit und Scham in den "Familienbrei."

Am nächsten Morgen sitzt die Familie zusammen am Frühstückstisch und ißt diesen Brei.

Diese Geschichte illustriert eine klassische Familienverstrickung. Man kann sie verhindern, indem man lernt, Grenzen zu ziehen und regelmäßige Familienversammlungen abzuhalten.

Familienversammlungen - ein Weg zur Zusammenarbeit

Für Familien auf dem Genesungsweg ist es wichtig, regelmäßige Familienversammlungen abzuhalten. Eine Familienversammlung hat die Aufgabe, echte Kommunikation innerhalb der Familie zu fördern. Eine gestörte Familie kann hierin lernen, ausgeglichener zu funktionieren.

Familienversammlungen bieten einen geschützten Raum, um über Gedanken und Gefühle zu sprechen. Alle hören zu, während jedes Familienmitglied seine Gefühle mitteilt und anerkennt.

Sie sprechen nur über *ihre Gefühle*, nicht darüber, warum der andere ihrer Meinung nach sich so oder so verhalten hat. Ebensowenig sind Kritik und Urteile erlaubt. Der Gebrauch der Worte "fühlen" oder "Gefühl" gibt dabei keine Garantie, daß es sich auch um echte Gefühle handelt (z.B. "Ich habe das Gefühl, daß es gemein von Dir ist, mich nicht in die Disco zu lassen." oder "ich habe das Gefühl, daß Du mich treffen willst, wenn du deine Mathearbeit verhaust"). In Familienversammlungen ist es wichtig, die Eltern-Kind-Beziehung loszulassen. Beim Mitteilen von Gedanken und Gefühlen ist jeder gleichberechtigt. Konzentrieren Sie sich auf Ihre Gedanken- und Gefühlswirklichkeiten.

In Familienversammlungen geht es nicht um das Lösen von Problemen. Sie sind auch nicht der Ort, Bedingungen zu stellen oder Erwartungen über Verhaltensänderungen zu äußern. Sie sollten keine Therapiegruppe werden. Wenn Therapie nötig ist, suchen Sie die Hilfe eines erfahrenen Beraters, der kein Familienmitglied ist. Beratung ist möglich, wenn der Berater ein objektiver Außenseiter bleiben kann.

Familienversammlungen sind ein Ort, an dem jeder sich zu seiner eigenen Wirklichkeit bekennen kann. Dies hilft dabei, nicht in den unbewußten Sog zu geraten, innerhalb des Familiensystems bestimmte Rollen zu übernehmen, um es im Gleichgewicht zu halten oder damit man sich selbst als wertvoll erleben kann. Durch regelmäßige Familienversammlungen kann die Familie als unterstützende Einheit funktionieren.

Richtlinien für gesunde Familien

1. Führen Sie nicht Buch. Es bringt nichts, vergangenes Verhalten zu rechtfertigen.
2. Machen Sie keine Vorwürfe.
3. Halten Sie keine Vorträge. Teilen Sie stattdessen Ihre Wahrnehmungen und Gefühle mit.

4. Beurteilen Sie nicht die Wahrnehmungen und Gefühle anderer. Lassen Sie sie ohne Kommentar stehen.
5. Denken Sie daran, daß Ehrlichkeit vorbehaltlos ist - das bedeutet nicht unbedingt schonungslos.
6. Unterscheiden Sie immer zwischen dem *Verhalten* eines Menschen und seinem *Wesen*.
7. Was auch immer geschieht, halten Sie aus, geben Sie nicht auf.
8. Behandeln Sie Ihre Familienmitglieder mit bedingungsloser positiver Wertschätzung.

Nicht nur "klarkommen"...
ein neuer Weg zu gesunden Beziehungen
Die Familienversammlungen fördern die Selbstmitteilung und die Kunst des Zuhörens. Sie sind außerdem ein Forum, wo die Familienmitglieder sich unterstützten, wertvoll und geliebt fühlen können.

Ablauf
1. Wählen Sie eine "heilige Zeit", die allen Familienmitgliedern paßt. Es ist wichtig, daß diese "heilige Zeit" vor allen anderen Aktivitäten und Ereignissen Vorrang hat. Damit wird demonstriert, daß alle der Familieneinheit große Wichtigkeit beimessen.

2. Die Familienversammlung findet einmal die Woche zu dieser abgesprochenen Zeit statt.

3. Jede Woche leitet ein anderes Familienmitglied die Sitzung.

4. Der Leiter beginnt und teilt seine Wirklichkeit den anderen Mitgliedern mit. Diese Selbstmitteilung soll alle Gefühle miteinschließen, z.B.:
"Ich freue mich über..."
"Ich bin enttäuscht über..."
"Es tut mir weh, wenn..."
"Ich schäme mich für..."

"Ich fürchte mich vor..."
"Ich fühle mich schuldig, weil ich..."
"Ich bin stolz auf mich, weil ich..."
"Ich werde traurig, wenn..."

Es ist sehr sehr wichtig, daß derjenige, der sich mitteilt, wirklich nur von seinen Gefühlen spricht. Dies ist nicht der Zeitpunkt, über andere zu sprechen, Vorträge oder Predigten zu halten oder zu kritisieren. Keiner darf unterbrechen. Es wird nicht diskutiert. Die anderen Familienmitglieder müssen zuhören, bis sie dran sind, sich mitzuteilen. Jeder kommt dran und die Versammlung dauert solange, bis jeder gesprochen hat.

5. Wenn jeder sich mitgeteilt hat, kann man eine Diskussionsrunde einlegen, die der Klärung dient, damit keine Mißverständnisse bleiben. Es ist wichtig, dabei Ratschläge, Streits und Problemlösungen herauszuhalten. Diese Diskussion dient einzig der Klärung.

6. Wenn eine Meinungsverschiedenheit oder ein Streit auftritt, *darf niemand den Raum verlassen*, bis eine für alle Familienmitglieder annehmbare Klärung stattgefunden hat. Auf diese Weise wird demonstriert, daß Schwierigkeiten durch verbale Kommunikation gelöst werden können.

7. Rechtfertigen Sie sich nicht, wenn jemand seine Gefühle mitteilt über etwas, das Sie getan haben. Dies würde bedeuten, daß Sie dem Betreffenden seine Gefühle wieder zurückgeben und im Grunde sagen: "Es ist nicht richtig, wie Du Dich fühlst".
Kind: Mama, ich war wütend auf Dich, als Du mich angeschrien hast, als ich zu spät nach Hause kam."
Mutter: (wenn sie dran ist) "Ich verstehe, daß Du wütend warst, aber ich werde nicht zulassen, daß Du zu spät kommst und ich habe Dir schon hundertmal gesagt, daß ich mich aufrege, wenn Du spät kommst. Wenn Du rechtzeitig kommen würdest, bräuchte ich Dich nicht anschreien".
Besser:
Mutter: "Ich war sehr ärgerlich, als Du neulich so spät nach Hause kamst, besonders, da ich Dich schon öfter gebeten hatte,

pünktlich zu sein. Ich habe mich wertlos und unwichtig gefühlt, weil ich mich dauernd wiederholen muß.

Manchmal denken wir, es sei ungezogen oder frech, wenn ein Kind uns sagt, wie es sich fühlt, besonders, wenn es unsere Erziehungsmaßnahmen betrifft. Hierbei ist es wichtig, sich daran zu erinnern, daß Kinder diese Gefühle haben und es eigentlich nicht wichtig ist, was sie ausgelöst hat. Es sind *ihre* Gefühle und sie haben das Recht, sie zu haben und sie angemessen auszudrücken.

Regeln für faires Streiten

Die folgenden Regeln für "faires Streiten" können bei der Entwicklung einer echten Kommunikation helfen.

1. Greifen Sie niemals an - Sprechen Sie von sich selbst und machen Sie "Ich" Aussagen. Beispielsweise: "Ich fühle", "ich empfinde", "ich spüre", "ich glaube", "ich denke", "ich möchte", "ich höre", "ich sehe".

2. Wiederholen Sie alles, was Sie meinen gehört zu haben zu der Person, die es gesagt hat.

3. Nehmen Sie alles, was gesagt wurde, ernst. Werten Sie nicht die Wirklichkeit eines anderen ab.

4. Wenn jemand feindselig ist, nehmen Sie es nicht persönlich. Finden Sie lieber die Richtung der Feindseligkeit heraus, indem Sie sich fragen: "Auf wen ist diese Person wirklich böse?"

5. Ermutigen Sie den anderen, mit dem Sie einen Konflikt haben dazu, Sie als jemand zu betrachten, mit dem er alle Gefühle besprechen kann.

Streit ist nicht unbedingt schlecht. Wenn fair gestritten wird, bleibt die Kommunikation bestehen. Der wirkliche Feind der Kommunikation und der Beziehung ist Schweigen.

Ich habe den oben besprochenen Prozeß vom Meadows Treatment Centre in Wickenburg, Arizona gelernt und übernommen. Es ist ein wirkungsvoller Prozeß. Bevor Sie ihn beurteilen, probieren Sie ihn einige Male aus, bevor Sie seine Wirkung beurteilen. Er kann auch für Paare angewendet werden.

Eine Tasse Tee und ein Nickerchen

Nachdem Sie nun alle Information aus diesem Kapitel verdaut haben, möchten Sie vielleicht erstmal eine Pause machen und sich ein wenig hinlegen. Was Sie jetzt brauchen, ist Zeit, Geduld und viel Übung. Dies sind wichtige Elemente für den Aufbau gesunder Beziehungen. Dazu kommen noch zwei wichtige Schlüssel: Der eine ist eine Gruppe, die Sie unterstützt und in der Ihre Wirklichkeit anerkannt wird. Der andere ist, sich selbst dafür zu lieben, daß Sie den Mut haben, gesunde Beziehungen in einer Gesellschaft anzustreben, die dafür nur wenige Vorbilder zur Verfügung stellt.

Mein Motto ist: "Glaube an Deine Träume. Sei bereit, den langen Weg zu gehen und gib niemals auf!"

Kapitel 9

Der Weg der Vergebung
die ausgeglichene Anwendung von Liebe

Halte niemanden gefangen.
Lasse los, anstatt zu binden
denn dadurch wirst du frei.
aus: A Course in Miracles

Am Anfang meines Genesungsprozesses wurde mir mehrfach gesagt: "Du mußt Deinen Eltern vergeben", "Du mußt Dir selbst vergeben". Mir war nicht klar, daß ich das damals noch gar nicht konnte, aber ich war bereit, alles zu versuchen, also...
   Ich akzeptierte Anleitungen und Vorschläge von Beratern und anderen Genesenden. Pflichtbewußt schrieb ich meine Affirmationen für Vergebung - siebzig mal sieben ("Ich vergebe meiner Mutter für...", "Ich vergebe meinem Vater..."). Ich sagte sie laut in meinen Spiegel und ich betete zu meiner Höheren Macht und bat um ihre Hilfe, damit sich meine Bereitschaft zur Vergebung entwickeln konnte. Ich glaubte, wenn es mir nur gelingen würde, den Akt der Vergebung zu meistern, wäre ich ein guter Mensch. Irgendwie würde mich Vergebung befreien und alles wieder ins Lot bringen. Heute kann ich deutlich sehen, daß ich in der damaligen Phase meines Genesungsprozesses gar nicht die Fähigkeit zum vollkommenen Vergeben hatte. Wie jeder andere Co-Abhängige hatte ich so viele übernommene Gefühle, gefrorene Kindheitsgefühle und verzerrtes Denken in mir aufgestaut, daß ich zunächst einmal damit anfangen mußte, "meinen Eimer auszuleeren". Ich mußte anfangen, meine eigene Wirklichkeit herauszufinden (Was dachte *ich*? Was fühlte *ich*? Was wollte *ich* tun oder nicht tun?).

   Seit damals sind viele Menschen zu mir gekommen, die ähnliche Erfahrungen mit Vergebung gemacht haben. Manche sind Religionsfanatiker (von New Age Anhängern bis zu wiedergeborenen Christen), die behaupten, sie hätten ihren Eltern oder Bezugspersonen schon vergeben. Allerdings können sie nicht verstehen, warum sie in einer liebesabhängigen Beziehung verstrickt sind oder Eßstörungen haben. Andere sind voller Scham und Schuldgefühlen und urteilen sehr hart über sich selbst, weil sie noch immer Gefühle von Ärger, Einsamkeit, Angst und Schmerz in Verbindung mit ihren Eltern haben. Sie sind verwirrt und fragen mich: "Warum kommen diese Gefühle von Ärger und Groll immer noch hoch, wenn ich doch schon vor Jahren meinen Eltern vergeben habe?" (Verleugnung). Oder sie sagen: "Ich weiß, daß meine Eltern ihr Bestes getan haben. Schließlich kamen sie auch aus einer gestörten Familie." (Verkleinerung).

In anderen Worten, die Illusion ihrer Vergebung hat ihren Genesungsprozeß und das Erlangen innerer Freiheit blockiert. Sie glauben immer noch nicht, daß sie das Recht haben, Gefühle von Ärger, Einsamkeit, Angst und Schmerz über ihre Kindheit zu haben und auch auszudrücken, auch dann, wenn "Mutter und Vater ihr Bestes getan haben"!

Ich habe dieses Kapitel "Der Weg der Vergebung, die ausgeglichene Anwendung von Liebe genannt", weil vollkommene Vergebung nur allmählich, in Stufen erreicht werden kann. Sie kann nicht verwirklicht werden, bevor wir nicht in den letzten Stadien unseres Genesungsprozesses, unserer Aufarbeitung der Familiengeschichte und unserer Co-Abhängigkeitssymptome sind. Ich würde vorschlagen, daß Sie, wenn Sie in den Anfangsstadien Ihrer Genesung sind, nicht versuchen, Menschen zu vergeben, mit denen Sie eine gemeinsame Geschichte haben oder auf die Sie stark reagieren. Vergeben Sie lieber Ihrem Metzger, der sich bei Ihnen entschuldigt, weil er vorige Woche gereizt war.

Ich möchte von Vergebung als einer Handlung sprechen, die unsere Fähigkeit zu lieben, vergrößert. Ich werde Vergebung in einer Weise erklären, die über das reine Konzept hinausgeht. Viele Menschen halten Vergebung zu Recht für eine großartige Idee. Sie möchten aber auch wissen, wie Sie sie praktisch erreichen können - außer dem Schreiben von hunderten von Affirmationen - bis sie einen Schreibkrampf haben. Wir wollen nicht vergessen, daß wir uns auf dem Weg zur Vergebung befinden. Zuvor möchte ich allerdings noch über den Genesungsprozeß und seine Phasen sprechen, wie Pia Mellody ihn beschreibt.

Auf dem Weg zur Genesung - was erwartet mich?

Wenn Sie auf Ihrem eigenen Weg in unbekanntes Gelände unterwegs sind, fühlen Sie sich sicherer, wenn andere, die ihre Reise schon gemacht haben, Ihnen mitteilen, mit was sie rechnen können. Auf dem Weg zur Genesung können so viele unbekannte Ängste zu bewältigen sein, daß es oft eine Erleichterung ist zu wissen, was einen erwarten kann. Denken Sie daran, es ist ein Prozeß und Sie können ihn nur einen Schritt nach dem anderen durchleben.

Was Sie sich zuallererst klarmachen müssen ist, daß Co-Abhängigkeit eine Krankheit der Unreife ist. Der Grund dafür, daß Sie in Ihrem Selbst geschwächt sind, liegt darin, daß Sie nicht die Reife haben, gesund zu funktionieren. Wenn Sie Ihr verletztes inneres Kind oder Ihren Jugendlichen kritisieren, ignorieren oder ihnen freien Lauf geben, bleiben Sie in diesem Zustand der Unreife und werden die entsprechenden schmerzhaften Konsequenzen zu tragen haben. Genesung von Co-Abhängigkeit ist ein Reifungsprozeß. Das verletzte Kind und der Jugendliche in uns sind deshalb unreif geblieben, weil sie in gestörten Familiensystemen aufgewachsen sind, die ihnen nicht die entprechenden Entwicklungsschritte ermöglicht haben.

Zur Genesung von Co-Abhängigkeit gehört die Behandlung zweier Dinge - der Probleme aus unserer Herkunftsfamilie und des Krankheitsprozeßes selbst. In der Anfangsphase beginnen wir buchstäblich mit dem Nachholen des Heranwachsens. Dies geschieht durch die Heilung der fünf primären Symptome der Co-Abhängigkeit in den Bereichen:

1. Selbstwertgefühl
2. Grenzen
3. Wirklichkeit
4. Abhängigkeit
5. Mäßigung

Das erste, was meine Patienten mich fragen, wenn ich Ihnen das erkläre ist: "Wie lange dauert das?" Ich antworte ihnen, daß es ein ständiger Porzeß ist, daß sie aber schon auf ihrem Weg positive Ergebnisse erfahren werden. Die Zeit, die dieser Genesungsprozeß benötigt, hängt von zwei Faktoren ab: einmal, vom Ausmaß der Verletzung, zum zweiten, von der Zeit und der Energie, die jemand in seinen Genesungsprozeß steckt. Arbeitet er wirklich die Zwölf-Schritte durch? Hat er einen Sponsor? Besucht er regelmäßig eine Zwölf-Schritte-Gruppe? Hat er einen Therapeuten, falls nötig? Anders ausgedrückt: Steht die Genesung in seinem Leben an erster Stelle?

Wenn Sie Krebs hätten, würden Sie nicht auch zum Arzt gehen, um eine gute Behandlung zu erhalten und würden Sie dies nicht in Ihrem Leben an die erste Stelle setzen? Wenn Sie Diabetiker wären und nur mit einer täglichen Insulininjektion überleben könnten, würden Sie nicht auch alles daransetzen, um sie zu bekommen? Der einzige Unterschied zur Co-Abhängigkeit besteht darin, daß sie zwar ebenfalls lebensgefährlich ist, aber gewöhnlich mit viel längeren Leidensphasen einhergeht, bevor man stirbt (falls sie unbehandelt bleibt).

Ich kann Ihnen zwar einige Hinweise auf die Dauer des Heilungsprozesses geben, doch sind es nur Durchschnittswerte. Sie müssen dabei die zwei oben genannten Faktoren berücksichtigen.

- Probleme mit dem Selbstwertgefühl (besser als, schlechter als), drei Jahre.
- Probleme mit Grenzen (Schutz), zwei Wochen bis zu sechs Monaten (emotionale Grenzen benötigen länger).
- Probleme mit der eigenen Wirklichkeit (Gedanken, Gefühle, Verhalten), drei Jahre (eine deutliche Verbesserung schon nach sechs bis achtzehn Monaten).

- Abhängigkeitsprobleme (Bedürfnisse, Wünsche, Sehnsüchte), drei bis fünf Jahre.
- Mäßigungsprobleme (ausgeglichenes Denken, Fühlen und Handeln) - drei bis fünf Jahre.

Der Heilungsprozeß Ihrer fünf primären Symptome wird eine Anzahl anderer Prozesse auslösen, die Ihr Wachstum fördern. Am Anfang werden Sie Ihre Wirklichkeit auf zwei Ebenen konfrontieren:

1. Sie schauen genau hin, wer Sie wirklich sind und wie Ihr falsches Selbst und Ihr angenommenes Verhalten Sie und andere beeinflußt haben.

2. Sie schauen sich die derzeitige Wirklichkeit der gestörten Menschen in Ihrem Leben an.

Dies erzeugt gewöhnlich ein hohes Maß an Unbehagen (Sie beginnen Co-Abhängigkeit und Süchte bei Ihren Partnern, Freunden und Bekannten zu erkennen... sogar der Metzger entgeht Ihrem scharfen Blick nicht). Zu diesem Zeitpunkt werden Sie sich durch das Erkennen dieser Wirklichkeiten schlechter fühlen als vorher. Es ist üblich, sich in den ersten sechs bis achtzehn Monaten schlechter zu fühlen. Das kommt daher, weil Sie sich aus Ihrem Elend heraus in Ihren Schmerz hinein bewegen. Wenn Sie sich erlauben können, sich in den Schmerz fallen zu lassen, wird Genesung möglich.

In dieser Phase der Konfrontation mit der Wirklichkeit ist es wichtig, alles so einfach wie möglich zu halten:

- SEIEN SIE GENAU UND PÜNKTLICH in Ihrer Arbeit. Halten Sie Verabredungen ein.
- SEIEN SIE AUFMERKSAM (lernen Sie zuzuhören und zu beobachten).
- SAGEN SIE DIE WAHRHEIT (so schnell und gründlich wie möglich).
- VERGESSEN SIE ERGEBNISSE (nehmen Sie an, was Sie bekommen und vertrauen Sie darauf, daß es reicht.)

Übernehmen Sie die Elternrolle für sich selbst
Ein weiterer wichtiger Teil des Reifungsprozesses ist das Übernehmen der Elternrolle für sich selbst. Die meisten von uns brauchen dabei Hilfe. Diesen Teil kann ein Therapeut übernehmen oder Sie finden einen Lehrer, Sponsor oder spirituellen Berater, der Ihnen helfen kann. Ein emotional gesunder Lehrer oder Therapeut wird für eine Weile diese Elternrolle übernehmen, Ihnen dann beibringen, wie Sie das selbst tun können. Er wird Sie bestätigen und Ihnen zeigen, wie Sie sich selbst durch das Setzen von Grenzen schützen können. Er wird Sie behutsam bei der Neustrukturierung Ihrer Wirklichkeit unterstützen, das Erkennen und Ausdrücken Ihrer Bedürfnisse, Wünsche und Sehnsüchte fördern und Sie Mäßigung lehren - ohne Sie zu beschämen.

Betrauern Sie Ihre Verluste

Wenn Sie Ihre Genesung aktiv angehen, werden Sie die fünf Hauptsymptome der Co-Abhängigkeit bearbeiten. Sie werden sich Ihrer derzeitigen Wirklichkeit stellen und lernen, für sich selbst die Elternrolle zu übernehmen. Dann werden Sie die vielen Verluste, die Sie in Ihrem Leben erlitten haben, nicht mehr verleugnen können. Dazu gehören die Verluste in Ihrer Kindheit, wie z.B. nicht die Aufmerksamkeit und die Zeit erhalten zu haben, die Sie gebraucht hätten. Gelegenheiten, die Sie wegen Ihrer gestörten Familiensituation nicht wahrnehmen konnten (z.B: Ausbildung, Sport, Reisen, soziale Kontakte). Dazu gehören auch die Verluste Ihres Erwachsenenlebens, die durch Ihre Co-Abhängigkeit und Süchte verursacht wurden (z.B. fehlende Intimität in Beziehungen, Mangel an Selbstwertgefühl, verpaßte Gelegenheiten im Beruf, Probleme mit Freunden, Partnern, Kindern, Ihre Gesundheit usw.). Wenn Sie diese Verluste nicht mehr verleugnen müssen, werden Sie über das, was geschehen ist und was Sie dabei fühlten, sprechen können.

Alle diese Gefühle und Erkenntnisse sind Teil der Trauer. Trauern trägt in großem Maße zur Genesung bei. Es ist wichtig, diese Verluste zu betrauern, damit sie geheilt werden können. Sie können aber nicht alleine trauern. Es sollten andere Menschen dabei sein, die Sie unterstützen ohne Sie zu beschämen, und die Ihre Gefühle bestätigen.

Sie können nicht zurückgehen und wiedergutmachen, was Sie in der Kindheit oder als Erwachsener durch Ihre Co-Abhängigkeit verloren haben. Sie können diese Verluste nur betrauern und dann in Ihrem Leben die notwendigen Änderungen vornehmen, die Ihnen ermöglichen, die selbstzerstörerischen Verhaltensweisen zu beenden. Sobald der Trauerprozeß begonnen hat, öffnet er die Tür für Vergebung. In manchen Fällen löst Trauer automatisch vollständige Vergebung aus.
Ich habe das selbst vor etlichen Jahren erlebt, als ich mir ein Video von John Bradshaw ansah. Er sprach über gestörte Familiensysteme und bezog sich auf die Arbeit von Alice Miller über Hitler. Ich wurde sehr unruhig während ich zuhörte, und bald wurde mir klar, daß ich starken Ärger empfand. Bradshaw sprach über den totalitären Charakter deutscher Väter in der Hitlerzeit. Als er einige der Familienregeln beschrieb, reagierte ich äußerst emotional. Es kam mir vor, als spräche er über mich und meine Familie. (Der Vater meines Vaters war von Deutschland nach Amerika ausgewandert. Er war Alkoholiker und starb als mein Vater sieben Jahre alt war.)
Ich begann haltlos zu weinen und krümmte mich dabei in einer nahezu embryonalen Haltung zusammen. Die Intensität meines Schmerzes ängstigte mich dermaßen, daß ich meine Sponsorin anrief. Halb erstickt von meinen tiefen Schluchzern, erzählte ich ihr was geschehen war und sie war klug genug, mir zu erklären, daß ich gerade sehr tiefe Trauer erlebte und daß dies ein natürlicher Teil meines Genesungsprozesses sei. Sie sagte, ich solle mir erlauben, mich tief in meinen Schmerz einzulassen und sanft mit mir zu sein. Ich legte den Hörer auf und weinte weiter über die Verluste meiner Kindheit. Nach einer Weile begann ich um meinen Vater zu weinen (ich ließ den Scherz los, den ich so lange für meinen Vater herumgetragen hatte).

Einige Stunden später, als ich zu weinen aufgehört hatte und durch den tiefen Schmerz meiner Trauer hindurchgegangen war, fühlte ich mich erleichtert und eine Woge der Vergebung für meinen Vater ging über mich hinweg und durch mich hindurch. Ich wurde gelassen und klar und wollte mit meinem Vater sprechen. Als ich ihn anrief, sagte ich ihm, daß mir klargeworden sei, wie schwer es für ihn als kleiner Junge gewesen sein mußte. Sein Vater war tot, seine Mutter mußte immer arbeiten und er hatte drei dominierende Schwestern. Mir war auch klargeworden, daß er niemals ein Modell gehabt hatte, wie man ein Vater ist. Ich sagte ihm, daß ich ihm verzeihe, daß er so streng und starr mit mir gewesen sei und daß ich ihn liebe.

Diese tiefen Gefühle der Vergebung konnten erst kommen, nachdem ich all meinen Ärger, meinen Groll und den Schmerz zugelassen hatte, die ich über die Verluste meiner Kindheit spürte.

Stadien der Genesung

Die folgende Aufstellung zeigt die Stadien der Genesung. Diese fünf Stadien gelten sowohl für unsere Geschichte als auch für den Krankheitsprozeß.

unsere Geschichte	**unsere Krankheit**
1.Stadium - Verleugnung	
In diesem Stadium verkleinern wir entweder die Ereignisse unserer Kindheit oder verleugnen sie. z.B. "Ich bin nicht mißbraucht worden", oder "Ich komme aus einer ganz normalen Familie".	"Ich bin nicht co-abhängig". "Ich habe kein Eßproblem, ich habe nur etwas Übergewicht". " Ich trinke manchmal etwas zu viel, ich bin aber kein Alkoholiker", usw.

2. Stadium - Vorwürfe

In diesem Stadium machen wir unseren Eltern Vorwürfe, daß unsere Leben so ist, wie es ist. Manche Menschen bleiben ihr Leben lang professionelle Opfer.

Wir werfen uns vor, wie schrecklich wir uns unseren Partnern und Kindern gegenüber verhalten. Wir schämen uns und fühlen uns ungenügend.

3. Stadium - Verantwortlichkeit

In diesem Stadium erkennen wir die Verantwortlichkeit unserer Bezugspersonen für ihren Einfluß auf uns und unsere Entwicklung. In diesem Stadium beginnt der Trauerprozeß.

Wir erkennen die Verantwortung für unsere Symptome und den Einfluß, den wir auf andere ausüben. Wir übernehmen die Verantwortung für unser Verhalten und unsere Genesung.

4. Stadium - das Überleben

In diesem Stadium haben wir genügend giftige Energie losgelassen, daß wir wieder Freude erleben können. Wir können vielleicht sogar die humoristischen Seiten unserer gestörten Familie entdecken.

Wir beginnen, uns ausgeglichen und zentriert zu fühlen. Durch den Trauerprozeß bekommen wir ein Gefühl für unsere persönliche Stärke und schöpfen Hoffnung.

5. Stadium - Integration

In diesem Stadium sind wir dankbar für die Person, die wir geworden sind, trotz oder wegen unserer gestörten Herkunft. Wir vergeben unseren Peinigern.

Wir sind dankbar für unseren Genesungsweg. Wir können sehen, daß wir, in all dem Chaos an Charakterstärke gewonnen haben. Wir vergeben uns selbst.

Jedes Trauma, dem wir in unserem Erwachsenenleben begegnen, wird uns wieder ins Stadium 1 und 2 zurückwerfen. Wenn wir das wissen, können wir vermeiden, uns für den angeblichen Mangel an Fortschritten zu beschuldigen. Wenn ein

Trauma auftaucht, erinnern Sie sich einfach an den Prozeß, erkennen Sie ihn an, und gehen Sie die angemessenen Schritte für Ihre Genesung. Machen Sie sich klar, daß Sie keinesfalls den zuvor gewonnenen Boden verloren haben.

Vergebung beginnt im dritten Stadium der Genesung und ist im fünften gut etabliert. Im fünften Stadium ist man an dem Punkt angelangt, wo man seine Bezugspersonen nicht mehr bestrafen oder zu Opfern machen will.

Was ist Vergebung?

Nichts, was in grenzenloser Liebe lebt, braucht Vergebung
A Course in Miracles

Über Vergebung sind schon Bände geschrieben, zahllose Predigten und viele Lehrstunden gehalten worden. Ich möchte mich auf die praktische Vorgehensweise konzentrieren und beschreiben, wie sie als ausgeglichene Handlung in unserem Leben positive Veränderungen bewirken kann.

Jeder hat zunächst einmal eine eigene Vorstellung davon, was Vergebung eigentlich ist. Was für eine Vorstellung haben Sie? Vielleicht sehen Sie es als Ihre Pflicht an, zu vergeben oder Sie fühlen sich überlegen, wenn Sie jemandem vergeben. Manche fühlen sich als ein Frieden-um-jeden-Preis-Fußabtreter, wenn sie vergeben. Vielleicht sind Sie schon einmal den liebenden, selbstgerechten Märtyrertypen begegnet, die ihren Ärger total verleugnen und ihren Schmerz "betäuben", indem sie ständig vergeben und lieben. Nehmen Sie sich nun einen Moment Zeit, sich auf Ihre Vorstellungen von Vergebung zu konzentrieren.

Wenn ich Vergebung betrachte, stelle ich sie mir als eine ausgeglichene Handlung vor, die aus drei verschiedenen Perspektiven verstanden werden kann:
1. Ablegen von Beurteilungen
2. Einübung der Fähigkeit zu geben
3. Vergrößerung unserer Liebesfähigkeit

Vergebung - das Ablegen von Beurteilungen

Im "A Course of Miracles" wird gesagt, daß wir, wenn wir vollständig vergeben, erkennen, daß es nichts zu vergeben gibt. Zunächst mag das schwierig, wenn nicht unmöglich, zu verstehen sein. Versuchen Sie jedoch einmal, folgendermaßen darüber zu denken: Als wir die individuellen Wirklichkeiten betrachteten, haben wir schon festgestellt, daß keine zwei Menschen die gleiche Wirklichkeit haben, da keine zwei Menschen identische Lebensgeschichten haben. Außerdem denken Co-Abhängige in Gegensätzen (dualistisch), gut - schlecht, richtig-falsch, schwarz-weiß, usw.

Fast alle Menschen halten ihre eigene Wahrnehmung für "richtig". Auf individueller Ebene halten wir das für "falsch", was unseren eigenen Wertvorstellungen widerspricht. Allerdings haben andere Menschen, die Gesellschaft, die Kirche usw. eventuell andere Werte. Werte unterscheiden sich stark in unterschiedlichen Gesellschaften, Ländern und Kulturen. Wenn wir das bedenken, können wir uns zu Recht fragen, ob "richtig" und "falsch" gültige Konzepte sein können. Wenn sie das nicht sind, warum müssen wir dann überhaupt jemandem vergeben? In unserem dualistischen Denken bedeutet Vergebung im Grunde, daß wir beurteilen, wer "recht" und wer "unrecht" gehabt hat. Ich will damit nicht sagen, daß wir unsere Zustimmung zu etwas geben sollen, daß unserem Gefühl nach falsch ist. Jeder von uns hat das Recht zu denken und zu fühlen, was er will. Aber wir brauchen auch nicht eine überlegene Position einnehmen, indem wir über jemanden ein Urteil abgeben und ihm dann verzeihen.

In diesem Zusammenhang bedeutet Vergebung dann das Aufgeben von Beurteilung. Wenn wir auf diese Weise vergeben, üben wir uns in der Fähigkeit zu vergessen und die Vergangenheit loszulassen. Sie können es sich vielleicht so vorstellen: Wenn ein Gläubiger einem Schuldner vergibt, wird die Schuld aus den Büchern getilgt und das Blatt ist wieder leer. Wenn wir aufgeben zu verurteilen, haben wir gewöhnlich die unangenehmen Gefühle der Vergangenheit bearbeitet und losgelassen. Das war es, was ich erlebte, als ich die unangenehmen Gefühle, die ich meinem Vater gegenüber hatte, anerkannte und gehen ließ - gleichzeitig hörte ich auf, ihn zu verurteilen.

Vergebung - Einübung der Fähigkeit zu geben
Vergebung ermöglicht uns, unsere Fähigkeit zu geben, einzuüben. Ver-geben kann auch heißen "vorher" geben. Das heißt, die Initiative zu ergreifen und sich zu behaupten. Wenn Sie so vergeben, gebrauchen Sie Ihre Intuition und Ihre Gefühlswirklichkeit, um sich abzeichnende Geschehnisse wahrzunehmen und zu verhindern.

Indem Sie eine Situation klar erkennen, geben Sie sich selbst eine Vorwarnung. Anders ausgedrückt: Bevor etwas geschehen kann, von dem Sie nicht wollen, daß es geschieht, können Sie jemandem klarmachen, daß Sie es nicht zulassen werden. Eine ideale Situation, in der man diese Form der Vergebung üben kann, ist wenn Sie bei einer Behörde einen Antrag stellen. Für viele Menschen bedeutet dies eine Menge an Frustration und unerfüllten Anliegen. Wenn Sie dagegen klar sagen was Sie wollen und was Sie nicht zulassen werden, steigen Ihre Chancen, daß Ihre Wünsche erfüllt werden. Dann müssen Sie später nicht vergeben.

Andererseits reicht es nicht aus, wenn Ihnen jemand nur sagt, daß ihm etwas leid tut (und damit auf Ihre Vergebung rechnet).Fragen Sie stattdessen denjenigen, was er tun möchte, damit sich die Situation nicht wiederholt. Welche Schritte will er zur Veränderung unternehmen? (So leistet man richtig Abbitte). Wenn Sie einfach so vergeben, ohne das Versprechen einer Änderung, dann sagen Sie im Grunde: "Du kannst mir das solange antun, bis du genug davon hast." Durch diese Form der Vergebung werden Sie nur verwirrt. Auf diese Weise machen Sie sich unsichtbar und Ihre Fähigkeit, in Ihrem Leben das zu erreichen, was Sie wollen, wird durch Außeneinflüsse verhindert. Dieser Mangel an Fokus verringert auch Ihre Fähigkeit, genau zu beobachten.

Warum vergeben wir immer wieder Leuten, die sich ständig ent-schuldigen, sich aber niemals ändern? Vielleicht fühlen wir uns machtlos, weil wir sie nicht ändern können? Das stimmt, wir können niemanden anderes ändern, doch wir können für uns selber eintreten und klar sagen, was wir zulassen und was wir nicht zulassen werden.

Vergebung - die Erweiterung unserer Liebesfähigkeit
Jede Situation, in der wir es notwendig finden, jemanden zu vergeben, gibt uns die wunderbare Gelegenheit zu Wachstum und Weisheit. Uns wird die Gelegenheit geboten, die Person oder die Situation liebevoll anzunehmen. Damit meine ich, daß wir in *jedem* Menschen und *jeder* Situation das Gute und Wertvolle für uns suchen und finden können.

Praktisch gesehen, geschieht Vergebung durch die Energie der Liebe. Im täglichen Leben benutzen wir die Energie der Liebe, um klar zwischen uns und anderen zu unterscheiden und zu definieren, wie nahe wir jemanden heranlassen wollen. Wir sind von unseren Grenzen geschützt, wir verhindern, daß uns etwas oder jemand kontrolliert und/oder wir lassen uns durch kränkendes Verhalten nicht beeinträchtigen. Daher gibt es keinen Grund für Vergebung. Wenn wir unsere Wirklichkeit so erhalten und beschützen können, werden wir nicht verwirrt und lassen uns nicht verstricken. Dies ist das Wesen wahrer Vergebung: wir geben (vorher) den anderen ein klares Bild davon, wer wir sind. Wenn wir auf diese Art vergeben, erweitern wir unsere Liebesfähigkeit.

Ich habe dies sehr deutlich im Leben zweier meiner Freundinnen, Leanne und Rachel demonstriert gesehen. Beide waren Freunde und Geschäftspartner von Sam, einem erfolgreichen Geschäftsmann. Sam hat eine starke Ausstrahlung und ist ein sehr dominierender Mann. Freundlichen und warmherzigen Menschen gegenüber verhält er sich oft aggressiv, beschimpft sie und kommandiert sie herum. Leanne und Rachel sind beide warmherzig und liebevoll. Während Rachel Vergebung als Erweiterung ihrer Liebesfähigkeit übt, versäumt es Leanne oft, mit ihrer Liebesenergie Grenzen zu setzen und sich vor Kontrolle und Verletzungen durch andere zu schützen. Vor einigen Jahren arbeitete Rachel freiberuflich für Sam's Firma. Er wollte sie gerne fest anstellen. Sie lehnte ab, da sie intuitiv eine Situation vorhersehen konnte, in der Sam sie beschimpfen und kontrollieren würde. Als er sie fragte, warum sie sein Angebot nicht annehmen wollte, antwortete sie lachend: "Bist Du verrückt? Soll ich mich von Dir so schikanieren lassen, wie Deine Sekretärin?" Ihr war klar, daß eine regelmäßige Arbeit in Sam's Büro ihre Freundschaft zerstören würde. Sie hatte immer gewußt, wie sie ihre Grenzen im Umgang mit ihm setzen mußte und ihre Beziehung hatte überlebt und blühte, sowohl persönlich als auch geschäftlich.

Leanne kannte ebenfalls Sams Charakterfehler. Sie hatte erlebt, wie er andere angriff und kritisierte. Aber als er ihr eine Vollzeitstellung anbot, nahm sie an. Doch nicht nur das. In ihrer fürsorglichen Art war sie mit ihrer Zeit, ihrer Aufmerksamkeit und ihren Ratschlägen sehr freigebig.. Sie hoffte, ihn ändern zu können. Dadurch versäumte sie, ihre eigene Wirklichkeit zu schützen und zu erhalten. Sie vermittelte Sam kein klares Bild davon, wer sie war. Sie erlaubte ihm, sie und ihre warmherzige Art auf die leichte Schulter zu nehmen, anstatt durch das Setzen von Grenzen ihre Liebesfähigkeit zu erweitern. Als Folge davon, machte Sam sie zum Sündenbock für alles, was im Büro schiefging. Am Ende kündigte Leanne. Nun muß sie ihre Urteile über Sam im Vergebungsprozeß loslassen. Rachel dagegen kann Sam weiterhin schätzen und lieben, ohne daß sie es zuläßt, daß seine Charakterfehler sie beeinträchtigen.

Würde man eine Meinungsumfrage über beide Frauen machen, würde ich wetten, daß Leanne als die liebevollere und gebendere eingeschätzt würde. Rachels Verhalten würde sicherlich eher als frech, distanziert und selbstsüchtig betrachtet. In Wirklichkeit ist Rachel nicht weniger liebevoll als Leanne. Sie hat ihre Liebesfähigkeit durch Vergebung erweitert.

Wenn wir lernen, stärker unser wahres Selbst zu sein und unser inneres Gleichgewicht aufrechtzuerhalten, vergrößern wir unsere Fähigkeit zu lieben. In dieser Weise Vergebung zu üben *ist* die ausgeglichene Anwendung von Liebe.

Nachwort

Sokrates hat gesagt: "Ein Leben, das nicht immer wieder überprüft wird, ist nicht wert, gelebt zu werden". Das kann ich wahrhaftig bestätigen, da ich in den letzten elf Jahren den Genesungsweg gegangen bin. Als ich die ersten Schritte auf meinem Weg zur persönlichen Freiheit machte, fühlte ich mich ängstlich, ungenügend, einsam und gefangen. Ich hatte genug davon, bei allem was ich tat, ständig Schmerz, Verwirrung und Anstrengung zu erleben. Dieser emotionale Tiefpunkt brachte mich soweit, daß ich bereit war, jeden Preis zu zahlen, um die Erfahrung wirklichen Glücks, inneren Friedens und persönlicher Freiheit machen zu können. Damals hatte ich keine Ahnung, auf welches Abenteuer ich mich damit einließ.

Auf dem Weg zu Selbstentdeckung und Genesung habe ich zwei Dinge gelernt, die mir das größte Gefühl persönlicher Freiheit gegeben haben. Das erste war: sich ergeben (loslassen und aufhören zu kämpfen). Dies war manchmal einfach und eine große Erleichterung. Zu anderen Zeiten kämpfte ich verzweifelt, bevor ich loslassen konnte. Durch viele Versuche und Irrtümer lernte ich endlich, mich zu ergeben, ohne zum Fußabtreter zu werden oder anderen zu erlauben, mich zu verletzen.

Als zweites habe ich eine praktische und funktionierende Partnerschaft mit meiner Höheren Macht entwickelt, die mir jederzeit zur Verfügung steht (nicht nur in einer Kirche, in Meditation oder auf einem Berggipfel). Dadurch entdeckte ich, daß ich in meinem Leben Rechte und Wahlmöglichkeiten habe und daß ich mir die Erlaubnis geben kann, die Dinge zu tun, die ich tun möchte.

Mein Leben ist heute sehr verschieden von damals. Meine Sicherheit und meine Erfüllung kommen aus mir selbst und nicht von anderen Menschen oder materiellem Besitz. Vor zwei Jahren kam ich nach Australien, da meine Tochter hier verheiratet ist.

Meine Wahl, dorthin auszuwandern, war eine Wahl. Eine Wahl, die ich deshalb treffen konnte, da ich wußte, daß ich die Freiheit dazu habe. Als ich von San Diego fortging, hatte ich mehrere gesunde Beziehungen zu Freunden und Kollegen. Aufgrund meiner Genesung, war dies das erstemal, daß ich eine Situation verließ, in der ich mich sicher und geborgen fühlte. Sonst war ich immer davongelaufen, weil ich es nicht mehr aushielt. Der Umzug ans andere Ende der Welt war für mich die befreiendste Erfahrung meines Lebens. Ich weiß jetzt, daß ich überall hingehen und mich zu Hause fühlen kann. Dies wäre ohne meinen Genesungsprozeß nicht möglich gewesen.

Mit dem Schreiben dieses Buches, wollte ich Ihnen helfen, sich selbst zu befreien. Da wir immer lehren, was wir selber lernen müssen, habe ich durch den Prozeß des Schreibens viel gelernt und bin dafür tief dankbar.
Zum Abschluß möchte ich Ihnen meinen Lieblingstext zur Genesung mitgeben. Er ist aus dem Großen Buch für Alkoholiker und gibt genau wieder, was ich tief innen fühle:

Überlasse Dich Gott, wie Du Gott verstehst. Gebe ihm und Deinen Freunden gegenüber Deine Fehler zu. Räume mit den Trümmern Deiner Vergangenheit auf. Gib freigebig von dem, was Du dabei findest und komme zu uns. Wir sind bei Dir in der Bruderschaft des Geistes und Du wirst bestimmt einigen von uns auf dem glücklichen Weg des Schicksals begegnen. Möge Gott Dich bis dahin segnen und erhalten.

In Liebe
Shirley

Bibliografie

Alcoholics Anonymous, The Big Book. 3rd edn. Alcoholics Anonymous World Services Inc., New York, 1976
Beattie, Melody, *Codependent No More*, Harper/Hazelden, New York, 1987
-*Beyond Codependency.* Harper/Hazelden; New York, 1987
Bradshaw, John. *Bradshaw On: The Family - A Revolutionary Way of Self Discovery*, Health Communications, Pompano Beach Fl., 1988.
-*Bradshaw On: Healing The Shame That Binds You*, Health Communications, deerfielf Beach, Fl., 1988
Carnes, Patrick. *Out Of The Shadows: Understanding Sexual Addiction.* CompCare, Minneapolis, Mn., 1983
Chopra, Deepak. *Quantum Healing*, Bantam Books, New York, 1989.
Firestone, Robert W. *The Fantasy Bond: Effects Of Psychological Defenses On Interpersonal Relations.* Human Sciences Press, Inc., New York, 1987
Fossum, Merle A. and Mason, Marylin J. *Facing Shame: Families in Recovery*, W.W. Norton & Company, New York, 1986
Friel, John and Linda. *Adult Children: The Secrets Of Dysfunctional Families*, Health Communications, Deerfield Beach, Fl., 1988
Gibran, Kahil. *The Prophet*, Random House, New York, 1951.
Hay, Louise L. *You Can Heal Your Life*, First Australasian Edition, Concord, NSW Australia, 1988.
Hendrix, Harville. *Getting The Love You Want*: A Guide For Couples, Schwartz & Wilkinson, Melbourne, Vic.,1988
James, John W. and Cherry, Frank. *The Grief Recovery Handbook: A Step By Step Program For Moving Beyond Loss*, Harper & Row, New York, 1988.
Lerner, Harriet Goldhor. *The Dance Of Anger: A Woman's Guide To Changing The Pattern Of Intimate Relationships*, Harper & Row, New York, 1989
Mandino, Og. *The Greatest Miracle In The World*, Bantam, New York, 1977
Mellody, Pia. *Facing Codependence: What It Is, Where It Comes From, How It Sabotages Our Lives*, Harper & Row, San Francisco, 1989
- *Breaking Free: A Recovery Workbook For Facing Codependence*, Harper & Row, San Francisco, 1989

Miller, Alice. *The Drama Of The Gifted Child*, Basic Books, Inc. New York, 1981

Norwood, Robin. *Women Who Love Too Much*, Jeremy Tarcher, Inc. Los Angeles, 1985

Robinson, Bryan E. *Work Addiction: Hidden Legacies Of Adult Children*, Health Communications, Deerfield Beach, Fl., 1989.

Schaef, Anne Wilson. *Co-Dependence: Misunderstood - Mistreated*, Harper & Row, San Francisco, 1986.

-*When Society Becomes An Addict*, Harper & Row, San Francisco, 1987

-*Escape From Intimacy: Untangling the "Love" Addictions: Sex, Romance, Relationships*, Harper & Row, San Francisco, 1989.

Schaeffer, Brenda. *Is It Love Or Is It Addiction?: Falling Into Healthy Love*, Harper/Hazelden, New York, 1987.

Schneider, Jennifer P. *Back From Betrayal: Recovering From His Affairs*. Harper/Hazelden, New York, 1988.

Sex And Love Addicts Anonymous. The Augustine Fellowship, Sex and Love Addicts Anonymous, Fellowship Wide Services, Inc. Boston, 1986

Siegel, Bernie S. *Love, Medicine & Miracles: Lessons Learned about Self-Healing From A Surgon's Experience With Exeptional Patients*, Harper & Row, New York, 1986.

The Twelve Steps For Adult Children Of Alcoholics And Other Dysfunctional Families, Recovery Publications, San Diego, 1987.

The Twelve Steps For Everyone... Who Really Wants Them, CompCare, Minneapolis, Mn.,1975.

Twelve Steps And Twelve Traditions, Alcoholics Anonymous World Services, Inc., New York, 1953.

Wegscheider-Cruse, Sharon. *Another Chance*, Science and Behaviour Books, Inc., Palo Alto, CA, 1981.

-*Choice-Making*, Health Communications, Pompano Beach, Fl., 1985.

Weiss, Laurie and Jonathan B. *Recovery From Codependency: It's Never Too Late To Reclaim Your Childhood*, Health Communications, Deerfield Beach, Fl., 1989.

Whitfield, Charles L. *Healing The Child Within: Discovery And Recovery For Adult Children Of Dysfunctional Families*, Health Communications, Deerfield Beach, Fl., 1987.

Verlag
Mona Bögner-Kaufmann

Annette Agnes Bertling
Wenn die Eltern trinken
mögliche Auswirkungen der Alkoholsucht der Eltern
auf deren Kinder.
270 S., kt., DM 42.- (ISBN 3-925269-07-X)
Ein ausführlicher Überblick zu diesem aktuellen Thema vor allem für
Fachleute, aber auch für interessierte Laien.

Claudia Black
Mir kann das nicht passieren
Kinder von Alkoholikern als Kinder, Jugendliche und Erwachsene.
228 S., kt., DM 28.- (ISBN 3-925269-04-5)
Ein engagiertes und für Betroffene und Fachleute
gleichermaßen wichtiges Buch.

Anne Wilson Schaef
Weibliche Wirklichkeit
Ein Beitrag zu einer ganzheitlichen Welt
181 S., kt., DM 29.80, (ISBN 3-925269-00-2)
Frauen haben sich seit Jahrhunderten entweder angepaßt oder
"heimlich" gelebt. Ein neues System kann entstehen, wenn Frauen
sich trauen, ihr "heimliches" Wissen zuzulassen.